高职高专旅游与酒店管理类教学改革系列规划教材

酒店市场营销

崔 波 胡顺利 主编

HOTEL MARKETING

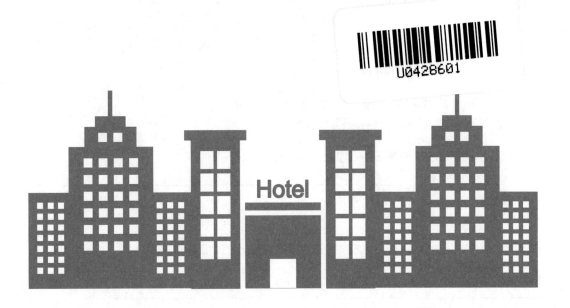

·北京·

内容简介

本书是高职高专旅游与酒店管理类教学改革系列规划教材之一。本书共设有十章，包括酒店市场营销导论、酒店市场营销环境分析、酒店市场需求调查与分析、STP策划、酒店产品策略、酒店价格策略、酒店渠道策略、酒店促销策略、酒店网络营销和塑造酒店品牌。本书结合大量近年发生的酒店营销案例和实训环节，按照项目、目标、任务、技能训练、知识拓展的模式进行编写，构造扎实营销知识基础、锻造学生营销实操技能、培养学生就业能力。本书可作为高职高专旅游与酒店管理类专业学生的教材，也可作为酒店员工的培训教材或酒店从业人员的自学读物。

图书在版编目（CIP）数据

酒店市场营销/崔波，胡顺利主编．—北京：化学工业出版社，2020.6（2024.8重印）
ISBN 978-7-122-36359-6

Ⅰ.①酒⋯ Ⅱ.①崔⋯ ②胡⋯ Ⅲ.①饭店-市场营销学-高等职业教育-教材 Ⅳ.①F719.2

中国版本图书馆CIP数据核字（2020）第036251号

责任编辑：王　可　蔡洪伟　于　卉　　　　　　　　　装帧设计：张　辉
责任校对：宋　玮

出版发行：化学工业出版社（北京市东城区青年湖南街13号　邮政编码100011）
印　　装：高教社（天津）印务有限公司
787mm×1092mm　1/16　印张15¼　字数263千字　2024年8月北京第1版第4次印刷

购书咨询：010-64518888　　售后服务：010-64518899
网　　址：http://www.cip.com.cn

凡购买本书，如有缺损质量问题，本社销售中心负责调换。

定　价：42.00元　　　　　　　　　　　　　　　　　　　　版权所有　违者必究

编写人员名单

主　　编　崔　波（天津海运职业学院）

　　　　　胡顺利（天津海运职业学院）

副 主 编　侯　荣（天津城市职业学院）

　　　　　许爱云（厦门南洋职业学院）

参　　编　齐　超（黑龙江旅游职业技术学院）

　　　　　张　超（山东交通职业学院）

前 言

近年来，全民旅游、全域旅游、红色旅游、特色旅游、乡村旅游发展强劲，加上各行业频繁的商务往来，酒店行业随之蓬勃发展。随着我国经济发展水平稳步提升，人们的旅游消费占比越来越高，消费升级带动品质酒店需求增加。酒店市场营销者必须关注消费需求呈现出来的不同变化，发现需求、满足需求，从而真正实现营销本质，从而实现价值增值。

本教材以酒店市场营销的基本内容为核心，以实际操作和运用能力培养为目标，以任务驱动形式组织课程教学。具体分为十个项目，从市场营销的基本概念和内容框架开始，首先构筑酒店营销的全局思维模式，在此基础上渐次展开营销环境分析、市场需求调查与分析、产品策略、价格策略、渠道策略和促销策略的各个营销环节，最后延展至网络营销与酒店品牌建设。教材在编写过程中将重点放在两个方面，一是以实效为原则在保留原有市场营销理论基本框架的基础上，补充酒店一线从业人员的最新观点、最新案例和酒店行业的最新动态；二是坚持以实用为原则，全文以项目、任务驱动形式展开，设置大量实践环节，以期学生可以迅速掌握各环节营销技能。

本教材由天津海运职业学院崔波老师和胡顺利老师担任主编；天津城市职业学院侯荣老师和厦门南洋职业学院许爱云老师担任副主编；黑龙江旅游职业技术学院齐超老师和山东交通职业学院张超老师参与编写。具体编写情况为：崔波负责项目一、项目五、项目六、项目八、项目九；胡顺利负责项目二、项目三；胡顺利、许爱云负责项目四；崔波、侯荣负责项目七；张超、齐超负责项目十。

本教材在编写过程中参考和引用了国内外作者的大量研究成果，在此对他们表示衷心的感谢。由于编者水平有限，书中内容难免有不足和疏漏之处，敬请专家及广大读者批评指正。

编　者
2020年2月

目　录

项目一　酒店市场营销导论……001

任务一　了解营销基础理论……004
　　一、市场与市场营销……004
　　二、营销与销售的区别……007
　　三、市场营销管理步骤……008
　　四、市场营销组合策略……009

任务二　探讨市场营销发展趋势……011
　　一、营销方式……011
　　二、市场营销新趋势……013
　　三、酒店营销趋势……015

任务三　展望酒店营销职业需求……016
　　一、酒店营销部服务事项……016
　　二、酒店营销部岗位设置……016
　　三、酒店营销部岗位职责……017

项目二　酒店市场营销环境分析……025

任务一　分析宏观市场营销环境……028
　　一、政治法律因素……028
　　二、人口因素……029
　　三、经济因素……030
　　四、社会文化因素……031
　　五、科学技术因素……032

六、自然环境 ··· 033
任务二　分析微观市场营销环境 ································ 035
　　一、酒店自身 ··· 035
　　二、酒店供应商 ··· 035
　　三、酒店中间商 ··· 036
　　四、消费者 ··· 038
　　五、竞争者 ··· 039
　　六、公众 ··· 039
任务三　营销环境分析 ······································ 041
　　一、SWOT分析概念 ··· 041
　　二、SWOT分析步骤 ··· 041
　　三、酒店SWOT分析 ··· 043

项目三　酒店市场需求调查与分析 ····························· 049

任务一　分析酒店消费者行为 ································ 052
　　一、酒店消费者的概念 ····································· 052
　　二、酒店消费者的购买决策过程 ····························· 054
　　三、酒店消费者购买行为模式 ······························· 055
　　四、酒店消费者购买行为的影响因素 ························· 056
任务二　了解市场调研技术 ·································· 061
　　一、酒店市场调研的概念与类型 ····························· 062
　　二、酒店营销调研的内容 ··································· 062
　　三、酒店市场调研的步骤 ··································· 063
　　四、酒店市场调研的常用方法 ······························· 064
任务三　设计调查问卷、实施市场调查 ························ 067
　　一、调查问卷的设计步骤 ··································· 068
　　二、问卷的结构 ··· 069
　　三、问卷设计的原则 ······································· 070
　　四、问卷设计应注意的几个问题 ····························· 071
任务四　整理调查数据、撰写调查报告 ························ 074
　　一、市场调查报告的格式 ··································· 074

二、调查报告内容 ……………………………………………………………… 075
　　三、撰写调查报告的步骤 ………………………………………………………… 076
　　四、撰写酒店市场调研报告 ……………………………………………………… 076

项目四　STP策划 ……………………………………………………………… 083

任务一　细分酒店市场 ……………………………………………………… 086
　　一、酒店市场细分的概念及意义 ………………………………………………… 086
　　二、酒店市场细分的原则 ………………………………………………………… 088
　　三、酒店市场细分的标准 ………………………………………………………… 089

任务二　选择目标市场 ……………………………………………………… 091
　　一、酒店目标市场的概念 ………………………………………………………… 091
　　二、酒店细分市场的评估方法 …………………………………………………… 092
　　三、酒店目标市场的营销策略 …………………………………………………… 093

任务三　定位 ………………………………………………………………… 096
　　一、酒店市场定位的概念及意义 ………………………………………………… 096
　　二、酒店市场定位的策略 ………………………………………………………… 098
　　三、酒店市场定位的步骤 ………………………………………………………… 099
　　四、酒店市场定位的内容 ………………………………………………………… 100
　　五、酒店市场定位的方法 ………………………………………………………… 100

项目五　酒店产品策略 …………………………………………………………… 107

任务一　认识酒店产品 ……………………………………………………… 109
　　一、酒店产品的概念 ……………………………………………………………… 109
　　二、酒店产品的组合 ……………………………………………………………… 112
　　三、酒店产品的策略 ……………………………………………………………… 115

任务二　开发酒店新产品 …………………………………………………… 118
　　一、酒店产品生命周期理论 ……………………………………………………… 118
　　二、酒店新产品 …………………………………………………………………… 120
　　三、酒店新产品开发 ……………………………………………………………… 122

项目六 酒店价格策略 ······ 131

任务一 熟悉定价方法 ······ 134
一、酒店产品价格概念 ······ 134
二、酒店产品价格构成 ······ 134
三、酒店产品定价方法 ······ 136

任务二 选择价格策略 ······ 140
一、产品定价策略 ······ 140
二、产品价格调整策略 ······ 142
三、产品报价策略 ······ 144

任务三 构建酒店产品价格 ······ 145
一、酒店产品定价目标 ······ 145
二、酒店产品定价影响因素 ······ 146
三、酒店产品定价的步骤 ······ 147
四、制定酒店产品价格 ······ 148
五、设计酒店价目表 ······ 149

项目七 酒店渠道策略 ······ 153

任务一 调查渠道构成 ······ 155
一、酒店销售渠道的概念和作用 ······ 155
二、酒店销售渠道的类型 ······ 155
三、直接销售渠道与间接销售渠道的比较 ······ 157

任务二 构建酒店销售渠道 ······ 161
一、酒店销售渠道选择策略 ······ 162
二、影响销售渠道选择的因素 ······ 163
三、构建酒店销售渠道 ······ 165

项目八 酒店促销策略 ······ 171

任务一 促销体系构成 ······ 174
一、酒店促销及促销组合 ······ 174
二、酒店的促销策略 ······ 174

任务二　推销酒店产品 177
　　一、人员推销的概念及特点 177
　　二、人员推销方式 178
　　三、酒店人员推销的过程及技巧 180
任务三　设计酒店广告 182
　　一、酒店广告的概念及特点 182
　　二、酒店广告的意义 184
　　三、制定酒店广告策略的方法 184
任务四　策划营业推广 186
　　一、营业推广的概念和作用 187
　　二、营业推广的方法 187
　　三、营业推广的优缺点 188
任务五　维护公共关系 189
　　一、酒店公共关系的概念 189
　　二、酒店公关的对象 190
　　三、危机公关的5S原则 191
　　四、酒店公共关系活动的技巧 193

项目九　酒店网络营销 199

任务一　探知酒店网络营销方法 202
　　一、酒店网络营销概述 202
　　二、酒店网络营销方法 203
　　三、酒店网络营销技巧 205
任务二　开展酒店网络营销策划 207
　　一、网络营销策划内容 207
　　二、网络营销策划步骤 208
　　三、策划酒店网络营销 209

项目十　塑造酒店品牌 217

任务一　了解酒店品牌 220
　　一、酒店品牌概述 220

二、酒店品牌建设现状 ………………………………………………………… 222
　　三、酒店品牌建设要点 ………………………………………………………… 222
任务二　建立酒店品牌识别系统 …………………………………………………… 224
　　一、酒店品牌识别要素 ………………………………………………………… 224
　　二、酒店品牌识别系统建设 …………………………………………………… 227
　　三、酒店品牌推广 ……………………………………………………………… 230

参考文献 ……………………………………………………………………………… 233

项目一 酒店市场营销导论

【项目导览】

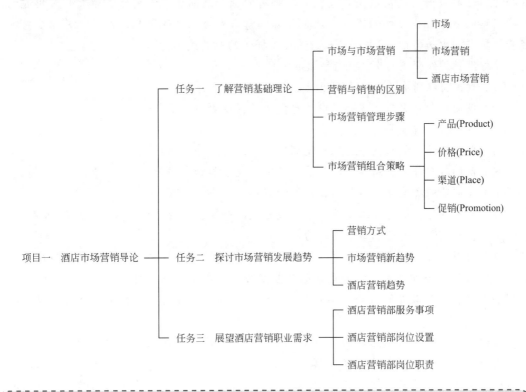

📖 **学习目标**

1. 理解市场与市场营销的相关概念，正确认识到营销与销售的区别。
2. 了解市场营销的管理步骤，形成营销的整体思考方式。
3. 了解市场营销的方式，并能够举例说明。
4. 理解市场营销和酒店营销的发展趋势，能够发表个人见解。

5. 掌握市场营销组合策略包括的内容。
6. 熟知酒店营销部的服务事项，概览酒店营销部的岗位设置及岗位职责，针对感兴趣的岗位加深了解。

 案例导入

香格里拉的营销之道

香格里拉酒店集团是国际著名的大型酒店连锁集团，它的经营策略很好地体现了酒店关系营销的内容。

香格里拉酒店集团（以下简称"香格里拉"）是从1971年新加坡豪华香格里拉饭店的开业开始起步，很快便以其标准化的管理及个性化的服务赢得国际社会的认同，在亚洲的主要城市得以迅速发展。其总部设在我国香港，是亚洲最大的豪华酒店集团，并被许多权威机构评为世界最好的酒店集团之一，它所拥有的豪华酒店和度假村已成为最受人欢迎的休闲度假目的地。香格里拉始终如一地把顾客满意当成企业经营思想的核心，并围绕它把其经营哲学浓缩于一句话："由体贴入微的员工提供的亚洲式接待"。

香格里拉的经营策略有8项指导原则：

（1）我们将在所有关系中表现真诚与体贴。

（2）我们将在每次与顾客接触中尽可能为其提供更多的服务。

（3）我们将保持服务的一致性。

（4）我们确保我们的服务过程能使顾客感到友好，员工感到轻松。

（5）我们希望每一位高层管理人员都尽可能地多与顾客接触。

（6）我们确保决策点就在与顾客接触的现场。

（7）我们将为我们的员工创造一个能使他们的个人、事业目标均得以实现的环境。

（8）客人的满意是我们事业的动力。

与各大航空公司联合促销是香格里拉酒店互惠合作的手段之一。香格里拉与众多的航空公司保持良好合作关系，诸如马来西亚航空公司、泰国航空公司等。另外，香格里拉还单独给予顾客一些额外的机会来领取奖金和优惠，如可在香格里拉担保的公司选择酒店入住价格等。

在顾客服务与住房承诺方面，则体现了酒店在承诺、信任原则上的坚持。香格里拉饭店的回头客很多。饭店鼓励员工与客人交朋友，员工可以自由地同客人进行私人的交流。饭店建立了一个"顾客服务中心"，客人只需打一个电话就可解决所有的问题。这与原来各件事要查询不同的部门不同，客人只需打一个电话到顾客服务中心，一切问题均可解决，饭店也因此能更好地掌握顾客信息，协调部门工作，及时满足顾客。在对待顾客投诉时，绝不说"不"。这是全体员工达成的共识，即"我们不必分清谁对谁错，只需分清什么是对什么是错"。让客人在心理上感觉他"赢"了，而我们在事实上做对了，这是最圆满的结局。每个员工时刻提醒自己多为客人着想，不仅在服务的具体功能上，而且在服务的心理效果上满足顾客。香格里拉饭店重视来自世界不同国家、不同地区客人的生活习惯和文化传统的差异，有针对性地提供不同的服务。如对日本客人提出"背对背"的服务：客房服务员必须等客人离开客房后再打扫整理客房,避免与客人直接碰面。饭店为客人设立个人档案长期保存,作为为客人提供个性化服务的依据。

(资料来源:秦vs楚. 香格里拉的营销之道. 新浪,2007-3-4.)

思考与分析

1. 香格里拉的关系营销体现在哪些方面?
2. 你怎么理解香格里拉的"我们不必分清谁对谁错,只需分清什么是对什么是错"?

任务一　了解营销基础理论

营销随处可见。无论你在家、在学校、在工作场所还是娱乐场所，几乎在你做任何事的时候都可以看见营销。这些现象的背后，营销实际上是为吸引你的注意力并引导你的购买行为而由各种活动所组成的巨大网络。

在迪士尼（Disney）主题公园，"幻想家们"建造各种各样的奇观，是为了创造梦想和"让美梦成为现实"。世界奢华酒店之最——阿拉伯塔（Burj Al Arab）是由阿联酋国防部长、迪拜王储阿勒马克图姆提出的，他梦想给迪拜建造一个悉尼歌剧院、埃菲尔铁塔式的地标。经过全世界上百名设计师的奇思妙想加上迪拜人巨大的钱袋子和5年时间，终于缔造出一个梦幻般的建筑——阿拉伯塔。该建筑将浓烈的伊斯兰风格和极尽奢华的装饰与高科技手段、建材完美结合，建筑本身获奖无数。阿拉伯塔仿佛是阿拉丁的宫殿：墙上挂着著名艺术家的油画；每个房间有17个电话筒，门把手和厕所水管都"爬"满黄金，每个套房中还有为客人解释各项高科技设备的私人管家。在这里可以让顾客感受到无与伦比的奢华体验和前所未有的服务质量。上述酒店的经营者以及其他获得巨大成功的公司管理者都深知，如果重视他们的顾客，想顾客之所想，急顾客之所急，超出顾客所期待，那么将会获得相应的市场份额和利润水平。

营销就是处理与顾客的关系。基于顾客价值和顾客满意来建立顾客关系，是现代营销的核心。营销就是管理营利性的顾客关系。营销的双重目的在于，一方面通过提供优质的顾客价值来吸引新顾客；另一方面通过传递顾客满意来保持和发展当前顾客。

良好的营销是每一个组织成功的关键。无论是大型的营利性公司还是非营利性组织，如大学、医院、博物馆等。

营销关键：发现并满足顾客需求，进而实现个人和组织增值。

想一想

很久以前，英国有一家乡间旅馆，地处荒凉地带，没有公路，不通汽车；没有电，不通电话和手机。这家旅馆按常理说不具备办旅馆的有利条件，如果你是旅馆的管理者，应该怎么办？怎么把不利因素转化为有利因素？

一、市场与市场营销

（一）市场

市场（Market）是一个产品实际和潜在购买者的集合。这些购买者共同拥有一个具体的可通过交换满足的欲望或需求。市场规模取决于有这种需求的人数、能够进行交换的资源以及这些人是否心甘情愿地用这些资源去交换所需之物。有关市场构成的公式：

市场=人口+购买力+购买欲望

> **营销案例**

如家大事记

  2001年8月，携程旅行网成立唐人酒店管理（香港）有限公司，计划在国内发展经济型连锁酒店项目，并根据中国宾馆行业特点拟定商业模型。

  2001年12月，公司正式将"如家"（Home Inn）定为品牌名，并申请商标注册（曾用名："唐人""朋来"）。

  2002年6月，携程旅行网与首都旅游集团正式成立合资公司，定名为"如家酒店连锁"，"如家酒店"是核心品牌。

  2002年12月，如家酒店连锁全国免费预订电话正式开通。

  2004年7月，如家作为唯一的经济型酒店，获得"2004中国饭店业民族品牌先锋"称号。

  2005年1月，如家酒店管理平台正式使用；7月，开通网上预订系统。

  2008年12月，旗下首家高端商务酒店品牌和颐酒店（上海漕宝路店）开幕——如家酒店集团成立。

如家酒店	和颐酒店	莫泰酒店
温馨舒适的商旅型连锁酒店品牌	中高端商务连锁酒店品牌	时尚简约的商旅型连锁酒店品牌

  截至2017年9月，如家酒店集团在全国近380个城市拥有近3400家酒店。

  2016年4月1日，如家酒店集团与首旅酒店（开曼）完成合并。如家酒店集团已成为首旅酒店的控股子公司。

项目一 酒店市场营销导论

首旅酒店集团

BTG HOTELS

思考与分析

1. 什么是快捷酒店？携程为什么以快捷酒店模式进军酒店市场？
2. 如家近20年中发生了哪些变化？是什么影响着如家的发展方向？

（二）市场营销

美国市场营销协会（AMA）为市场营销下了一个定义，认为市场营销是一项有组织的活动，包括创造、传播和交付顾客价值和管理顾客关系的一系列过程，从而使利益相关者和企业都从中受益。

美国著名营销学家菲利普·科特勒教授指出，所谓市场营销（Marketing），就是个人和集体通过创造、提供出售并同别人自由交换产品和价值，以满足需求和欲望的一种社会和管理过程。

对市场营销最简洁的定义，就是"满足别人并获得利润"。当eBay公司意识到人们在当地买不到最想要的物品时，就发明了网上竞拍业务；当宜家公司（IKEA）意识到人们想购买价格低廉、质量高的家具时，就创造了可拆卸与组装的家具。所有这些成功案例都证明，市场营销可以把社会需要和个人需要转变为商机。

市场营销概念具体归纳为下列要点。

（1）市场营销的最终目标是"满足需求和欲望"。

（2）"交换"是市场营销的核心，交换过程是一个主动、积极寻找机会，满足双方需求和欲望的社会过程和管理过程。

（3）交换过程能够顺利进行，取决于营销者创造的产品和价值满足顾客需求的程度和交换过程的管理水平。

以上概念的表述基本揭示了市场营销概念的内涵与外延。

营销者的工作是理解特定市场上的需求和欲望，并选择企业可以提供最好服务的市场。然后，他们要为这些市场中的消费者生产出能创造顾客价值和顾客满意的产品和服务。从而获得可实现盈利的长期客户关系。

想一想

营销创造消费者的需要和欲望VS.营销只是反映消费者的需要和欲望。你赞同哪种观点?

需要（Needs）。需要是指人类的基本要求，如食品、空气、水、衣服和住所。人们还对休闲、教育和娱乐有着强烈的需要。

欲望（Wants）。当需要指向具体的可以满足需要的特定物品时，需要就变成了欲望。一个美国人需要食物，其欲望是汉堡包、法式烤肉和软饮料；一个中国人需要食物和健康，其欲望可能是较高的社会地位、私家车和豪华别墅。欲望受到人们所处社会的影响。

需求（Demands）。需求是指对有能力购买的某个具体产品的欲望。许多人都对入住宫殿式酒店有欲望，但只有极少数人能够住得起并且愿意住。公司不仅要估计有多少人对公司的产品有欲望，还要估计有多少人真正愿意并有能力购买公司的产品。

上述界定澄清了一些对营销者常见的批评，比如，"营销者创造需要"，或者"营销者让人们购买他们并没有欲望的东西"。营销者并不创造需要，需要存在于营销活动之前。营销者以及其他社会因素影响欲望。营销者可能向消费者推广某种观念或提供某种新奇的体验，宫殿式酒店能满足人们对社会地位的需要，水下酒店可以满足人们的猎奇需要。然而，营销者并没有创造人们对社会地位或猎奇的需要。

想一想

理解需要

一位顾客说自己想要"一间便宜点的房间"，你会如何处理？

了解顾客的需要和欲望并不总是那么容易。一些顾客并未完全意识到自己的需要，一些顾客表达不清他们的需求或无法用语言作出解释。营销者此时可能要区分以下5种类型的需要。

1. 表明了的需要：顾客想要一间便宜的客房。
2. 真正的需要：顾客想要的是性价比高的客房，而不是初始售价低的客房。
3. 未表明的需要：顾客期望从酒店获得良好的服务。
4. 令人愉悦的需要：顾客会乐于让酒店提供其他如洗衣、打印等服务。
5. 秘密的需要：顾客希望朋友们觉得自己是个精明的消费者。

仅仅对表明了的需要作出反应可能还不够。许多消费者不了解他们想要什么样的产品。手机刚出现时，消费者并不了解手机，是诺基亚公司（Nokia）和爱立信公司（Ericsson）让消费者形成了一些认知。只是给消费者他们想要的东西已经不够了，要领先，企业必须帮助消费者了解他们需要什么。

（三）酒店市场营销

酒店市场营销是市场营销理论在酒店领域的具体应用。根据菲利普·科特勒教授的营销定义并结合营销活动开展的过程，我们对酒店市场营销进行如下定义：

酒店市场营销是酒店为了满足酒店顾客的需求并实现自身经营目标，在不断变化的市场环境中，综合运用营销组合策略，与酒店顾客进行酒店产品和价值交换的过程。酒店营销成功的基本条件是满足需求、统筹规划、全员参与、持续改进。

二、营销与销售的区别

彼得·德鲁克说："人们总是认为某种推销还是必要的，但营销的目的却使推销成为不必要。"

菲利普·科特勒说:"销售不是市场营销的最重要部分,销售是'市场营销冰山'的尖端。"

想一想

你是怎么理解这两句话的?

市场营销不是企业经营活动的某一方面,它始于产品生产出来之前,并一直延续到产品售出之后,贯穿于企业经营活动的全过程。虽然市场营销包含着销售,但其涵盖的范围更广,比如调研、产品设计、定价、促销活动、公众形象等(图1-1)。

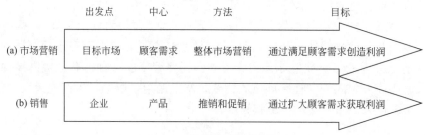

图1-1 营销与销售的对比

(1)市场营销的出发点是目标市场,销售的出发点是企业。

(2)市场营销以顾客需求为中心,销售以推销企业现有产品为中心。

(3)市场营销采取的是整体市场营销手段,销售主要采取广告宣传、人员推销等方式。

(4)市场营销通过满足顾客需求来创造利润,销售主要通过扩大顾客需求、增加产品的销售来获取利润。

(5)市场营销是一项系统管理工程,销售只是其中的一个环节。

因此,销售是把你拥有的东西想尽办法卖给对方,营销是你拥有别人想要的东西。营销工作早在产品问世前就开始了。企业营销部门首先要确定哪里有市场,市场规模如何,有哪些细分市场,消费者的偏好和购买习惯如何。营销部门必须把市场需求情况反馈给研发部门或生产部门,让研发部门设计、生产出适应该目标市场的最好的产品。营销部门还必须为产品顺利走向市场而设计定价、分销和促销计划,让消费者了解企业的产品,方便地买到产品。在产品售出后,还要考虑提供必要的服务,让消费者满意。所以说,营销不是企业经营活动的某一方面,它始于产品生产之前,并一直延续到产品售出以后,贯穿于企业经营活动的全过程。

三、市场营销管理步骤

市场营销的实质是指企业为实现其目标,创造建立并保持与目标市场之间的互利交换关系而进行的分析、计划、执行与控制过程。

市场营销管理步骤可划分如下(图1-2)。

图1-2 市场营销管理步骤

1. 明确经营战略目标

首先必须分析解读营销部门的基本战略和目标，此两项内容将对市场营销管理过程进行具体要求和各种约束，是发展市场营销计划的导向。

2. 战略性市场营销决策

战略性市场营销决策需要在市场细分的基础上，结合企业资源与内外竞争环境选择目标市场，进行市场定位。

3. 战术性市场营销决策

战术性市场营销决策需要在酒店企业围绕市场定位，制定市场营销组合策略并进行市场营销预算。

4. 制订市场营销计划

各个经营单位需要分别为自己的产品（服务）、产品线、品牌、细分市场和区域市场甚至顾客制订市场营销计划。

5. 实施与控制市场营销活动

将市场营销计划转变为市场营销行动，并对市场营销活动的进程和各个方面进行控制和市场营销审核，以保证达成预定的市场营销目标。

四、市场营销组合策略

1960年，现代营销奠基理论横空出世，美国密歇根大学杰罗姆·麦卡锡教授提出"4P"经典理论，即产品（Product）、价格（Price）、地点（Place）和促销（Promotion），由于这4个单词的英文字头都是"P"，再加上策略（Strategy），被誉为4P营销组合策略，也可简称为"4Ps"或"4P"（图1-3）。

图1-3　市场营销组合

在市场营销管理过程中，企业要满足顾客需求，实现经营目标，必须从目标市场的需求和市场营销环境的特点出发，根据企业的资源和优势，整合运用各种市场营销手段，形成统一、配套的市场营销组合，实现营销战略目标。

1. 产品组合

它是指企业提供给目标市场的货物、服务的集合，包括产品的效用、质量、外观、式样、品牌、包装和规格，还包括服务和保证等因素，如酒店的客房、餐厅、服务等。

2. 价格组合

主要包括基本价格、折扣价格、付款时间、借贷条件等。价格组合是指企业出售产品所追求的经济回报。价格决策包括定价、变价、报价等，以定价为例，酒店定价包括协议价、散客价等。

3. 渠道组合

渠道组合通常称为渠道或分销的组合，它主要包括分销渠道、储存设施、运输设施、存货控制等，它代表企业为使其产品进入和达到目标市场所组织、实施的各种活动，包括途径、环节、场所、仓储和运输等。

4. 促销组合

促销组合是指企业利用各种信息载体与目标市场进行沟通的传播活动，包括广告、人员推销、营业推广与公共关系等。

以上4P是市场营销过程中可以控制的因素，也是企业进行市场营销活动的主要手段，对它们的具体运用，形成了企业的市场营销战略。

知识链接

营销活动的冰山理论

我们把企业的营销活动比作一座冰山，以海平面为基准，沉在海平面以下的部分我们称之为隐性的营销活动，即营销基础战略，包括环境分析、STP分析、竞争者分析、购买行为分析等；露出海平面以上的部分我们称为显性的营销活动，即营销活动的4P策略，包括产品、价格、渠道和促销。

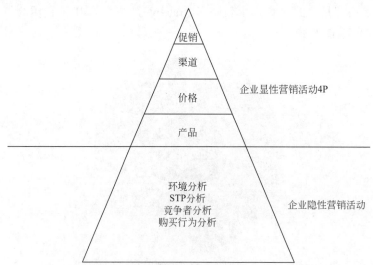

通常情况下，一座冰山沉入海平面以下的部分要大于露出海平面以上的部分。我们可以这样理解，营销活动的系统性体现在隐性和显性两个主要的方面。其中，隐性部分的营销活动尽管我们平时不是特别关注，但是却占据了很重要的部分，是显性营销活动能否成功的基础。显性营销活动我们主要以4P组合策略的样式来呈现，不管采取何种营销策略和营销技巧，最终都应该从这4个方面来进行具体呈现。隐性营销活动和显性营销活动共同组成了企业营销活动的主要内容，尽管在不同的行业其具体表现不尽相同。它们是有机的组合体，形成了营销活动的系统性。

（资料来源：张新峰. 酒店营销. 上海：华东师范大学出版社，2014.）

任务二 探讨市场营销发展趋势

营销发展史上,享有"现代营销之父"美誉的菲利普·科特勒有一句著名的论断:"在营销学的发展史中,每10年就会出现一些新的概念,刺激了研究,指导了实践,引起了争论。"随着互联网时代的到来,短短的20多年的时间里,营销方式更是层出不穷。

一、营销方式

1995年,eBay开始在网上试验拍卖服务;1998年,谷歌在美国创立并快速崛起,开创了"搜索时代";2010年,iPhone开创"饥饿营销"时代;国内品牌"小米"也是运用"饥饿营销"的成功代表。营销方式发展至今已不下数十种,目前已呈现出百花齐放、百家争鸣之势。

1. 服务营销

服务营销是企业在充分认识满足消费者需求的前提下,为充分满足消费者需要在营销过程中所采取的一系列活动。服务作为一种营销组合要素,真正引起人们重视是在20世纪80年代后期。这一时期,由于科学技术的进步和社会生产力的显著提高,产业升级和生产的专业化发展日益加速。一方面使产品的服务含量,即产品的服务密集度日益增大;另一方面,随着劳动生产力的提高,市场转向买方市场,消费者随着收入水平的提高,消费需求也逐渐发生变化,需求层次也相应提高,并向多样化方向拓展。

2. 网络营销

网络营销是以现代营销理论为基础,借助网络、通信和数字媒体技术实现营销目标的商务活动,是科技进步、顾客价值变革、市场竞争等综合因素促成的信息化社会的必然产物。网络营销根据其实现方式有广义和狭义之分:广义的网络营销指企业利用一切计算机网络进行营销活动;而狭义的网络营销专指互联网营销,即指组织或个人基于开发便捷的互联网络,对产品、服务所做的一系列经营活动,从而达到满足组织或个人需求的全过程。网络营销是企业整体营销战略的一个组成部分,是建立在互联网基础之上,借助于互联网特性来实现一定营销目标的营销手段。

3. 体验营销

体验营销通过看(See)、听(Hear)、用(Use)、参与(Participate)的手段,充分刺激和调动消费者的感官(Sense)、情感(Feel)、思考(Think)、行动(Act)、联想(Relate)等感性因素和理性因素,重新定义、设计的一种思考方式的营销方法。

4. 个性营销

个性营销,应包含两个方面的含义:一方面是指企业的营销要有自己的个性、用自己的特色创造出需求来吸引消费者;另一方面是满足顾客个性化的需求。也就是说,企业要开发出比较另类的产品,以突破常规冲击力的营销,挖掘、引导、创造并满足市场需求,符合当今人们求新、求异、求变的个性化消费潮流,打造出适合自己品牌的唯一性。个性营销是强调企业必须运用与竞争对手截然不同的营销手段,有意识地引导市场和消费群体朝着有利于自己的方向发展,使潜在的市场变成现实的市场,并逐步与竞争对手拉大距离,最终达到开拓市场、占领市场、拥有市场的一种营销理念。

5. 会员营销

会员营销是一种基于会员管理的营销方法,商家通过将普通顾客变为会员,分析会员消费信息,挖掘顾客的后续消费力及其终身消费价值,并通过客户转介绍等方式,将一个客户的价值实现最大化。

6. 情感营销

情感营销就是把消费者的个人情感差异和需求作为企业品牌营销战略的核心,借助情感包装、情感促销、情感广告、情感口碑、情感设计等策略来实现企业的经营目标。它注重与消费者之间的感情互动,通过各种沙龙、联谊会等形式,增强沟通。中型企业想迅速提高企业形象的时候,这样做是非常有必要的。

7. 联合营销

联合营销也叫合作营销,是指两个以上的企业或品牌拥有不同的关键资源,而彼此的市场有某种程度的区分,为了彼此的利益而进行战略联盟,交换或联合资源,合作开展营销活动,以创造竞争优势。联合营销的最大好处是可以使联合体内的各成员以较少的费用获得较大的营销效果,有时还能达到单独营销无法达到的目的。

8. 绿色营销

绿色营销是指企业在整个营销过程中充分体现环保意识和社会意识,向消费者提供科学的、无污染的、有利于节约资源和符合良好社会道德准则的商品和服务,并采用无污染或少污染的生产和销售方式,引导并满足消费者有利于环境保护及身心健康的需求。其主要目标是通过营销实现生态环境和社会环境的保护及改善,保护和节约自然资源,实行养护式经营,确保消费者使用产品的安全、卫生、方便,以提高人们的生活质量,优化人类的生存空间。

9. 公益营销

企业做公益活动的目的性不是那么明显,回馈人类和承担社会责任被一些人认为是一种赔本买卖,其实不然。从这种活动的性质来讲,公益更像一种立意长远的营销活动。通过公益等实际行动,既表达企业的社会责任感,又使社会受众群体对本企业产生良好的印象,实际上是做了变相的企业形象广告。

10. 事件营销

事件营销是国内外十分流行的一种公关传播与市场推广手段,集新闻效应、广告效应、公共关系、形象传播、客户关系于一体,并为新产品推介、品牌展示创造机会,建立品牌识别和品牌定位,是一种快速提升品牌知名度与美誉度的营销手段。与广告和其他传播活动相比,事件营销能够以最快的速度、在最短的时间内创造强大的影响力。

11. 饥饿营销

饥饿营销是指商品提供者有意调低产量,以期达到调控供求关系、制造供不应求的假象,维持商品较高的售价和利润率以及维护品牌形象、提高产品附加值的目的。如苹果公司和小米公司都是饥饿营销的践行者。

12. 品牌营销

　　品牌营销是指企业利用消费者的品牌需求，创造品牌价值，最终形成品牌效益的营销策略和过程；是通过品牌联播等专业的新闻传播与策划机构，再结合企业各种营销策略，使目标客户形成对企业品牌和产品、服务认知的过程。品牌营销从高层次上就是把企业的形象、知名度、良好的信誉等展示给消费者，从而在消费者的心目中形成企业产品或者服务的品牌形象，进而使企业的品牌知名度提高，对企业的信任度提升，这就是品牌营销。简单说，品牌营销就是把企业的品牌深刻地印在消费者的心中。

13. 关系营销

　　关系营销的概念最早由学者Berry于1983年提出，他将其界定为"吸引、保持以及加强客户关系"。这一概念的提出促使企业纷纷从简单的交易性营销转向关系营销——即在企业与客户和其他利益相关者之间建立、保持一种长远的关系并使其稳固，进而实现信息及其他价值的相互交换。

二、市场营销新趋势

　　互联网时代崛起，使得营销环境变得前所未有的复杂。过去几年，互联网巨头们改变着人们的生活方式和消费习惯。人们不再单靠传统的电视、报刊获取咨询，不再能忍受一板一眼的播报形式，取而代之的是移动互联，是快手、抖音、小红书等各类手机应用软件（APP）。这使得市场营销呈现出新的趋势。

　　1. 数字化营销（Digital Marketing）持续升温

　　自从品牌拥有客户数据库开始，数据已成为成功营销的基础和关键。可为客户和潜在客户提供客户细分、深度个性化和相关消息传递、媒体支出优化等。事实上，MemSQL调查的公司高管中有61%的人表示，机器学习和人工智能是他们公司2019年最重要的数据计划。

　　2. 敏捷营销被更广泛应用于推动营销团队协作

　　随着数字转型的加速和对提高客户体验需求的增长，营销人需要更多地思考和协作，以支持他们的业务。斯科特·布林克尔在他的黑客营销一书中认为："敏捷营销的核心是让营销人员和小型营销团队对工作拥有更大的自主权，并在如何实现目标拥有更大的自由度。"它的运作依赖于信任和透明度，而不是命令和控制。有研究报告称，大约36.7%的营销团队正在实践敏捷营销，以使他们能够快速调整营销重点，交付更高质量的工作，并提高生产率，从而加速交付到市场。

　　3. 内容营销将会得到更多的投入与重视

　　人们更加信任信誉良好的内容，而不是广告。事实上，所有互联网用户中有30%会使用广告拦截工具，而这个数字也在逐年上升中。但企业内部内容团队的缺失成为制约内容营销发展的瓶颈，企业陷入"缺素材、缺人写素材"的困境，这一矛盾在B2B企业尤为突出。

　　4. "用户体验"将再度风靡

　　用户体验将在各种营销技术的逐渐成熟后，再度被品牌重视，以便在过度饱和的数字环境中吸引并留住用户。Forrester发布的报告表示，各大公司正继续向以用户为中心的模式转型，CMO（首席营销官）在制定营销战略时将优先考虑将用户的力量汇聚起来，为其品牌注入活力。

5. 创意和设计的复兴

卓越的创意和设计能力让复杂的事情看起来更简单，调研报告显示有84%的用户认为，优秀的创意和设计能更容易引起他们的关注和共鸣。在这个信息爆炸的时代，想要建立与用户的接触和沟通机会，创意与设计是很好的切入点。

6. 短视频营销将持续升温

注意力经济带来广告主齐聚短视频营销盛宴，随着抖音、快手等头部短视频平台加速短视频变现，短视频广告市场规模将持续高速增长。

营销案例

酒店机器人现身，地球人颤抖吗？

2015年，万豪酒店引入一个名为Mario的机器人为入住客人提供服务。2016年，ITB Berlin（即"德国柏林国际旅游交易会"）将以数字化为主题，讨论主题涉及机器人、高科技创新及创新实验室。

当你走进酒店时，酒店的员工会彬彬有礼地欢迎你入住，用你的母语和你交流，递给你房间钥匙并告诉你今晚餐厅的菜单。可如果他们能说19种语言，而且还能一年365天、一天24小时地为你提供服务，会不会更好？

尽管机器人在酒店大厅和吧台提供服务这一情况目前尚不多见，但这一定是大势所趋。欧盟委员会称，到2020年，机器人市场价值将达到每年1000亿欧元。像Mario这样的机器人已经开始在健康领域甚至学校里提供服务。

所以，今年的ITB Berlin展览会以此为主题也就不足为奇了。今年，ITB Berlin的主题是数字化，资深的业界专家在ITB酒店日将围绕机器人、高科技创新及创新实验室展开讨论。

届时，酒店机器人Mario也将到现场"聆听"嘉宾的演讲。根特万豪酒店的总经理Roger Langhout将与大家分享Mario的日常工作情况。该酒店强调称，Mario并不会取代酒店员工的角色，尽管它可以回答有关客房的问题，也能引领客人到会议室，但有的工作只能靠酒店员工亲力亲为。

尽管如此，酒店业广泛讨论的一个问题仍旧是，机器人的出现会不会使旅游业的人工服务成为过去式？

两位牛津学者——Carl Benedikt Frey和Michael A.Osborne——展开的研究曾引起媒体界的广泛关注，而他们的研究内容也将成为今年ITB Berlin展览会的主题之一。他们预测，不久的将来，将有50%的工作岗位因机器人的出现而消失，从而爆发就业危机。Carl Benedikt Frey在大会上将就"未来的工作将发生怎样的变革？"做主旨演讲。

这个主题对于ITB来说并不陌生。有人说，因为Skype等社交媒体的出现，行业大会和商品交易会都会因数字化而变得多余。但尽管如此，ITB Berlin和其他行业展会的发展依旧欣欣向荣。为什么呢？因为人与人之间面对面的沟通与接触是机器人所无法取代的。

所以，面对机器人的出现，哪怕它们在我们的生活中发挥着越来越重要的作用，我们也应该坚持这一观点。我们应当欢迎机器人的出现，因为它们可以为旅游业提供帮助，帮我们处理许多日常工作。

如何巧妙地将机器人与工作人员的工作能力整合在一起，让客人在酒店和旅游时享受更难忘的经历，未来还有无限可能。

（来源：Claire.酒店机器人献身，地球人颤抖吗.品味酒店，2016-03-08.）

思考与分析

1. 酒店机器人是否会替代现有的服务人员？你怎么样看待新技术对酒店营销的影响？
2. 如果你是酒店的经营者，你是否会引进机器服务人员，说明选择理由。

三、酒店营销趋势

随着OTA（Online Travel Agency，在线旅行社）、元搜索引擎的不断强大，"社会消费"市场的扩张，民宿业的迅速崛起和规范，酒店业竞争越来越激烈，这对酒店营销工作提出了更多的要求。

1. 移动预订将成为酒店预订主流

据有关平台统计，人们每天平均看手机46次。基于Skift的一项研究，在过去的一年，大约23%的美国旅行者是通过移动设备来预订酒店的。

为移动设备设计的网站以及无缝的在线预订体验，将是酒店获得更多直接预订的黄金门票。

2. 社交媒体将是酒店宣传的主要媒介

Facebook日均用户达到13.7亿人次，Instagram每月用户超过7亿人次。社交媒体逐渐占数字营销氛围，酒店将更难从已经非常挤的网络空间中亮相。

那些热衷于旅游的人不仅仅是鼓励自己去旅游，将近55%的旅行者把自己的社交媒体页面当成旅游展示。这会让酒店成为那些计划旅游或者预订酒店者的首选。

发布激发欲望的内容、吸引你的追随者，这会消除FOMO（害怕错过任何信息）现象，从而让消费者愿意来访问酒店社交媒体，也有益于增强酒店品牌在社交媒体上的曝光度。

3. 分享类视频成为广告的主要展现形式

动态视频可以捕获图片所不能记录的东西，旅行者制定旅行计划的灵感已经从旅行社转向网络，视频成为一种重要的广告展现形式，它可以把酒店生活方式带给客人、可以讲述酒店故事。

4. 大数据推进个性化营销

71%的客人渴望个性化或者私人定制式广告。发现正在制订旅游计划的旅行者，请务必要把他的个人欲望和目的地建立起联系。这不仅能够创造独特的用户体验，同时也将带来积极的在线评论和ROI（Return on Investment，投资回报率）的增长。

通过个性化的定制内容、与客人的线上互动可建立酒店与客人之间的特殊接触，这将会使你的酒店在繁杂的预订中脱颖而出。

任务三　展望酒店营销职业需求

营销部是酒店的核心部门，承载着营销调研、了解市场状况、预测市场走势、制定酒店营销战略和具体策略、确定酒店目标市场和定位、对外进行社会公关、树立酒店良好形象等经营重任，营销部的运作水平直接关系着酒店未来的生存与发展。

一、酒店营销部服务事项

（一）销售酒店产品

（1）制订酒店旅游业务的销售计划，保持与各大旅行社的良好关系，并开展销售工作，完成酒店旅行社业务的销售指标；

（2）制订酒店商务业务的销售计划，拓展、维护企事业单位、协会组织等商务客户，并开展销售工作，完成酒店商务业务的销售指标；

（3）制订酒店会议业务的销售计划，保持与企业单位、政府机关的联系，并开展销售工作，完成酒店会议业务的销售指标；

（4）制订酒店宴会业务的销售计划，通过各种途径宣传酒店宴会服务业务，并开展销售工作，完成酒店宴会业务的销售指标。

（二）处理预订信息

（1）接受客户的预订、改订、取消预订等要求，协调有关部门，及时传达各类预订信息，并保证服务质量；

（2）统计整理各类销售、预订信息，及时归档。

（三）开展公关、广告活动

（1）建立并保持与重要客户的良好关系；

（2）通过组织开展各类公关活动，取得公众的信任与支持，扩大酒店的知名度、美誉度；

（3）为酒店的产品、优惠政策作广告宣传，树立酒店良好的品牌形象。

二、酒店营销部岗位设置

酒店营销部的岗位设置具体如图1-4所示。

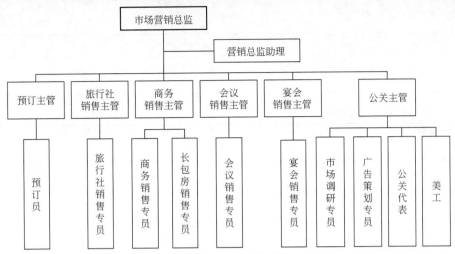

图1-4 酒店营销部的岗位设置

三、酒店营销部岗位职责

（一）营销总监岗位职责

岗位名称	营销总监
职责概述	全面负责酒店营销部门的销售、公关工作，保证酒店营销战略目标的达成
职责	职责细分
1. 制度建设及费用管理	（1）制定营销部的管理制度、工作程序，并监督贯彻实施； （2）严格按照标准控制酒店营销部经费开支，包括市场调研专员、销售经费、公关活动经费等，监督各项经费的使用情况
2. 制定营销战略与具体策略	（1）根据酒店总体经营战略，制定酒店市场战略与具体销售策略； （2）根据酒店市场战略与销售的需要，指导公关主管编制公关、广告等各项市场计划； （3）根据酒店市场战略与销售策略，组织各销售主管编制酒店各分项销售计划
3. 组织开展市场营销活动	（1）组织并监督销售人员开展销售工作，以确保销售目标的达成； （2）督促各类公关活动按计划开展，达成酒店公关的战略目标； （3）指导拟定酒店的广告策划方案，并对酒店的广告宣传工作给予指导和监督
4. 营销队伍建设	（1）根据酒店营销工作需要，参与营销部经理及副经理的招聘与考核； （2）建设酒店的销售队伍，并核准各销售主管的任免提议； （3）定期组织开展营销部各级管理人员的能力培训工作，提升下属人员的工作技能

（二）营销总监助理岗位职责

岗位名称	营销总监助理
职责概述	负责酒店营销部销售、公关活动的具体展开工作，保证营销部门工作计划的全面完成
职责	职责细分
1. 营销策略的制定与落实	（1）向下属销售主管布置销售任务，并指导执行； （2）协同其他部门，根据市场和酒店的实际情况，制定合适的价格策略和产品组合方案
2. 组织实施营销、公关活动	（1）指导各销售组的人员开展销售工作，并予以检查，确保销售目标按期完成； （2）按公关活动计划组织开展各项公关活动，以确保达到酒店预期目标； （3）监督并指导酒店广告计划的执行，保证酒店广告的到位、高效
3. 客户管理	（1）督促下属按时完成客户走访与关系维护，及时处理客户意见； （2）组织建立客户档案系统，督促相关人员及时整理并做好客户档案归档、调阅与保管等工作

项目一　酒店市场营销导论

续表

职责	职责细分
4. 下属管理	（1）组织开展各销售主管的培训工作，不断提高主管的销售技能与管理能力； （2）监督、指导销售主管的日常工作，对他们的工作绩效进行考评

（三）旅行社销售主管岗位职责

岗位名称	旅行社销售主管
职责概述	负责酒店的旅行社销售业务，与旅行社建立合作关系，并保证客源稳定，以完成销售指标
职责	职责细分
1. 旅行社销售计划制定与实施	（1）制定（订）旅行社销售策略和旅行社走访计划，并落实执行； （2）参与酒店客房的旅行社价格政策的制定
2. 组织旅行社走访工作	（1）组织销售专员按计划定期走访旅行社，与有意向客户洽谈合作事宜； （2）保持与旅行社的联系，及时解决旅行社方面的疑虑和需求
3. 跟踪来电消费的客户	（1）协调做好来店消费客户的接待工作，并保证服务质量； （2）记录、整理旅行社客源消费信息，形成销售工作记录
4. 收集客户反馈和市场信息	关注旅游市场动态，组织做好市场情报的收集工作，及时统计、分析各类市场信息，定期向营销部经理提交分析报告
5. 其他工作	（1）组织下属定期参加部门内部培训，对下属工作绩效进行考评； （2）根据任务需要，协助其他部门开展工作

（四）旅行社销售专员岗位职责

岗位名称	旅行社销售专员
职责概述	执行旅行社销售的具体工作，走访旅行社，宣传酒店产品，洽谈合作事宜
职责	职责细分
1. 旅行社销售工作实施	（1）按计划定期走访旅行社，与旅行社建立良好的合作关系； （2）与有合作意向的旅行社谈判，签署协议或合同，建立合作关系
2. 维护与旅行社的合作关系	（1）保持与旅行社的交流，及时沟通双方情况； （2）定期向旅行社宣传酒店，介绍新增产品、服务项目
3. 协作相关部门接待客人	（1）协调酒店相关部门，做好来店旅行社团体客人的接待工作，并保证服务质量； （2）对客人住店期间的消费过程进行跟进，及时向营业或服务部门传达客人的意见或投诉
4. 收集市场信息	（1）时刻关注市场动态、合作旅行社及竞争对手的相关信息，并注意收集、整理； （2）按时统计、分析收集的资料，并定期提交工作报告

（五）商务销售主管岗位职责

岗位名称	商务销售主管
职责概述	组织开展酒店的商务销售工作，不断拓展客源和销售网络，带领团队完成销售指标
职责	职责细分
1. 制订工作计划	（1）制定（订）年度、月度商务客户销售目标、走访计划； （2）制定（订）长包房的销售策略和销售计划
2. 组织开展销售工作	（1）组织下属开展客户走访工作，加强与客户的联络； （2）不断拓展酒店的商务客户，扩大销售网络； （3）组织酒店长包房客户开发工作，以达成目标出租率

续表

职责	职责细分
3. 客户管理	(1) 收集客户反馈信息，及时解决客户疑虑； (2) 主持或参与策划各类商务客户间的联谊活动，以增进感情
4. 销售人员管理	(1) 制订下属销售人员培训计划，并组织实施，以提升他们的销售技能； (2) 参与下属销售人员的培训考核、绩效考核工作

（六）商务销售专员岗位职责

岗位名称	商务销售专员
职责概述	执行酒店具体的商务销售工作，按时完成个人销售指标
职责	职责细分
1. 收集市场信息	(1) 收集酒店附近区域各类单位、组织的信息资料、联系办法，发掘潜在客户； (2) 关注行业趋势和市场波动，开展竞争对手价格策略、销售动态情报的收集工作
2. 开展销售工作	(1) 维护酒店与政府机关、中外公司、外事办等客户之间的关系，定期拜访，发掘客源； (2) 运用灵活多变的销售方式宣传酒店的各类活动、政策，吸引酒店的新、老客户； (3) 在授权范围内，与商务客户洽谈、签约，完成销售工作
3. 客户管理	(1) 在商务客户来店消费的过程中，及时协调其他部门，保证商务客户消费过程中的服务质量； (2) 协助财务部门做好商务客人的资信调查、结账工作； (3) 收集客户反馈的信息，及时整理归档

（七）长包房销售专员岗位职责

岗位名称	长包房销售专员
职责概述	执行酒店具体的长包房销售工作，按时完成个人销售指标
职责	职责细分
1. 收集市场信息	(1) 建立并维护与大公司、大商社及其他社会组织的良好关系，发掘客户需求，开展市场调查工作，收集潜在客户资料； (2) 关注行业趋势和市场波动，开展竞争对手价格策略、销售动态情报的收集工作
2. 开展销售工作	(1) 根据客户需求，运用灵活的销售方式，向客户推介酒店的长包房服务项目及配套的服务政策； (2) 运用灵活多变的销售方式宣传酒店的各类活动、政策，吸引酒店的新、老客户； (3) 在授权范围内，与长包房客户洽谈、签约，完成销售工作
3. 客户管理	(1) 在长包房客户来店消费的过程中，及时协调其他部门，保证长包房客户消费过程中的服务质量； (2) 协助财务部门做好长包房客人的资信调查、结账工作； (3) 收集客户反馈的信息，及时整理归档

（八）会议销售主管岗位职责

岗位名称	会议销售主管
职责概述	负责酒店会议服务或产品推广、销售工作，带领团队完成销售目标
职责	职责细分
1. 制订会议销售计划	制订酒店会议服务或产品的销售计划，明确年度、季度及各月度的会议销售目标
2. 组织开展销售工作	(1) 组织销售拜访工作，定期走访政府机构、企事业单位及各类协会组织； (2) 组织做好有意向的客户来酒店参观、咨询、洽谈的接待工作，努力促成合作

续表

职责	职责细分
3．客户服务管理	（1）跟踪会议客户的服务，并根据客户的要求落实会议的前期准备事项； （2）组织做好客户资料的收集、整理与分析工作，以便全面地掌握客户的消费需求； （3）积极听取会议客户对酒店会议设施、设备及服务情况的反馈意见，并及时转达相关部门
4．其他	（1）积极完善酒店会议销售及会议服务的各种工作程序、制度； （2）参与下属销售人员的培训、考勤与绩效考核工作

（九）会议销售专员岗位职责

岗位名称	会议销售专员
职责概述	执行酒店会议服务及产品销售工作，与客户维系良好的合作关系，并协助财务部收银处做好会议客户的账款结算工作
职责	职责细分
1．制订预订工作规范计划	（1）按计划完成客户的联系、拜访工作，根据实际情况，开展会议服务及产品的推介工作； （2）在授权范围内，与客户开展会议预订的洽谈、签约工作； （3）接待来酒店参观、咨询的客户，介绍酒店设施和服务
2．组织开展预订服务	（1）落实并定时检查会议预订的各项服务及设施设备的准备工作； （2）在客户会议进行中，协调酒店各部门做好会中服务工作，及时处理客户的意见
3．督办预订准备工作	（1）协助财务部做好会议客户的资信调查、账款结算工作； （2）对会议客户所欠账款应及时催收； （3）做好催回账款的及时报账工作
4．信息统计分析	（1）及时收集、整理客户的信息资料，为会议销售工作作好准备； （2）及时整理会议销售及会议服务过程中的各类文件资料、客户反馈意见，并建立客户档案，留待档案管理员月底归档

（十）宴会销售主管岗位职责

岗位名称	宴会销售主管
职责概述	带领宴会组销售人员运用各种销售策略推广酒店的宴会业务，完成销售任务
职责	职责细分
1．制定（订）宴会销售制度、计划	（1）制定和完善宴会销售的各种管理制度、工作程序； （2）制订酒店宴会销售业务的销售计划，并组织销售人员按时完成； （3）与餐饮部经理和行政总厨沟通协调，共同议定宴会销售价格
2．组织开展宴会销售工作	（1）组织开展市场信息的收集工作，大量收集客源信息； （2）组织销售专员定期走访目标客户，开展销售拜访工作； （3）组织做好客户来酒店参观、咨询的接待工作
3．宴会服务	（1）检查宴会前准备工作的落实情况，及时与餐饮部宴会厅经理、厨师长进行沟通，确保宴会接待服务事项的落实； （2）及时解决宴会进行过程中出现的问题，及时处理客户意见，以保证客户满意
4．其他工作	（1）参与下属销售人员的培训及绩效考核工作； （2）完成营销部经理交办的与宴会销售业务有关的其他事务

（十一）宴会销售专员岗位职责

岗位名称	宴会销售专员
职责概述	运用各种销售策略与技巧宣传、推介酒店的宴会服务及产品，并对宴会服务事项予以跟进、落实，以确保客户对宴会服务的满意度

续表

职责	职责细分
1. 宴会销售	（1）根据销售工作计划，拜访或电话访问潜在客户，并形成工作记录； （2）负责来访客户参观、咨询的接待工作，介绍酒店宴会服务、设施设备及相应的销售政策； （3）负责与有意向的客户就宴会的各项细节、价格等事宜进行洽谈和确认，直至签订协议
2. 跟进、落实宴会服务事项	（1）实地检查宴会场地布置、菜品设计等前期准备工作，保证符合客户的宴会预订要求，与相关部门协调落实宴会接待服务事项； （2）在宴会进行过程中，协助宴会主办方做好赴宴宾客的招待与服务工作，以保证客户对酒店宴会服务的满意度
3. 宴会收尾工作	宴会结束后，向客户发函致谢，并征求客户对宴会服务的改进建议

（十二）预订主管岗位职责

岗位名称	预订主管
职责概述	全面负责营销部门预订信息的发出和落实工作，以保证接待工作准确、圆满地完成
职责	职责细分
1. 制订预订工作规范计划	（1）健全预订处管理制度、制定咨询、预订服务的工作规范及程序； （2）明确预订处工作目标，制订预订处具体的工作计划
2. 组织开展预订服务	（1）监督预订员日常预订接待工作，及时为下属提供指导和支持； （2）监督预订员及时处理和发出预订信息，保证信息准确、到位； （3）处理预订异常情况和客户投诉，有重要情况应及时上报
3. 督办预订准备工作	（1）按规定及时检查各接待部门预订服务的准备情况； （2）落实预订信息的取消、更改，监督接待部门的执行情况
4. 信息统计分析	统计分析客户预订、消费的波动，及时提供给销售人员和公关人员，协助营销部经理做好部门总结工作

（十三）预订员岗位职责

岗位名称	预订员
职责概述	将所接受的预订发送到酒店各部门，并监督落实情况，保证预订及接待工作的准确、到位
职责	职责细分
1. 接受客户咨询	接听电话，解答客户咨询，涉及需要签约的销售业务将电话转接给相关销售人员（销售人员不在时，负责留言）
2. 处理预订信息	（1）接受销售部签约客户、熟客、散客的各种渠道（现场、电话、网络）的预订信息，填写预订单，落实各项预订服务； （2）处理销售人员合同订单中的会议、活动、宴会预订，与酒店其他部门协调，落实客户的各项预订服务； （3）将营销部发出的督办表、更改单、备忘录分送到相关的其他部门，监督、检查预订工作的准备情况
3. 整理资料	整理预订处的客户资料、预订信息，并做到分类存档，统一保管
4. 其他工作	（1）统计、整理各类信息并及时归档，按要求为营销工作提供信息； （2）按月提交预订处团队、会议、宴会等预订信息统计报表

（十四）公关主管岗位职责

岗位名称	公关主管
职责概述	负责进行市场分析、广告宣传、公关活动等工作，塑造良好的酒店形象，进行酒店品牌管理

续表

职责	职责细分
1. 制定（订）酒店公关制度及工作计划	（1）按照酒店年度市场营销策略，编制年度公关活动计划、广告宣传计划，并根据需要制订市场调研计划； （2）完善公关处各项管理制度及工作程序，并监督其落实、执行情况
2. 组织酒店市场调研	（1）根据市场调研计划和实际情况，制定详细的调研实施方案； （2）根据酒店市场拓展需要和具体的调研方案，组织开展市场信息、客户资料的调查、收集工作； （3）在对信息资料整理分析的基础上，做好市场分析和市场预测工作，为公关、销售活动的展开提供依据
3. 组织开展酒店公关活动	（1）根据酒店年度公关活动计划，组织开展酒店促销、庆典、赞助、捐赠等公关活动，并协调各项活动的运作，确保活动的顺利开展和活动目标的达成； （2）拓展和维护酒店的各类社会关系，为酒店经营提供支持； （3）参与各类媒体、贵宾的接待工作，参与处理各类危机事件，并向营销部助理、营销总监及时汇报
4. 落实酒店广告宣传工作	（1）落实并监督广告的执行计划，全面负责广告策划、平面制作与媒体投放等工作； （2）监督广告实施的质量，对广告投放效果进行调查与监测； （3）根据广告投放效果的监测数据，定期开展广告投放分析，并撰写广告效果分析报告

（十五）市场调研专员岗位职责

岗位名称	市场调研专员
职责概述	开展信息收集和市场分析工作，为酒店营销工作计划的制订、实施提供数据和资料
职责	职责细分
1. 收集酒店行业信息	关注、了解酒店行业信息和主要竞争对手的动向，随时收录有关的动态信息
2. 执行调研任务	（1）根据公关主管的调研任务安排，按调研方案进行市场调研，负责收集情报、资料； （2）根据公关主管的安排，对酒店公关活动、各类广告宣传等效果进行调研及结果评估； （3）整理、分析收集的信息及资料，按时提交市场调研报告，为市场营销决策提供合理化建议
3. 提供信息支持	补充、完善酒店营销信息系统，为营销部的各项决策和其他部门开展业务提供信息决策支持

（十六）广告策划专员岗位职责

岗位名称	广告策划专员
职责概述	负责酒店广告宣传的策划工作，同时配合酒店的销售及公关活动
职责	职责细分
1. 撰写广告文案	（1）根据市场调研结果，协助公关主管完成酒店各类广告创意制作； （2）根据广告创意，细化广告内容及形式，完成广告文案的编写
2. 广告制作与发布管理	（1）与营销部美工人员合作完成广告的平面设计工作； （2）对于需要外部专业制作单位制作的宣传品，负责联系制作单位，将合作单位名单、收费标准报公关主管审核； （3）联系广告制作公司，完成广告的制作，并监督制作过程； （4）根据广告媒体投放预算，选择合适的发布媒体，并与媒体做好广告发布的沟通事宜

（十七）公关代表岗位职责

岗位名称	公关代表
职责概述	负责公关活动的具体执行工作，并根据酒店来访参观的客人和贵宾的接待需求，落实公关接待事宜

续表

职责	职责细分
1. 接待参观客人及酒店贵宾	（1）负责接待来访参观客人，向来访客人介绍酒店情况，以增进公众对酒店的认识； （2）根据贵宾的接待级别，具体落实国内外贵宾的接待工作
2. 公关活动执行	（1）协助公关主管完成公关活动方案的策划与拟定工作； （2）协助公关主管与各部门协调，具体落实各项公关活动的准备与活动过程中的具体执行事宜
3. 完成日常文书工作	（1）负责酒店公关处日常文件及资料的抄写、打印、复印，以及公关软文的撰写工作； （2）负责接收、发送公关处来往公文及信件，收集客人反馈意见及公众对宣传资料的反馈及建议，及时向公关主管提交有关信息
4. 客户资料分析与管理	（1）负责收集往来客户的信息资料，进行整理，并及时归档； （2）定期对客户的资料进行分析，为酒店公关活动方案的策划与活动的实施提出合理的公关建议

（十八）美工岗位职责

岗位名称	美工
职责概述	负责酒店形象展示、环境美化、广告宣传等所需宣传品的美工设计、外联制作及酒店环境的陈列布置工作
职责	职责细分
1. 美工设计与广告宣传品的简单制作	（1）负责酒店横幅、广告牌、指示牌、招贴、工艺美术品的设计； （2）负责酒店服务指南、酒店简介、酒店画册、菜谱、请柬、明信片、纪念品、圣诞卡、信封信纸、广告等的设计，并监督印刷质量； （3）自行制作可独立完成的广告宣传品，确保广告宣传品符合酒店及相关部门的要求
2. 环境陈列布置	在公关主管的指导和安排下，负责完成传统节日、纪念活动、庆典、酒会或会场的布置美化工作
3. 活动摄影与照片冲印	（1）负责酒店内举办的所有活动的摄影工作，选择有利于宣传酒店形象的照片交外单位冲印； （2）将冲印后的照片交公关主管，以便作为新闻资料予以发表或在酒店内部刊物上登载
4. 保管美工器具及宣传品	（1）保管好美工器具、计算机等办公设备，所有器具、设备应保持洁净和安全； （2）妥善安置和保管所有用过或展出过的广告宣传品

项目训练

一、基础练习

1. 选择题

（1）市场营销管理的实质是（　　）。

A. 刺激需求　　B. 需求管理　　C. 生产管理　　D. 销售管理

（2）市场营销的出发点是（　　）。

A. 企业　　B. 目标市场　　C. 产品　　D. 顾客需求

（3）消费者未能得到满足的感受状态称为（　　）。

A. 欲望　　B. 需要　　C. 需求　　D. 愿望

（4）与顾客建立长期合作关系是（　　）的核心内容。

A. 关系营销　　B. 情感营销　　C. 公共关系　　D. 联合营销

（5）与顾客建立长期合作关系是（　　）的核心内容。

A．关系营销　　B．情感营销　　C．公共关系　　D．联合营销

2．简答题

（1）什么是市场营销？什么是酒店市场营销？

（2）销售和营销的区别有哪些？

（3）市场营销的内容有哪些？

（4）市场营销方式有哪些？

（5）简述酒店营销部的服务事项。

3．思考题

（1）酒店市场营销的发展趋势如何？

（2）如何利用小视频进行酒店宣传？

二、实践练习

1．收集营销案例，按照营销的内容构成进行归纳整理，制作成PPT进行课堂展示。

内容要求：

（1）案例企业介绍；

（2）企业目标市场（如档次、面向人群、地区、性别等）；

（3）产品市场定位；

（4）经典广告词；

（5）产品分析；

（6）价格分析；

（7）销售渠道分析；

（8）促销方式分析。

2．调研所在学校附近的一家酒店，分析其顾客需求，尝试进行宣传策划。

3．分析目标岗位市场需求

选择一个你所感兴趣的职位，作为求职目标，在招聘网站上收集相关求职信息并进行归纳整理。内容要求：

（1）岗位描述；

（2）招聘单位介绍（至少5个）；

（3）薪酬情况；

（4）应聘条件说明；

（5）工作要求概述；

（6）自我能力分析。

项目二 酒店市场营销环境分析

【项目导览】

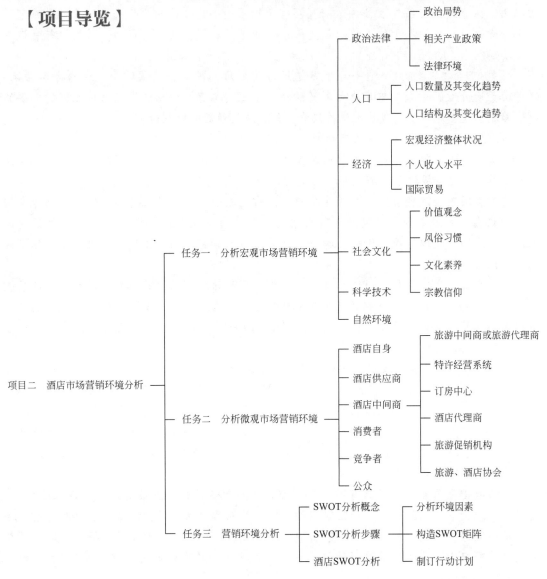

> 📖 **学习目标**
>
> 1. 熟知市场营销宏观环境和微观环境的构成要素,能够针对特定的环境进行要素信息收集与整理。
> 2. 掌握SWOT分析方法,能够利用SWOT分析工具对酒店的市场营销环境进行分析。

案例导入

迪士尼的法国选址

沃尔特·迪士尼公司与欧洲的渊源已久。迪士尼的早期故事大多来源于欧洲的民间传说,因此,迪士尼对于欧洲人来说一点也不陌生。在法国建造主题乐园的想法最早出现于1976年,但直到1982年,在法国政府高层官员陪同迪士尼公司的要员去法国北部和东部进行选址考察后,才为人所知。特别是随着东京迪士尼取得了巨大的成功,首席执行官迈克尔·埃斯纳尔(Michael Eisner)决定在欧洲选址,再建一个乐园。

公司先后考虑了200个迪士尼乐园选址方案之后,很快将范围缩小到西班牙和法国。法国由于地处欧洲中心,与其他大多数欧洲国家之间都有四通八达的交通体系,更重要的是法国还为迪士尼提供了极其优厚的投资条件,成为最后的胜利者。

迪士尼公司最终选择法国的有利因素如下。

(1)法国的巴黎自我标榜为欧洲高尚文化之都,为迪士尼主题公园这样一个打文化品牌的公司项目无疑提供了一个能够顺利发展的平台。

(2)法国政府热衷于迪士尼的这个项目,希望能通过迪士尼主题公园的建立创造本国的就业机会,刺激本国经济发展,所以向迪士尼公司提供总计10亿多美元的各种不同优惠政策。法国当局以低廉的价格向迪士尼公司出售了4800英亩的土地,这相当于巴黎市区1/5的面积。

(3)巴黎的交通便利,周边人口多,对于项目的开展有很大的促进作用。统计结果表明,大约有1700万欧洲人住在离巴黎不到2小时车程的范围内,另外有3.1亿人可以在2小时内飞到巴黎,这样就可以保证游客的数量的稳定性,可以充分利用已建成的各种资源在最短的时间内将成本收回。

(4)国内安全局势比较好,少有政治不稳定的因素存在。

1992年4月,欧洲迪士尼乐园于巴黎郊外建成了,没想到一开放就遭遇巨大的挑战。开园营业之后,欧洲迪士尼乐园的利润远远低于预期水平。公园的游客数量并没有实现预计的1 100万人次,只是在大幅降低门票价格之后才勉强达到这个数字。饭店入住率只有37%,与预期的76%相去甚远。到1993年9月,巴黎的迪士尼乐园亏损额高达9.6亿美元。

选址法国错在哪里呢?

欧洲迪士尼乐园距巴黎只有不到70英里,而巴黎却是世界上最著名的旅游胜地之一,这样一来迪士尼乐园就成了人们巴黎游的其中一站而已。只有很少的游客需要或者愿意在迪士尼公园停留过夜。与美国相比,法国的公共交通更为便利,因此游客很自然地选择在公园进行一日游,省去一笔昂贵的酒店住宿费用(迪士尼乐园内的宾馆一晚340美元的收费价格，已高于巴黎最高档宾馆的价格）。

　　欧洲人有喜欢在午餐和晚餐饮酒的习惯，而迪士尼乐园却规定在乐园内不准饮酒；迪士尼公司认为周一游客少而周五游客多，而实际情况则恰恰相反，致使周一游客多而服务人员少、周五游客少而服务人员多，工作混乱；公司听说欧洲人不吃早餐，就设计了很小的餐馆规模，结果，在只有350个座位的餐馆里，却要提供2500份早餐，游客排起了长长的队伍⋯⋯

　　早在之前的记者招待会上就有人明确指出过这一隐忧，但是选址法国的支持者没有给予充分的注意，而是使用了并不准确的预测数据来证明计划的合理性。对公园和酒店的游客量的估计过分乐观，掩盖了计划潜藏的危险。

思考与分析

1. 迪士尼在法国选址过程考虑了哪些因素？没有考虑哪些因素？
2. 是什么导致了迪士尼在法国选址的失败？

　　酒店营销环境是指在营销活动之外，能够影响营销部门建立并保持与目标顾客良好关系的各种因素和力量。营销环境既能提供机遇，也能造成威胁。经营成功的酒店都知道持续不断地观察并适应变化着的环境是非常重要的。

　　酒店营销环境由微观环境和宏观环境组成。微观环境指与酒店关系密切、能够影响酒店服务顾客的能力的各种因素，主要包括酒店自身、供应商、销售渠道、顾客、竞争对手及公众；宏观环境指能影响整个微观环境的广泛的社会性因素，主要包括人口、经济、自然环境、科学技术、政治法律和社会文化等诸多因素。

任务一　分析宏观市场营销环境

酒店及其他参与者都是在一个大的宏观环境中运作的。这个环境的各种因素对公司来讲既产生机遇，也造成威胁。宏观环境主要包括政治法律因素、人口因素、经济因素、社会文化因素、科学技术因素和自然环境因素六个部分（图2-1）。

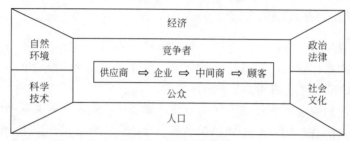

图2-1　市场营销环境

一、政治法律因素

政治因素是指那些对酒店市场营销活动有一定影响的各种政治因素的总和，包括整个国家（或地区）的政治制度、政治体制、政治局势、政治关系、政府在酒店产业方面的方针政策等因素。

法律因素是指酒店所属国家或地区政府颁布的各项法规、法令和条例等，它是企业营销活动的准则，企业只有依法进行各种营销活动，才能受到国家法律的有效保护。为适应经济体制改革和对外开放的需要，我国陆续制定和颁布了一系列法律法规，例如《中华人民共和国企业法》《中华人民共和国经济合同法》《中华人民共和国涉外经济合同法》《中华人民共和国商标法》《中华人民共和国专利法》《中华人民共和国广告法》《中华人民共和国食品卫生法》《中华人民共和国环境保护法》《中华人民共和国反不正当竞争法》《中华人民共和国消费者权益保护法》等（其中《经济合同法》《涉外经济合同法》已于1999年10月1日废止）。酒店营销管理者必须熟知有关的法律条文，才能保证酒店经营的合法性，运用法律武器来保护酒店与消费者的合法权益。

营销示例

由于韩国政府对"萨德"反导系统设立的默许，国人开始抵制韩国商品甚至拒绝赴韩旅游。韩国旅游发展局表示，2017年中国赴韩国旅客仅为2016年的50%左右，与2015年相比较也有近180万人的减少。有关数据表示，2017年韩国酒店的入住率还不到五成，旅游业营收大幅度下滑。

（来源：出境游成热门，韩国酒店入住率不及五成，纷纷表示：没有中国游客啥都不行.厦门市中小商贸流通企业公共服务平台，2018-03-19）

1. 政治局势

政治局势表明了酒店所属国家或地区的政治稳定状况。政局是否稳定是关系到酒店市场营销活动能否顺利开展的关键因素。政局的稳定有利于人民安居乐业、经济发展，促进人民生活水平和生活质量的提高，为酒店业发展创造良好的外部营销环境。动荡的政局会阻碍经济发展，降低人民生活水平和生活质量，抑制人们的旅游消费需求，为酒店发展带来严重的负面影响。

2. 相关产业政策

政府态度是酒店市场营销政治环境中的重要方面，积极的扶持态度能够使酒店行业获得快速发展。

3. 法律环境

法律环境是指国家或地方政府颁布的各项法规、法令和条例等。政府立法的目的在于按照国家意志，运用法律手段来干预社会经济生活，既可以维护市场运行秩序，也可以维护消费者利益。酒店市场营销活动必须始终处于相关法律法规的控制范围之内，这样既可以保证酒店自身严格依法管理和经营，也可以应用法律手段保障自身的权益。

二、人口因素

市场由人口、购买力和购买欲望构成。人口是市场构成的基础，没有人就没有市场，人口的多少直接影响着市场容量，人口的发展趋势暗示着市场的未来。人口环境主要由人口规模及其变化趋势和人口结构及其变化趋势两个部分构成。

1. 人口规模及其变化趋势

人口规模即总人口的多少。统计一个国家或地区的人口总数和人均收入，就可以估计该市场的市场容量。截至2018年，中国人口数量为14.05亿，占全世界人口的18.82%。印度紧随其后，其人口数量为13.04亿，已经大幅逼近中国。世界范围的人口增长并不均衡，一方面发达国家人口逐年减少；另一方面，发展中国家的人口数量依然呈现上涨态势。

想一想

旅游人口发展对酒店行业的影响有哪些？

2016年，国内旅游人次达45.78亿，同比增长14.5%，继续保持较快增长，实现旅游业收入3.9万亿元，同比增长14.1%，人均旅游消费接近900元；2016年国内出境游总人次达1.22亿，同比增长4.3%，较之前两年10%左右的年增长有所放缓。

（资料来源：2017年中国旅游人次、旅游收入及出入境旅游人数统计分析.中国产业信息网．2018-01-19）

2. 人口结构及其变化趋势

人口结构包括年龄结构、性别结构、家庭结构和地理分布结构等。

（1）年龄结构。不同年龄阶段会有不同的需求。目标顾客的年龄结构对酒店经营策略会带来不同的影响。例如，酒店需要确定酒店内的服务设施是针对何种年龄人群的需要，进而确定是增加老年人的辅助设施还是安装儿童活动设施等。

截至2017年年底,全国60岁以上老年人口达2.4亿,占总人口比例为17.3%。随着我国人口出生率持续下降,人口老龄化进一步加速。受人口流动迁移的影响,农村人口老龄化问题更为突出。社会养老保障体系不完备,在老龄化带来的社会问题之下,传统的家庭养老功能日益弱化,这对老年市场产生新的需求,如老年度假中心、老年养老公寓等。

营销示例

合家欢

A饭店是位于某海滨度假区的别墅式饭店。A饭店开业后面对各家饭店对商务、旅行团等客人的激烈争夺,采取了"合家欢"的营销形式,面对家庭旅游市场进行营销。饭店为了开发市场,通过各种途径从记录在案的客户中寻找有良好经历的家庭旅游者,为他们提供下一年的预订;饭店推出家庭价,并免费为不同年龄的儿童组织体育活动、游戏、户外活动,同时为13～17岁的少年免费提供冲浪、潜水、网球等培训课程;此外还通过组织主题比赛、填字游戏和与快餐店共同搞活动等来吸引儿童;饭店在下一年的早期预订或淡季预订时,对携带孩子的家庭给予大幅度优惠。通过上述活动,使该饭店在当地激烈的市场竞争中达到了年均75%以上的出租率,比其他同行高出10多个百分点。

(2)性别结构。性别的不同给消费需求、购买习惯、购买行为带来差异。随着女性越来越多地走出家庭,参与社会工作,入住酒店的女性客人比例也在逐年提高。酒店在进行营销活动时也更多地考虑了女性消费的心理,相继出现针对女性顾客的女士楼层、放松身心的SPA与美容等服务项目。

(3)家庭结构。家庭是很多商品采购和消费的基本单位。酒店通过对所在市场家庭数量和家庭平均成员的多少以及家庭组成状况的了解,可以分析其市场消费需求潜量、需求结构等。比如,未婚与新婚类家庭会对酒店的娱乐服务、时尚客房感兴趣;而对于处在满巢第一、二期的家庭来讲,一个欢乐的儿童活动室和面积大的套房才是他们入住酒店时的首选。

按年龄、婚姻、子女等情况,家庭生命周期通常划分为以下7个阶段。

① 未婚期:单身。
② 新婚期:夫妇二人,无子女。
③ 满巢期一:年轻夫妇和6岁以下婴幼儿。
④ 满巢期二:年轻夫妇和6岁以上儿童。
⑤ 满巢期三:年龄较大夫妇和经济尚未独立子女。
⑥ 空巢期:夫妇二人,子女已婚独居。
⑦ 孤独期:丧偶独居。

(4)地理分布结构。人口的地区分布结构关系到市场需求的异同。我国人口的地理分布大致为东部人口密度大,西部小;城市人口密度大,农村小。地理位置不同会导致需求和购买习惯也不同;分布密度则会使产品的流向和流量不同。随着经济发展,交通的便利,人口在城乡之间、国内不同地区之间,甚至国际、洲际之间的流动越发普遍。

三、经济因素

经济因素是指影响消费者购买力和支出结构的各种因素。它是环境分析中最为重要的方面,也是具体因素最多、对市场具有最广泛和直接影响的环境因素。其主要包括宏观经济总体状况、个人收入水平和国际贸易等。

1. 宏观经济总体状况

在众多的经济因素中，酒店营销人员首先要分析的是宏观经济的总体状况，其中的关键指标有国民生产总值（GNP）增长率、中央银行或各专业银行的利率水平、劳动力的供给（失业率）状况、消费者收入水平、价格指数的变化（通货膨胀率）等。在这些经济指标的引导下，客观分析所在国家或地区的经济发展形势是属于高速发展还是属于低速发展或者是处于停滞倒退状态。一般说来，在宏观经济大发展的情况下，市场扩大，需求增加，企业发展机会就多。在国民经济处于繁荣时期，酒店业、建筑业、汽车制造、机械制造业等都会有较大的发展；反之，在宏观经济低速发展或停滞甚至倒退的情况下，市场需求增长很小甚至降低，各行业的发展机会也就少。

2. 个人收入水平

不同收入的消费者在购买酒店产品时存在明显差异。从国际上看，收入差距已经成为不同国家和地区消费商品购买差异的主要原因。人均收入高的国家，其消费水平高，因而酒店消费市场的潜力也大。随着国民生活水平的提高和带薪假期的出现，人们产生出去看看世界的想法。酒店要了解这部分目标市场消费者如何分配其可自由支配收入，这是决定消费者购买能力的重要因素。一般来讲，消费者个人收入包括工资、红利、租金、退休金和赠予等。可自由支配收入是扣除消费者个人缴纳的各项税款之后可用于个人消费和储蓄的那部分收入。一个消费者的可支配收入越多，用于旅游或其他娱乐活动的开支也就越多。

3. 国际贸易

对于从事跨国经营的酒店管理集团来说，还必须考虑的经济因素包括关税种类及水平、国际贸易的支付方式、东道国政府对利润的控制、税收制度等。有时酒店所在国政府会限制外方企业从该国提走的利润额，有时还要对外方企业所占有的股份比例加以限制。

四、社会文化因素

社会文化因素主要是指人们所受社会地位的影响和受社会文化的长期熏陶而形成不同的生产方式、价值观念和行为准则。社会文化一般包括价值观念、风俗习惯、文化素养、宗教信仰等。

1. 价值观念

价值观念是人们对于事物的评价，是一种意识形态，存在于个体之中。价值观念由文化因素决定，一定的文化背景下人们的价值观念往往比较接近。酒店应了解各种客人的价值观，才能知道他们对于事物的评判标准和爱好追求，才能做到投其所好。

2. 风俗习惯

风俗习惯主要指一个国家或民族的生活习惯和民族传统，具体表现在衣、食、住、行、社会交往等方面。不同国家、地区、民族的客人在风俗习惯方面具有很明显的差异，也有不同的民俗禁忌。所以，酒店在进行营销的过程中要考虑到这些风俗偏好的因素，尊重客人的习俗、禁忌。

3. 文化素养

文化素养是指人们的语言文字和受教育水平，它集中反映了一个国家和地区的文明程度。语言文字是人们进行沟通交流的重要手段，酒店营销人员绝不能忽视语言的重要性。一方面它便于与客人直接进行交流；另一方面，营销人员如果掌握了客源国的语言会使客人产生一种亲切感和受尊重感，从而赢得客人的好感。

4. 宗教信仰

世界上有很多宗教，如基督教、伊斯兰教、佛教、印度教等，每种宗教都有其教义、教规和典章制度。宗教信仰的不同，造成了人们喜好、禁忌的巨大差异。酒店营销人员要了解各派宗教的基本特点，尤其是禁忌方面，尊重他人的宗教信仰，避免因在这些问题上处理不当而失去客源。

人文与社会环境的组成内容相当丰富，不同国家、地区、民族之间的差别非常明显。不同的国家有着不同的主导文化传统、不同的亚文化群、不同的社会习俗和道德观念，从而会影响人们的消费方式和购买偏好，进而影响着企业的经营方式。若干年前，东南亚某酒店在经营过程中发现，虽然自己在价位、服务、地理位置上与周边酒店差别不大，但欧洲客人，特别是英国客人很少入住自己的酒店，营销人员无论做哪些努力，都收效甚微。最后这个谜团被一位英国客人无意间解开。由于该酒店的LOGO是头大象，酒店门口立着的两头大象雕像让这位客人不很喜欢。原来在英国人的意识中，大象的形象笨笨的，代表着愚蠢。而在东南亚的文化中，大象是忠诚、力量的象征。因此营销者必须了解社会习俗、社会道德观念等文化因素的变化对企业的影响。特别是从事酒店业服务的营销者更应该明了，世界各地的人们都对各自的文化充满感情，文化不存在对错与好坏问题，只存在差异。我们应当了解各国客人所处的社会文化背景，以便对他们有足够的了解，有针对性地开展营销工作。

五、科学技术因素

科学技术是社会生产力中最活跃的因素，它影响着人类社会的历史进程和社会生活的方方面面，对酒店营销活动的影响更是显而易见。现代科学技术突飞猛进，科技发展对酒店营销活动产生重要影响。

一方面，科技发展促进酒店营销管理的现代化。如电脑、传真机、电子扫描装置、光纤通信等各种电子设备的使用大大提升了酒店的管理效率。另一方面，网络技术、人工智能、语音技术也在不断变革着酒店的经营方式和消费者的购买行为。近年来，无论是国内的携程、e龙等OTA网站，还是全球酒店预订系统（GRS）及各酒店管理集团的自主网站都成为了主要的营销渠道。酒店越来越依靠于网络系统进行广告宣传、营销调研和产品推销。

营销案例

阿里巴巴的未来酒店

阿里巴巴筹备了两年的阿里首家无人酒店终于在最近准备向公众开放。该酒店所有的运营都采用的是无人化智能技术。从入住到退房都是人工智能来进行操作。这个无人酒店坐落在阿里巴巴杭州西溪园区东侧。它有一个很洋气的名字叫做"FlyZoo Hotel"，内部则称为"未来酒店"。这家"未来酒店"究竟有什么神奇的地方呢？

一进入"未来酒店"的大厅，就给人以浓浓的科技感。为什么呢？因为一进来的大厅整体的设计风格就类似于流线体的感觉，没有一点点棱角，再加上配色，科技感爆棚啊。进入之后，继续往里面走，你将会见到一个不到1米的机器人。对的，你没有猜错，他就是这家"未来酒店"的前台，将由他来带领你来完成迎宾工作。可能因为无人酒店的原因，现在好像仅支持线上预订酒店的模式。你在线上预订好房间后，这个小小的机器人将会通过扫描你的脸来确认你的身份。如果身份通过，他将迅速地带领你去你所在的房间。

这家"未来酒店"也并非一定要别人带领才能够去其他区域，在那里全部是通过刷脸开门。比如，你到达电梯后，电梯会根据重力等方式感应到，然后再进行刷脸来判断客人的意图，再调到相应的楼层。之前那个小小的机器人一般会带领客人直到房间门口，当你来到你所预订的房间门口后，房间门会自动开始识别你的身份，并判断你是否是入住该房间的人，如果是则会自动开启。

在入住后，你会发现以前都是出现在电影上面的科幻场景展现在了你的面前，一进入房间，所有的智能电器将会进入到欢迎状态，随时等候你下达命令。在这"未来酒店"的房间里，你甚至可以躺在床上不用动就可以操控所有的智能电器。因为该房间有个智能语音互动的音响。不要小看它，它可是你所入住的房间的小管家天猫精灵智能音响。比如你想要打开电视，你只需要对它下达指令就能够完成。所以在这房间你完全可以躺在床上一动不动，却能够操控整个房间。来体验科技带来的便利与新奇。

住房体验过了，你肯定会想，那退房怎么办呢，因为常规酒店都会检查之后才能退房，防止有物件损坏。但这无人酒店是如何退房呢？你只需要将app打开，点击"退房"后即可离开，后续将会由人工智能完成。再后期还可能会支持拍照退房等功能。该酒店实行了全智能化的设备。让你无需动手，只需要说几句话、扫个脸，就能轻松体验酒店消费全过程。

（资料来源：1分钟体验阿里首家推出的"未来酒店". 传承科技，2018-11-01.）

思考与分析

1. 你如何看待"未来酒店"的未来？
2. 谈谈你所知道的新技术，并考虑其对酒店行业的影响。

六、自然环境

自然环境主要指营销活动所需或受营销活动影响的自然资源。在科技进步、社会生产力发展过程中，自然状况对经济和市场的影响总体上趋于下降，但自然环境制约着经济和市场状况的内容、形式。多年来经济快速发展，自然环境遭到很大的破坏，自然、生态环境越来越受到人们的欢迎。这为酒店带来了新的市场机会。与大多数酒店的室内SPA不同，泰国某度假胜地的酒店为了吸引客人，特地把自己的SPA中心搬到了户外。茂密的树林驱走了潮热，偌大的山林中种满了各种热带花草，散发着不经修饰的原始魅力。客人在自然的环境中感受到另外一种浪漫，在SPA疗程中身心达到平衡。因此，这家酒店很受欢迎。

做一做

分析××市的酒店市场营销环境

宏观环境因素		对酒店市场营销的影响
政治 （Politics）	政局、政治关系	
	政府产业政策	
	法律环境	
	国际关系	

续表

宏观环境因素		对酒店市场营销的影响
人口 （Population）	人口总量	
	人口结构	
	发展趋势	
经济 （Economy）	经济发展水平	
	个人收入水平	
	外贸汇率	
社会文化 （Society Culture）	教育水平	
	宗教信仰	
	风俗习惯	
	价值观念	
	语言文字	
科学技术 （Technology）	新技术	
	互联网技术	
自然 （Nature）	自然资源	
	环境	
	疾病	

任务二　分析微观市场营销环境

酒店营销的微观环境主要包括酒店自身、供应商、营销中介、消费者、竞争对手、公众等因素。对于酒店企业而言，微观因素的可控性要远远大于宏观环境因素，因此，酒店要做好各种准备工作，改变或是管理微观环境，实现酒店的成功营销。

一、酒店自身

首先，对于一家具体的酒店而言，其既成的生产经营状况实际上也是构成微观环境的一个因素。其次，酒店市场营销从规划到具体实施的一系列活动的进行都要与酒店企业的诸多职能部门，如行政管理、财务部门、采购、运营以及人力资源等部门的工作紧密配合（表2-1）。行政管理部门负责酒店的宗旨和目标，制定企业的总体战略和政策。营销部门根据行政管理部门的战略制订相应的营销计划，并经行政管理部门的审批。财务部门负责筹集和使用实施营销计划的资金。采购部门确保按质按量地提供酒店所需的原材料，人力资源部门负责人力资的优化配置，使营销活动效率最大化。总之，酒店能否在市场竞争中抓住时机，还与酒席各部门的协调配合有密切关系。酒店营销活动的顺利进行，要依靠各部门、各环节的协调配合，酒店要按照市场经济的运行规律，结合酒店的具体情况，建立一个协调、高效、健全的营销系统。

表2-1　酒店主要部门一览

收入中心	支持中心
客房部	营销部
餐饮部	工程部
康乐部	财务部
商品中心	人力资源部
租金等其他收入部门	保安部

二、酒店供应商

酒店的供应商是指为酒店提供日常经营活动所需的原材料及其他商品的商家、厂家。

想一想

1. 你所知道的酒店供应商有哪些？
2. 酒店供应商会对酒店产生何种影响？

项目二　酒店市场营销环境分析

具体而言，酒店供应商包括：客房消耗品供应商，提供客房消耗品如卫生纸、牙刷、牙膏、香皂、洗发液、信笺等，棉织品、床单、毛巾、浴巾、窗帘等家居用品；消卫用品供应商，提供消卫用品如洗涤剂、消毒液等；餐厅用品供应商，提供食物原材料如油、鱼、蔬菜、调料、酒等；各类设施设备及办公用品的供应商等。酒店的一切运营部门都离不开供应商供应作为保障。供应商一方面会影响着酒店的正常运转，另外也直接影响着酒店的盈利状况。因此，酒店应该与供应商保持密切的关系。选择供应商应该慎重，要充分考虑到所供应的物品的规格、价格、质量、供货时间及供应商的信誉等因素，做到货比三家，选择物美价廉质优的酒店用品，把好酒店物品的"进口"关。在同一时期，与主要的供应商保持良好关系的同时，酒店企业应当采取供货多元化的措施，以减少由于过分依赖少数供货商而处于被动地位的风险。

三、酒店中间商

酒店营销中间商，即酒店销售中介，是指处于消费者和酒店之间，参与销售或者帮助销售的企业、组织或个人。它们的性质是居间（介于消费者和酒店之间）经营，通过中间买卖受益。间接销售渠道中的所有中间环节都是酒店销售中间商。

想一想

回忆一下你所知道的酒店订购渠道有哪些？

酒店服务作为旅游服务业中的一个重要组成部分，它的营销渠道往往与旅游中间商捆绑在一起。所谓旅游中间商是指那些以从旅游供应商处获取佣金为目的，为旅游消费者个人或团体提供有关代办服务的个人或机构，如携程、飞猪、驴妈妈等在线旅行社（Online Travel Agent，OTA）（图2-2）。

图2-2　典型OTA企业LOGO

1. 旅游中间商或旅游代理商

它包括旅游批发商和旅游零售商。二者的主要区别是在业务经营上有所不同，但二者之间并无严格的界限，许多旅行社、旅游公司既经营批发又兼营零售。旅游批发商一般专门从事包团旅游和销售活动，他们通过与航空公司、酒店等直接谈判，安排组织各种不同价格、时间和日期的旅游团队，再向旅游零售商或直接向旅客进行销售。

对快捷酒店来说，旅游批发商是非常重要的销售渠道代表，他们将酒店客房一次性购买下来，还可以与其他如交通、风景点等结合起来，形成特定的旅游产品，再直接或间接地销售。旅游零售商是直接面对旅游消费者的旅行社、旅游公司，他们向旅游者提供咨询服务，为旅游者组织安排食、住、行等活动。对于酒店产品的销售来说，他们同样也起着很大的作用。纵观酒店营销市场，旅行社与酒店的关系可谓相容共生，就订房来说，旅行社几乎是酒店很大的常客。在不计较房价的情况下，旅行社的团队能为酒店输送大量客源，因为旅行社订房具有数量大、连续性强的特点，故而对酒店入住率的拉动效应十分明显。

2．特许经营系统

通过特许经营系统来扩大酒店经营服务，有些经营特许权组织，比如喜来登和希尔顿这两大酒店集团，拥有遍布世界各地的预订系统，可以通过举办会议、订货会，吸引体育运动、团体旅游等方式，来扩大团体订房业务。

3．订房中心

订房中心对酒店开拓异地客源的作用功不可没。网上订房的渠道特点在于，网上订房覆盖的有效客户数量比实际从网上订房的客户的数量大，因为有相当一部分的客户，是在浏览网站介绍之后作出决定的，只不过他们是通过电话等其他渠道预订。此外，网上预订的属性决定它有24小时不间断的资讯推介效用。

酒店与订房网站合作，并建立联动销售，能打破地域分割，有利于实现市场营销资源和旅游服务资源的联合。在酒店分销经营管理中，酒店与网上订房网站合作推出双倍积分计划，能根据积分的多少在各加盟企业优惠或免费享受住宿、旅行、购物、娱乐等服务，这对价格博弈型客户，很有吸引力。而且在网上订房客户中，价格博弈型客户以及追求时尚便捷生活方式的客户的比重，都颇为可观。

4．酒店代理商

这是一些专门为酒店进行推销并接受客人预订的中间商。他们同时扮演多家酒店业务代理人的角色，为酒店实施经济而又有效的营销服务。酒店代理商熟悉市场情况，具有完备的营销系统，通常还拥有经验丰富的营销员，他们与主要客源市场有着广泛而密切的联系，所以选择酒店代理商进行产品营销是很多酒店的营销选择。比如，一些酒店常在客源较为集中的地方报刊上刊登广告，联系人即代理人。酒店代理商为酒店销售和代理个人预订，要收取佣金和一定的手续费。

5．旅游促销机构

酒店也可以通过参加促销机构举办的会议和其他活动，与促销机构合作，以及与该机构其他成员如航空公司、铁路公司、景区、景点等相互帮助促销产品。

6．旅游、酒店协会

酒店可以加入旅游协会、酒店协会等，借助这些协会来推销酒店产品。比如"世界优异酒店组织"由200多家酒店组成，拥有约5.4万个客房、600多个大餐厅、30多个高尔夫球场、500多个大小网球场及400多个室内外游泳池等。它们分布在40个国家的140多个城市旅馆和80个左右的乡村旅馆或休养胜地，形成一个全球性的酒店促销与预订联合体。它不是酒店集团，不拥有也不经营任何酒店，但世界各地的办事处通过地球卫星通信系统由电脑联结，能非常正确、及时地提供每个世界优异酒店里的客房信息，并能处理、确认宾客的预订信息。

营销案例

漫住共享酒店服务联盟，让订房没有中间商赚差价

随着国内消费的不断升级，旅游业的发展也呈现出了多元化的转型趋势。从今年国庆黄金周后中国旅游协会和美团网联合发布的关于《2018国庆黄金周旅行趋势报告》中我们可以看出"80后"和"90后"旅行人群已然成为了一支主力。"如何能让订房没有中间商赚差价"这个问题被更多"80后"和"90后"的旅行人群提了出来，然而在现阶段的订房APP和诸多订房平台的运行模式中确实很难解决这一难题。

2018年10月初，漫住召开了"酒店供应＋置换"的运营模式的沙龙，漫住创始人分享了如何从酒店的供应链切入，打破传统模式的供求关系，变供销为置换的经验。漫住的兄弟品牌"快换"整合了一批经过严选的酒店服务商，通过授信将产品/服务与酒店置换等量价值的消费额度，之后漫住再以会员折扣的形式释放给C端用户，将传统酒店OTA平台经营商家的思路变为经营用户。

我们知道经营用户的核心就在于用户体验度的提升，酒店业是个重服务、重体验的行业，酒店与漫住合作，折扣均由平台承担，完全没有占用酒店的利益，反而还让酒店的闲置资源得到了释放，既降低了成本，又为酒店拓展了客源，那酒店需要做的就是把服务做得更好。对与漫住合作的酒店来说，这就相当于用供应链服务置换了酒店消费额度，用平台发行的"信用卡"换了酒店发行的"会员卡"。一方面旗下的"快换"平台采用的消费额度冲抵贷款模式，降低了其采购成本和现金流问题；另一方面，漫住也让酒店无需让利便能引入海量客源。

从另一个角度来看，与漫住合作也去除了厂家的全部营销成本和渠道开拓成本，让厂家以低成本供货。不触犯厂商的利益，无需商家让利，也不让消费者吃亏是漫住的基本准则，那么盈利模式则是随着三方参与者的积累，通过C端付费会员制进行变现。

漫住直接面向C端，加入会员后价格优惠，资金回笼就快，向供应商处兑付的周期也就更短。同时漫住也会将部分供应商发展为代理商，帮助漫住拓展酒店。通过这个模式，漫住缩短了供应商账期，同时降低了酒店的获客压力，从而保证三方都能够把服务做得更好。

任何的"没有中间商赚差价"的做法都不应该是"纸上谈兵"，应该是真正去解决项目源头的成本和利润问题。漫住通过这种共享酒店服务联盟的方式去解决酒店方的困境，从而实现让订房没有中间商赚差价，然而这种做法是否能说明国内酒店业的革新浪潮正在成为必然？我们拭目以待！

（资料来源：漫住共享酒店服务联盟，让订房没有中间商赚差价. 慧聪网，2018-11-06.）

思考与分析

1. 漫住共享酒店服务联盟的商业模式是什么样的？
2. 你认为"漫住"能够广泛推广么？

四、消费者

消费者就是企业的目标市场，是企业的服务对象，企业一切营销活动都是以满足消费者的需要为中心。在酒店中，消费者关系的核心问题是他的需求是否能通过某一产品或服务得到满足。

消费者市场主要包括消费者市场、生产者市场、销售商市场、非营利性组织市场和国际市场五个部分。消费者市场指由个人和家庭组成，他们仅为自身消费而购买酒店产品及其服务；生产者市场购买酒店产品和服务是为实现其自身经营过程；经销商市场购买酒店产品和服务是为了转卖，以获取利润；非营利性组织市场，如政府，其购买酒店产品和服务主要用以服务公众；国际市场由国外的消费者、生产者、经销商和非营利性组织构成。每种市场都有其自己的特点，营销人员需要进行仔细的研究。

五、竞争者

酒店不能独占市场，都会面对形形色色的竞争对手。在竞争性的市场上，除来自本行业的竞争外，还有来自代用品提供者、潜在加入者、上游供应者和购买者等多种力量的竞争。酒店要成功，必须在满足消费者需要和欲望方面比竞争对手做得更好。酒店的营销系统总是被一群竞争者包围和影响着，必须加强对竞争者的研究，了解对本企业形成威胁的主要竞争对手及其策略、力量对比如何，知己知彼，扬长避短，才能在顾客心目中强有力地确定其所提供产品的地位，以获取战略优势。

知识链接

"波特五力模型"是迈克尔·波特（Michael Porter）于20世纪70年代初提出的（图2-3）。波特认为行业中存在着决定竞争规模和程度的五种力量，这五种力量综合起来影响着产业的吸引力以及现有企业的竞争战略决策。五种力量分别为同行业内现有竞争者的竞争能力、潜在竞争者进入的能力、替代品的替代能力、供应商的讨价还价能力、购买者的讨价还价能力。

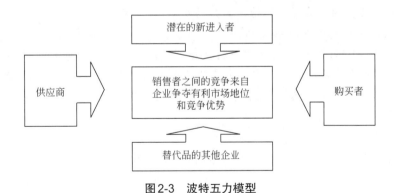

图2-3　波特五力模型

六、公众

公众指对酒店实现营销目标的能力有实际或潜在利害关系和影响力的团体或个人。酒店面对的广大公众的态度，会协助或妨碍酒店营销活动的正常开展。所有的酒店都必须采取积极的措施，树立良好的企业形象，力求保持和主要公众之间的良好关系。企业所面临的公众有很多类型，具体如图2-4所示。

图2-4 公众类型

营销示例

成都总府皇冠假日酒店营销环境构成

1. 宏观环境

① 政治法律因素：我国政治稳定国家整体形势良好。我国正处于旅游产业发展阶段（2003至今）。随着人们对旅游这种休闲方式的不断认可，入境、国内、出境三大旅游形式在我国的有序开展，我国旅游政策的发展走向了稳健而全面完善阶段。成都市政府行为：成都市政府一直都支持成都的旅游业的发展，加快完善旅游产业体系，推动旅游新业态新领域发展，大力提升旅游产业素质，不断优化旅游发展环境。

② 文化因素：周围有武侯祠、成都市博物馆、四川省展览馆等文化景点。

③ 经济因素：酒店坐落于成都市中心，位于总府街购物中心和顺城街办公中心交会处，毗邻四川省展览馆和省政府大楼；消费人群都属于收入比较高的工作人员，消费者的支付能力也很高。

④ 科技因素：网络技术、人工智能等。

⑤ 人口因素：成都人口1404.76万，特别是总府路一段路每天的人口流动量很大。

⑥ 地理因素：地理位置优越，交通便利，酒店距双流国际机场约40分钟车程、距成都北站仅20分钟车程，步行至天府广场只需10分钟。

2. 微观环境

① 酒店企业：皇冠假日酒店及度假村隶属洲际酒店集团，是分布于世界主要大都会、门户城市和度假胜地的高端酒店品牌，为商务旅客带来高水准服务、舒适享受和愉快体验。分布于中国内地的皇冠假日酒店共有35家，分布在北京、成都、烟台、长沙、三亚、中山、厦门等城市。

② 酒店消费者：消费者包括高收入人群和中等收入人群。

③ 竞争者：在成都市有几家豪华的五星级酒店，在周边有城市名人酒店、锦江宾馆等。

任务三　营销环境分析

一、SWOT分析概念

SWOT分析，即态势分析法，它就是将与研究对象密切相关的各种主要内部优势、劣势和外部的机会和威胁等，通过调查列举出来，并依照矩阵形式排列，然后用系统分析的思想，把各种因素相互匹配起来加以分析，从中得出一系列相应的结论。S（strengths）是优势、W（weaknesses）是劣势，O（opportunities）是机会、T（threats）是威胁（图2-5，表2-2）。

strengths 优势	weaknesses 劣势
opportunities 机会	threats 威胁

图2-5　SWOT分析矩阵图

表2-2　SWOT分析的内容

优势	劣势
有利的竞争态势；充足的财政来源；良好的企业形象；技术力量；规模经济；产品质量；市场份额；成本优势；广告攻势等	设备老化；管理混乱；缺少关键技术；研究开发落后；资金短缺；经营不善；产品积压；竞争力差等
机会	威胁
新产品；新市场；新需求；外国市场壁垒解除；竞争对手失误等	新的竞争对手；替代产品增多；市场紧缩；行业政策变化；经济衰退；客户偏好改变；突发事件等

运用这种方法，可以对研究对象所处的情景进行全面、系统、准确的研究，从而根据研究结果制定（订）相应的发展战略、计划以及对策等。

二、SWOT分析步骤

1. 分析环境因素

运用各种调查研究方法，分析出公司所处的各种环境因素，即外部环境因素和内部能力因素。外部环境因素包括机会因素和威胁因素，它们是外部环境对公司的发展直接有影响的有利和不利因素，属于客观因素；内部环境因素包括优势因素和弱点因素，它们是公司在其发展中自身存在的积极和消极因素，属主观因素。在调查分析这些因素时，不仅要考虑到历史与现状，而且更要考虑未来发展问题。

2. 构造SWOT矩阵

将调查得出的各种因素根据轻重缓急或影响程度等排序方式，构造SWOT矩阵（图2-6）。在此过程中，将那些对公司发展有直接的、重要的、大量的、迫切的、久远的影响因素优先排列出来，而将那些间接的、次要的、少许的、不急的、短暂的影响因素排列在后面。

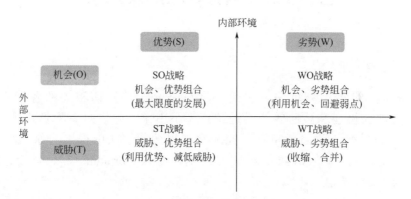

图2-6 构造SWOT矩阵

3. 制订行动计划

在完成环境因素分析和SWOT矩阵的构造后，便可以制订出相应的行动计划。制订计划的基本思路是：发挥优势因素，克服弱点因素，利用机会因素，化解威胁因素；考虑过去，立足当前，着眼未来。运用系统分析的综合分析方法，将排列与考虑的各种环境因素相互匹配起来加以组合，得出一系列公司未来发展的可选择对策（表2-3、表2-4）。

表2-3 不同SWOT状态下的营销战略选择

SWOT评价结果	营销战略选择	营销战略方向	营销原则	营销决策
优势+机会	发展战略	产品认知	开拓	占领市场、领导同行、增强企业实力
劣势+机会	扭转型战略	个性凸显	争取	随行就市、速战速决、抓住市场机会
优势+威胁	多元化战略	品牌塑造	进攻	集中优势、果断还击、提高市场份额
劣势+威胁	防御型战略	有效回收	保守	降低费用、急流勇退、占领角落市场

表2-4 SWOT矩阵分析列表

	内部优势（S） 1.…… 2.…… 3.……	内部劣势（W） 1.…… 2.…… 3.……
外部机会（O） 1.…… 2.…… 3.……	SO战略 依靠内部优势 利用外部机会	WO战略 利用外部机会 克服内部劣势

续表

外部威胁（T） 1.······ 2.······ 3.······	ST 战略 依靠内部优势 回避外部威胁	WT 战略 减少内部劣势 回避外部威胁

（1）对机会的反应。最高管理层对企业所面临的市场机会，必须谨慎地评价其质量。

（2）对威胁的对策

① 反抗：是指努力试图限制或扭转不利因素的发展。

② 减轻威胁：是指通过调整市场营销组合来改善企业环境，以减少威胁因素对企业的影响程度。

③ 转移：是指将资金转移到其他更为盈利的行业领域或市场领域。

三、酒店SWOT分析

营销实训

H酒店SWOT分析

H酒店是国际知名酒店管理集团旗下的知名品牌，随着中国经济的崛起，H酒店集团发现，北京国际旅游外汇收入连年增长，海外入境旅游人数逐年上升。北京于2001年成功"申奥"后，城市知名度进一步提升，于是决定进入中国市场，选址在北京CBD商业区。虽然H酒店首次登陆中国，但其在亚洲其他国家和地区已经经营多年，累积了较为丰富的管理经验，培养了一批优秀的管理团队。新建的H酒店，具有全新的硬件设施、极具现代感的装饰和全套的商务、会议服务设施。北京H酒店继续沿用全球统一的预订系统和常客优惠计划。

【要求】

1. 结合案例内容，进行市场调研，分析H酒店所面临的环境因素。
2. 利用环境因素，构造H酒店SWOT矩阵。
3. 结合SWOT矩阵，确定H酒店想迅速打开市场应采取的策略。
4. 现任命你为H酒店的CEO助理，你的上司约你谈谈对该酒店经营环境的看法，你需要向他做一个10分钟的口头汇报。

知识链接

酒店SWOT分析的调研内容

（一）内部优、劣势分析

酒店内部优、劣势分析可以用不同方式进行，但分析范围必须涵盖市场、财务、操作以及人力资源4大领域。

1. 市场方面的问题

（1）本企业产品销售组合是什么：客房、餐饮、其他？

（2）谁是本企业的顾客？

（3）在本企业的业务中，回头客所占比例是多少？

（4）本企业顾客来源的渠道是什么？

（5）本企业产品、价格是否具有灵活性？
（6）谁是本企业的高消费顾客群？
（7）本企业是否有实力转移资源进行其他投资，以期抓住更好的市场机会？
（8）本企业是否有实力进行成功的促销和广告宣传活动？
（9）何种新产品正处于计划酝酿阶段？
（10）本企业的组织机构是否有利于市场营销？适应程度如何？
（11）市场营销方面的考虑是否会影响产品的价格？
（12）与中间商的关系如何？

2. 财务方面的问题

（1）本企业流动资产状况如何？
（2）本企业资金来源有哪些？
（3）现金流动是否有困难？
（4）本企业的计财体系能否提出准确而有意义的管理报告？
（5）本企业是否有明确的产品成本？
（6）投资回报率如何？
（7）对本企业的投资是否有不足或短缺现象？
（8）预算制定与控制执行的状况如何？
（9）本企业长期财务需求状况如何？
（10）本企业贷款的利息率是多少？

3. 经营操作方面的问题

（1）本企业经营操作的灵活程度如何？
（2）本企业是否还拥有空余的客户或尚未完全发挥作用的餐饮供给能力？
（3）质量控制体系是否有效？
（4）本企业按照长期合同购进的供应品是什么？
（5）本企业预订系统的功效如何？

4. 人力资源方面的问题

（1）本企业人力资源是否充足？
（2）本企业员工配备是否适应未来企业经营的需要？
（3）本企业管理层结构是否合适？
（4）本企业员工薪金水平与本行业平均水平和其他同行竞争企业比较有何差异？
（5）本企业员工激励机制是否科学、有效？
（6）本企业员工外流状况如何？
（7）本企业招聘制度与程序的有效性如何？
（8）对顾客直接服务的员工培训是否有效？
（9）本企业评估奖惩制度体系是否合理、有效？

（二）外部机会、威胁分析

1. 微观环境方面的问题

（1）本企业市场份额如何？
（2）本企业市场的趋势如何？
（3）本企业与中间商关系如何？

（4）本企业零售网的市场渗透状况如何？
（5）本企业广告代理商的局限性体现在哪几方面？
（6）市场细分状况如何？
（7）哪一部分细分目标市场适合本企业？
（8）本企业的合作者有哪些？
（9）本企业的竞争者有哪些？
（10）本企业竞争者的经营状况如何？
（11）本企业市场渗透薄弱之处何在？
（12）哪些分销渠道对本企业有利？
（13）本企业尚未达到的细分市场有哪些？
（14）本企业期望竞争者采取何种战略？
（15）本企业竞争者现今的经营战略是怎样的？

2．宏观环境方面的问题
（1）商务旅游和度假旅游的发展趋势如何？
（2）人口增减与产品需求相关变化如何？
（3）分销渠道发展状况如何？
（4）人口数量、年龄、性别、所处家庭生命周期、教育程度、职业等对旅游产品影响如何？
（5）相关法律、制度、政策对旅游企业有何影响？
（6）失业、通货膨胀、汇率变化、利率变化等对旅游企业有何影响？
（7）居民饮食习惯的现状及发展趋势是怎样的？
（8）旅游目的国与客源国的政治稳定性如何？
（9）本币坚挺情况如何？

项目训练

一、基础练习

1．选择题

（1）酒店营销的宏观环境不包括（　　）。

A．政治法律　　B．竞争者　　C．科学技术　　D．人口

（2）去哪儿网在酒店营销过程中扮演了重要的（　　）角色。

A．供应商　　B．中间商　　C．消费者　　D．竞争者

（3）家庭生命周期可划分为7个阶段，其中年轻夫妻，有6岁或6岁以上儿童的家庭属于（　　）。

A．新婚期　　B．满巢期一　　C．满巢期二　　D．满巢期三

（4）SWOT分析中S是指（　　）。

A．优势　　B．劣势　　C．机会　　D．威胁

（5）SWOT分析中，ST战略的营销应对策略是（　　）。

A．发展战略　　B．扭转型战略　　C．多元化战略　　D．防御型战略

2．简答题

（1）市场营销宏观环境要素有哪些？
（2）市场营销微观环境要素有哪些？
（3）酒店中间商有哪些？
（4）什么是SWOT分析法？
（5）简述SWOT分析的步骤。

3．思考题

（1）人口老龄化会给酒店行业带来哪些商机？
（2）营销环境会给企业经营带来哪些影响？举例说明。

二、实践练习

针对未来的职业发展，结合自身的情况，利用SWOT分析工具制订一份学习计划。

内部因素 \ 外部因素	Opportunity 机会	Threat 威胁
Strength 优势		
Weakness 劣势		

三、案例

汉庭——最便捷的住宿体验

汉庭酒店集团是一家中国领先的经济型连锁酒店集团，采用的是差异化战略与集中化战略并存，集中化为主的战略，将目标客户群集中在一个区域，提供基本满足需求的住房，并且在细节上创造特色，建立起品牌形象。

1．汉庭酒店定位

（1）目标顾客群：社会中层阶级为主，中高层和低层年轻客户为辅；中小企业商务人群为主，学生等新兴消费群体为辅。

（2）产品定位：标准化、简洁美观，关注客户的核心需要。

2．汉庭酒店优势

（1）简洁。将大型的、管理复杂度高的配套设施，如大型餐饮、桑拿、歌厅等外包；缩小配套和辅助设施，如大型会议室、大型宴会厅、大型健身房等；精简人员，将客房服务做好。

（2）方便。功能性大堂：方便放包的小平台、提供开放式电脑、打印传真机和互联网接入的服务、免费咖啡和茶水；率先推出全部公共区域免费无线上网、房间内双网线、一卡通（门卡、会员卡、梯禁、购买小商品等）。

（3）高品质。行业内第一个在客房内使用有利颈椎健康的荞麦枕，有助经常使用电脑的商务人士睡眠。

（4）美感。汉庭是第一个也是唯一一个使用境外著名设计师做样板间设计的经济型酒店集团，在每间房间保留着一个特色的大幅手绘油画，可以使客人忘记旅途的劳顿。

（5）大众化的价格。产品比别人好一点，但恰恰价格并不高，同类产品中，性价比最高。会员系统业内最优惠。

3．汉庭酒店的五力模型——竞争环境分析

（1）新进入者的威胁。汉庭酒店行业新进入者的进入壁垒低，主要因为：资本需求相对小、产品差异化程度低和消费者的转换成本低。

（2）现有竞争对手的争夺。经济型酒店产品的差异化太小，价格竞争成主要的竞争策略。

（3）替代品的威胁。汉庭酒店的替代品主要有中高档酒店、旅馆、招待所和洗浴中心等。

（4）买方讨价还价能力。汉庭酒店的买方主要是工薪阶层、一般商务人士、普通自费旅游者、学生群体等。他们的经济能力有限，注重的是舒适和价格，住宿和洗浴等基本设施齐备就可以满足他们的需求，他们不在意其他设施，甚至认为没必要。这导致这些人的转换成本较低，很容易选择别的酒店，对汉庭酒店来说，买方就具备较强的讨价还价能力。

（5）供应方讨价还价的能力。因采购商品基础，供应方充足，因此对于汉庭酒店来说，供应方的讨价还价能力较弱。

4．汉庭酒店的集中化战略

汉庭酒店的集中化战略选择与差异化战略相结合，即最终形成差异化的集中战略，可抢占先机，快速在目标市场建立品牌，取得领先优势。

（1）差异化集中战略的优势。详见下表。

从目标市场集中方面来说：	从差异化方面来说：
① 便于集中企业的资源和力量； ② 使企业所需的资源信息范围缩小； ③ 企业的战略目标集中而明确； ④ 使替代品无法在性能上与酒店产品竞争	① 容易建立忠诚度，形成品牌差异壁垒； ② 可降低产品价格敏感度； ③ 增强酒店讨价还价能力

（2）汉庭酒店面临的风险。从集中化的角度来看：集中化战略必然使汉庭酒店经营方向单一，如果目标市场环境发生突变，经营将受到冲击，甚至出现危机；从差异化的角度来看：一是与客户偏好有关，选择差异化战略可能会失去部分客户，二是由于酒店业服务无形性的特征，服务特性无专利权，竞争者可能会迅速模仿服务的差异化特征，使酒店服务的独特性不能保持长久。

（资料来源：百度文库）

思考与分析

1. 你所知道的经济型酒店有哪些？汉庭在其中的竞争力如何？
2. 评述汉庭酒店的竞争环境。
3. 汉庭酒店的目标客户有哪些？你对汉庭酒店的未来发展有何建议？

项目三 酒店市场需求调查与分析

【项目导览】

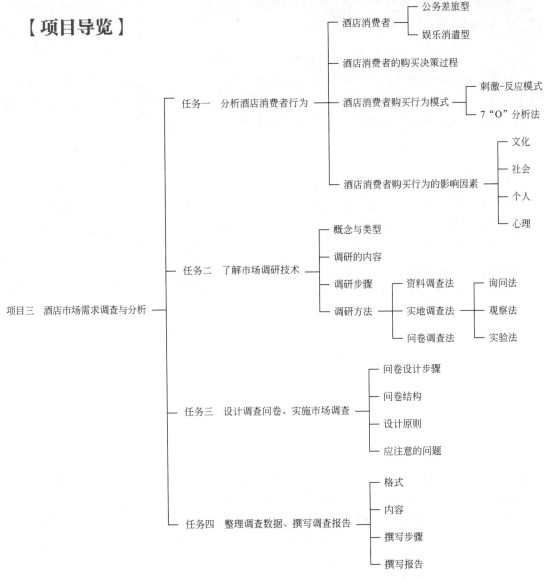

> 📖 **学习目标**
>
> 1. 了解酒店消费者的类型和消费者的购买决策过程，能够识别不同消费者在消费者购买决策过程中的角色。
> 2. 理解消费者购买行为模式中的刺激-反应模式，掌握7"O"分析法，能够利用这七个问题对酒店消费者行为进行分析。
> 3. 掌握消费者购买行为的四大影响因素，能够利用酒店消费者行为的影响因素进行简单的酒店消费者用户画像。
> 4. 了解调研方法，理解营销调研的内容，能够独立完成问卷设计并开展问卷调查。
> 5. 熟悉调研报告撰写的格式，能够利用图表进行问卷调查结果的描述。

 案例导入

"90后"青睐同城酒店周末消费

出差或旅行才需要住酒店？这个想法或许有些过时了。阿里巴巴旗下旅行品牌"飞猪"日前发布的《消费行为变迁的路与径——消费者驱动新零售时代酒店变革》（以下简称《报告》），提出了一个值得关注的变化——越来越多的年轻人喜欢在周末来个周边游，并入住本地的酒店。难怪本地生活服务巨头美团也会瞄准住宿市场，这可能是个不小的机会。《报告》给出了如下的分析和判断。

1. "95后"正在崛起，重品质、有个性

据《报告》显示，依托富裕阶层崛起、年轻消费群体增多、线上线下全渠道融合所带来的消费驱动力，2016—2021年期间，中国将出现规模在1.8万亿美元的私人消费增长。

其中，"90后""95后"为主的年轻客群增长消费占比达69%，增长潜力巨大。与美国、日本等发达国家的同龄人相比，中国年轻一代更热衷消费。

在酒店消费中，这个趋势尤为明显。近两年来，无论是酒店总体预订量还是经济连锁酒店预订量，"95后"占比增势最为明显。

作为当下品质消费的新力量，年轻人正越来越个性化，追求多元消费。

重品质成为年轻人主要的消费态度。"90后"的升级速度是"60后"的两倍。

2. 同城过周末喜爱住酒店

中国旅游市场越来越"无界化"，消费者越来越享受跨界旅游消费，航司、酒店和度假服务的整合程度在提升，IP化或定制化的综合服务越来越多。

在年轻消费者"品质消费"的带动下，周末出游、同城预订酒店呈现出水涨船高的趋势。据《报告》显示，50%的周末出行需求由"90后"消费者产生。同时，超1/3周末入住酒店预订来自本地消费者，入住占比更是逐年攀升。在酒店选择方面，中档酒店需求增势最为明显，预订占比、酒店预订夜单价同步上升。

3. 新零售下的酒店运营方式转变

随着新零售时代来临，酒店行业也面临着运营方式的转变。传统零售的人、货、场在物理空间和时间维度上得到最大程度的延展，消费者不受区域、时段、店面的限制，商品

不受内容形式、种类和数量的限制，消费者体验和商品交付形式不受物理空间制约。

以飞猪平台上的三亚天域度假酒店为例，消费者可以在店里选购，也可以前台扫码飞猪进入"飞猪小铺"或在淘宝店铺线上购买新零售馆的商品。甚至在房间里，躺在床上通过客房小管家"天猫精灵"语音下单，"外卖小哥"机器人深夜也会上岗——自己坐电梯送货到房门口，还会给房间打电话："您要的东西到了，请您开门来取。"

消费者入住酒店越来越带感：提前在线VR（即虚拟现实技术）选房；到店刷脸自助入住，押金都不用支付；酒店周边吃饭、SPA、玩水上项目，都直接报信用码挂账；退房时，不用查房、不用排队结账，直接把卡放在前台；回到家，发现离开之前下单的特产也已经送到家中。得益于积极变革，酒店的客单价得到了显著提升。

（资料来源：《消费者驱动新零售时代酒店变革》报告：90后青睐同城酒店周末消费. 36氪，2018-04-21.）

思考与分析

1. 如何看待飞猪日前发布的《消费行为变迁的路与径——消费者驱动新零售时代酒店变革》？该报告为酒店发展带来哪些启示？
2. 如何看待"90后"中国消费者的特征和购买行为？
3. 开展市场调研对于酒店市场营销的开展有什么作用？

任务一 分析酒店消费者行为

一、酒店消费者的概念

酒店消费者是指由于观光旅游、商务会议、休闲度假等原因外出而购买使用酒店产品或接受酒店服务的个人或团体。主要可分为公务差旅和娱乐消遣两种类型（表3-1）。

表3-1 酒店主要消费者

公务差旅型	娱乐消费型
1. 会议客人 2. 差旅经费相对宽裕的公务客人 3. 价格敏感度较高的公务客人	1. 团队旅游者 2. 家庭旅游者 3. 探亲访友者

（一）公务差旅型消费者

1. 出席会议的公务客人

外出参会的公务客人对于其下榻的酒店或房价通常没有什么选择余地。和那些参加会展、出席公司会议的公务客人相比，出席由民间社团召开的会议的差旅客人往往更具有价格意识，因为他们中有些人可能是自己付费。这种类型的客人总是自己事先预订客房或由有关团体、组织或企业事先代为登记。

会议型差旅市场的基本要求不仅包括舒适的开会环境，而且还包括有足够的通信设备等一系列现代化办公设施，以便能在开会期间与外界联系。另外，在参加了一天紧张的会议后，与会者还需要娱乐和其他类型的放松机会。

2. 差旅经费相对宽裕的公务客人

这些客人通常寻求舒适、可靠和提供全方位服务的住宿设施，并且他们对价格的敏感度通常低于其他类型的公务客人。这些人可能是公司经理、高管及高收入的差旅型客人。这类消费者可能偏爱某一品牌的酒店。这类客人的主要需求包括安全、方便以及优质的商务服务条件等。

3. 价格敏感度较高的公务客人

随着企业和政府部门成本意识的增强，对价格敏感的客人在市场中的比例迅速增大。这些人会根据其差旅费决定其旅行行为。这类客人会在其经费允许的范围内尽可能地追求舒适和方便。他们出差通常都住公司事先联系好的协议酒店，不过有时也会在没有预订的情况下出现在酒店。

（二）娱乐消遣型消费者

1. 不带孩童的旅游者

这类客人包括以娱乐消遣为目的而外出旅游的个人、夫妇和团体。他们没有孩子的制约，因而会尽情玩乐，享受生活；他们乐于频繁光顾各种餐馆和娱乐场所。这类客人通常喜欢舒适和方便，但同时也会关心价格。

2. 家庭旅游者

同不带小孩的旅游者相比，携带小孩的成年人在其消遣旅游过程中的活动会受到诸多制约。家庭旅游者的精力往往较多地集中于照顾孩子上，因而很少考虑纵情欢乐。对这类客人来说，在选择住宿设施方面考虑较多的是价格不高且环境宽松的餐厅，房间设有可玩游戏的电视，酒店内有游泳池以及其他便于照顾孩子的设施。

家庭旅游者中有一部分属于非常关心价格的度假者。除了最基本的度假消费外，他们不愿多花钱购买任何其他东西。他们只是寻求一个能够吃饭和睡觉的地方，作为外出度假的家庭生活基地。家庭旅游者中的另一部分人则希望寻求朴素生活、户外娱乐和无拘无束作为旅游的经历。这些家庭对饭店服务不感兴趣，而是希望过一种随心所欲的自助式度假生活。

知识链接

消费者购买决策过程的参与者

消费者在购买活动中可能扮演下列五种角色中的一种或几种。

发起者：第一个提议或想到去购买某种产品的人。

影响者：有形或无形地影响最后作购买决策的人。

决定者：最后决定整个购买意向的人。比如买不买、买什么、买多少、怎么买、何时与何地买等。

购买者：实际执行购买决策的人。

使用者：实际使用或消费商品的人。

消费者以个人为单位购买时，5种角色可能同时由1人担任；以家庭为购买单位时，5种角色往往由家庭不同成员担任。比如：全家决定去海南度假，发起者可能是孩子，她想利用假期去海边玩儿；影响者可能是姥姥，她表示赞成；决定者可能是母亲，她想让孩子和老人都高兴，并且家庭目前经济状况也允许；购买者可能是父亲，他或上网或走入旅行社交钱购买；使用者是孩子，她的愿望实现了。

在以上5种角色中，营销人员最关心决定者是谁。某些产品和服务的特点使营销人员很容易辨认购买决定者，比如，男性一般是烟酒的购买决定者；女性一般是化妆品的购买决定者；高档耐用消费品的购买决定往往由多人协商作出。

国外学者曾提出按购买决定者将产品分为几种类型。例如，"男主人决定购买为主的产品""女主人决定购买为主的产品"以及"夫妻共同决定购买为主的产品"等，各类产品涵盖的内容则因时因地而异。有些产品不易找出购买决定者，需要分析家庭不同成员的影响力，而这种影响力有时很微妙。

美国学者曾对家庭购买轿车的情况进行研究，发现在买与不买的问题上主要由夫妻双方共同决定。但在不同的决策阶段，角色扮演有所变化："何时买车"的决策，68%的家庭是由男主人决定；只有3%的家庭由女主人决定；29%的家庭共同决定。"买什么颜色的车"，夫妻一方单独决定的各占25%，50%的家庭共同决定。另外，许多产品的购买还存在着"名义决定者"和"实际决定者"之分。比如，许多男士以为购买汽车是自己做出的决策,实际上却是他的妻子起了决定性作用。妻子可能是用直接的要求、劝告或命令,也可能是用含蓄的语言、表情等表达了自己的要求。

二、酒店消费者的购买决策过程

【想一想】假设你今天拿到了毕业后的第一次年终奖,打算找个时间来一次自由行,接下来你会怎么做?

【营销提示】
(1)哪些因素会影响你的需要?
(2)信息的来源有哪些?什么因素影响着个人信息搜寻的范围?
(3)评价标准和评价方法?
(4)购买时作出了哪些决策?
(5)购后的感受和作为?

消费者的购买决策过程具体如图3-1所示。

(一)确认需要

购买过程始于购买者对某个问题或需要的确认。消费者需要的产生是由内在或外在的刺激所引起的。

对于酒店的营销人员而言,需要在这一阶段做好以下工作。第一,了解与本酒店产品有关的现实或潜在的需要。一种产品如果能同时满足多种需要,就能够吸引更多的购买者。第二,了解消费者的需要强度随着时间的推移以及外界刺激的强弱而波动的情况,以便按照这种规律设计诱因,增强刺激,使被唤起的需要逐步增强,最终促使人们产生购买行为。

(二)信息收集

信息收集的状态主要取决于消费者购买行为的复杂性、需要的强烈程度、最初掌握信息的程度、获取额外信息的难易程度、额外信息的价值以及在信息收集过程中得到的满足程度。

在这一阶段,酒店营销人员的任务主要包括:

第一,了解消费者的信息来源。消费者的信息来源包括以下渠道。

① 经验来源:直接使用酒店产品得到的信息;
② 个人来源:家庭成员、朋友、同事和其他熟人所提供的信息;
③ 公共来源:社会公众传播的信息,如消费者权益组织、政府部门、新闻媒体和大众传播等;
④ 商业来源:营销企业提供的信息,如广告、展会、商品包装等。

第二,了解不同信息来源对酒店消费者的影响程度。

在认知需求和信息收集的基础上,消费者受满足需要的动机驱使,开始寻找各种解决问题的方案和途径。为使方案具有充分性和可靠性,消费者必须广泛收集有关信息,包括能够满足需要的商品种类、规格、价格、质量、售后服务等。对所获信息进行适当的筛选、整理和加工,即可建立起满足需要的多种解决方案。

(三)比较评价方案

消费者在获得全面的信息后会根据这些信息和一定的评价方法对同类产品的不同解决方案进行评价与选择。消费者的评价行为一般涉及三个方面:

(1)产品属性。即产品所具有的能够满足消费者需求的特性。比如酒店是否安全、交通方便，客房是否洁净、舒适，设施是否齐全，收费是否合理等。

（2）品牌信念。即消费者对品牌优劣程度总的看法。比如在快捷型酒店品牌中速8以低价著称，广受中低端消费者的认可。

（3）效用要求。即消费者对该酒店产品和酒店品牌每一种属性的效用功能应当达到何种水平的要求。

（四）购买决策

在对各种方案进行充分比较与评价之后，消费者已经产生了初步的购买意图。购买意图如果不受到其他相左意见或信息的干扰，便可作为购买决策确定下来。但是产生一定的购买意图并不一定会产生相应的购买行为。

（五）购后行为

消费者在完成购买行为后，一般会体验到三种感觉：满意、不满意和购后疑虑。每一种体验背后都会伴有特定的购买后行为。而这些体验和行动又会影响到消费者的下次购买行为以及其他相关人群的购买决策。因此，购后行为对于酒店营销人员仍然具有重要意义。

图3-1 消费者购买决策过程

三、酒店消费者购买行为模式

（一）刺激—反应模式

市场营销刺激和其他外部刺激进入购买者的意识后，购买者根据自己的特征处理这些信息，经过一定的决策过程导致了购买决定。市场营销人员的任务就是要了解：在出现外部刺激后到作出购买决策前购买者意识中所发生的情况。所以，对消费者购买行为的研究主要包括两个部分：一是对影响购买者行为的各种因素的分析，二是对消费者购买决策过程的研究。具体如图3-2所示。

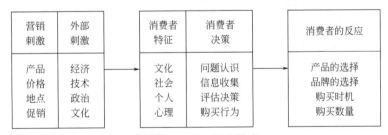

图3-2 刺激—反应模式

（二）7"O"分析法

营销人员在制定这对消费者市场的营销组合之前，必须先研究消费者的购买行为，比如，要销售酒店产品，可以分析以下问题。

① 酒店消费者市场由哪些人构成？
② 目前消费者需要什么样的酒店产品与服务？
③ 消费者为什么购买该酒店产品？

④ 哪些人会参与酒店产品购买行为？
⑤ 消费者怎样购买酒店产品？
⑥ 消费者什么时候购买？
⑦ 消费者在什么地方购买？

以上7个问题，我们可以用7个以英文字母"O"打头的英文单词来表示，这就是消费者行为的7"O"分析法。

消费者市场由谁构成？	购买者（Occupants）
在消费者市场上购买什么？	购买对象（Objects）
消费者为什么购买？	购买目的（Objectives）
消费者市场的购买活动有谁参与？	购买组织（Organizations）
消费者怎样购买？	购买方式（Operations）
消费者何时购买？	购买时机（Occasions）
消费者在哪里购买？	购买地点（Outlets）

营销实训

餐厅消费者行为模式的7"O"分析

任务：假设你在学校附件开了一家餐厅，作为营销人员必须仔细分析研究以下问题：
① 目前消费者市场上可能选择在你的餐厅就餐的是哪些人？
② 消费者喜欢什么样的服务方式？喜欢购买什么类型和口味的食物？
③ 消费者为什么喜欢到你的餐厅就餐？
④ 哪些人会到餐厅就餐？
⑤ 消费者喜欢的点餐和结账方式？
⑥ 消费者什么时候去你的餐厅？
⑦ 消费者在什么地方关注到你的餐厅？

四、酒店消费者购买行为的影响因素

（一）文化因素

文化是人类欲望和行为最基本的决定因素。低等动物的行为主要受本能支配，人类行为大部分为学习所得而来。学习逐渐内化为自己的行为方式，这就是一个人的文化底蕴或文化内涵，它对人们的行为起决定性的作用。

1. 消费者的文化影响

从营销学的角度来审视，每种社会的文化又可以分为若干个不同的亚文化群，主要包括四类：民族亚文化，宗教亚文化，种族亚文化，地理亚文化。

2. 消费者的习俗文化影响

一个人在社会中成长，受到家庭、环境及社会潜移默化的影响，逐渐培养了自身基本的价值观、风俗习惯和审美观，从而形成了千差万别的消费习俗。

3. 消费者文化水平的影响

消费者的受教育水平和文化程度也会对其购买行为产生重要影响。一般而言，消费者受教育程度越高，对精神生活方面的需求就会越多，把有限的收入用于购买精神生活资料和劳务的支出相应地也就会越多。

> **知识链接**

什么是用户画像？

用户画像是根据用户社会属性、生活习惯和消费行为等信息而抽象出的一个标签化的用户模型。用户画像在生活中处处可见，比如用户在跨境电商网站或APP端注册的时候填写和上传的一些数据（邮箱、手机号码、个人基本信息等）。系统就会基于这些基础数据以及结合用户偏好、购买频率、数量等行为数据，通过算法和数据挖掘及行为建模，构建用户的基础画像，用户的画像存于网站或APP端"资料库"，用户下次触网或触媒时，系统就会发出预告，基于用户的存根资料——画像推送适合的产品或小广告。

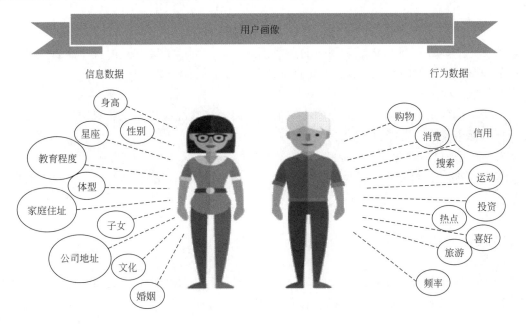

（二）社会因素

1. 社会阶层

社会阶层是指具有相对的同质性和持久性的群体。按等级排列，每一阶层的成员具有类似的价值观、兴趣爱好和行为方式。

2. 参考群体

参考群体是消费者在形成其购买或消费决策时，用以作为参照、比较的个人或群体，他们是能够影响消费者个人态度、意见和价值观的一群人。

3. 家庭

家庭是社会上最重要的消费者购买组织，家庭成员对消费者的购买行为影响非常大。每个人都会从父母那里得到有关宗教、政治、经济、个人理想、价值观等方面的指导，同时不同的家庭也会给生活习惯、购买偏好等带来影响。

4. 角色与地位

一个人在一生中会属于很多群体，每个人在各个群体中的位置可以用角色和地位来确定。角色是一个人所期望做的活动内容，是周围人对其的要求，也是他（她）在不同场合中应起的作用。每一种角色又附有一种地位，反映社会对他（她）的评价和尊重程度。

（三）个人因素

1. 年龄与家庭生命周期

消费者的欲望和行为，因年龄不同而发生变化。而每个人在不同的年龄，其所处的家庭生命周期阶段也不相同。所谓的家庭生命周期是一个以家长为代表的家庭生活的全过程，从青年独立生活开始，到年老后并入子女的家庭或死亡时为止。在不同阶段，同一消费者及家庭的购买力、兴趣和对产品的偏好甚至会有较大差别。

2. 生活方式

生活方式是一个人生活中表现出来的活动、兴趣和看法的整个模式，直接影响对产品或品牌的看法、喜好。营销者往往可以通过生活方式理解消费者不断变化的价值观及其对消费行为的影响。

3. 职业

消费者的职业背景也会影响到他的消费模式。对于酒店的经营者而言，需要找到自己的产品和服务所针对的职业群体，并依此而进行产品的设计、开发与推广。

4. 经济状况

消费者的经济状况对产品选择的影响很大，而经济状况往往和职业密切相关。酒店需要根据目标市场的消费能力而设计产品与价格。

5. 个性与自我观念

每个人都有影响其购买行为的独特个性。个性指个人特有的心理特征，导致人对所处环境作出相对一致和持续的反应。通过自信、支配、自主、顺从、交际、保守和适应等性格特征表现出来。

（四）心理因素

1. 动机

动机是推动个人进行各种活动的驱动力。动机是行为产生的直接原因，促使个人采取某种行动去探求满足需要的方式，同时还会规定行为的方向。

2. 知觉

消费者被激发起动机后，随时准备行动。然而，如何行动则受到他对相关情况的知觉程度的影响。

知觉是指个人选择、组织并解释投入的信息，以便创造一个有意义的个人世界的过程。知觉不但取决于刺激物的特征，而且还依赖于刺激物同周围环境的关系以及个人所处的状况。

3. 学习

学习是指由于经验而引起的个人行为的改变。人类的多半行为是源于学习。由于市场环境的不断变化，新产品、新品牌、新技术不断涌现，消费者的购买行为必须经过多方搜集有关信息之后，才能作出购买决策。这本身就是一个学习的过程。

4. 信念与态度

所谓信念，是指一个人对某些事物所持有的描述性思想。生产者应关注人们头脑中对其产品或服务所持有的信念，即本酒店产品和服务的形象。所谓态度，是指一个人对某些事物或观念长期持有的好与坏的认识上的评价、情感上的感受和行为倾向。态度能使人们对相似的事物产生相当一致的行为。

知识链接

常见的顾客消费心理

1. 体验心理

对于以旅游或度假为目的的旅游者而言，入住酒店的过程更是一个求新、求异、求体验的过程，更多的顾客是为了享受酒店所带来的不同体验。

2. 求助心理

对于入住酒店的顾客而言，因为出门在外，难免会出现遇到紧急情况需要帮助的时候。在这种时候，如果酒店可以伸出援手，提供超出范围的服务，会给顾客留下更深的印象。

3. 尊重心理

每个顾客都是在一定的文化环境中成长并在一定的文化中生活，从而形成不同的价值观、生活方式、消费心理等，这些都应该受到尊重。酒店员工应了解主要国家、主要地区的习惯和民俗，针对不同国家、地区的不同民族提供不同的服务。酒店顾客常见的尊重需要表现在于对人格的尊重、社会文化的尊重、宗教信仰的尊重等。

4. 补偿心理

旅游者在日常生活中承受压力，旅游的目的就是排解压力，寻求心理上的补偿，他们渴望被重视，享受被人关爱照顾的感觉。

5. 矛盾心理

矛盾心理每个人都有，酒店顾客也不例外。酒店服务人员不仅要了解客人的真实想法，满足其潜在的需求，而且要考虑周全，照顾客人的面子、心理，做到酒店和顾客的利益双赢。

6. 特权心理

在客人的潜意识里，他们普遍有一种要享受"特权"的愿望，这种"特权"表现在"我是客人，我需要你为我提供服务，我有权享受服务，我有权提出任何要求"等。酒店首先应该采取一切预防措施避免顾客产生不满情绪，包括对员工的严格培训，对酒店卫生及设施的严格检查。其次，酒店管理者应该经常视察，主动了解顾客对服务的满意程度，及时发现顾客的不满情绪。最后，面对顾客以及他们的投诉，即使是不合理的、态度蛮横的，也要坚持"顾客是上帝"的原则，控制好自己的情绪。

营销实训

消费者购买行为模式及其影响因素分析

情境：杨光毕业后工作的这5年非常勤奋，终于小有所成，打算和新婚妻子去希腊玩几天，现在正在查看住宿信息。

【思考与分析】

（1）如果你是杨光，你会怎样做？根据你的选择填写表3-2，并进行购买行为描述。

表3-2　杨光的购买行为模式

购买者	
购买对象	

项目三　酒店市场需求调查与分析

续表

购买目的	
购买组织	
购买方式	
购买时间	
购买地点	

（2）是哪些因素影响了杨光的购买行为？详见表3-3。

表3-3　消费者购买行为影响因素

消费者购买决策过程	1. 认识问题：在购买决策中要认识到是否需要购买。 2. 收集信息：需要什么产品，哪种最适合自己。 3. 产品评价：性价比怎么样。 4. 购买决策：是否要买这种。 5. 购后行为：买后使用效果怎样
消费者的个人因素	1. 生理因素：消费者的年龄、性别、喜好。 2. 心理因素：感知、认识。 3. 行为因素：未购买、重复购买。 4. 经济因素：收入水平
环境因素	1. 宏观环境：经济因素、自然因素、科学技术因素。 2. 微观环境：购买环境、人流量、售后服务技能和态度、家人和朋友的看法等
市场营销因素	1. 产品因素：质量、性能、商标和包装。 2. 价格因素：基本价格、折扣、信贷。 3. 渠道因素：批发、零售、位置、交通。 4. 促销因素：广告、推销、公关、销售促进

任务二 了解市场调研技术

营销案例

万怡酒店消费者调查

万豪酒店集团旗下的万怡酒店（Courtyard，全球共616家，高中档酒店，四星）每年都要寄回至少75000只熊公仔给世界各地的顾客（落在酒店里）。于是万豪的经营者决心一查究竟。

调查结果让人大吃一惊，这项在英国进行的调查发现，受访的6000名男顾客中有25%会在公干旅途中带上他们的毛公仔。而在美国进行调查发现，有7%的商务旅行者说，他们旅行时带着玩具熊或其他玩具。所以现在酒店方无不感叹，有些商人可以不带信用卡，但是如果不带上玩具熊，他们是不会离开家的。

有泰迪熊的男人大多会带着他们的玩具熊出门。经过调查，公司找到以下原因：首先，这些旅行中的"吉祥物"提醒他们的主人要想家；另外就是，抱着它们可以补偿一下没有家人在身边的空虚感觉。酒店方的调查还显示，10%的未婚男士会在女友面前把泰迪熊藏起来，15%的已婚男士会在有亲戚朋友到访时把泰迪熊藏在衣柜或者床底下。

酒店还了解到，旅行者在旅行期间是怎样和他们的家人及工作中的同事进行联系的；为了使旅行生活有在家的感觉，旅行者会怎样做或随身携带些什么等问题。

万怡酒店在对其顾客进行调查时还发现了一个令人吃惊的事实：58%的商务旅行者携带笔记本电脑。

基于以上调查结果，万怡对营销方式进行了调整。例如，由于很多旅行者都带有电脑并可以上网，于是，万豪酒店集团在网上为商务旅行者提供了很多信息，其中包括标出旅店位置的地图及万怡进行的促销活动。

一个夏天的上午，六位万豪酒店集团的雇员在亚特兰大机场外的一家低端酒店入住。他们选择的是30美元/晚，铺着红地毯，挂着紫色丝绒窗帘的房间。到达房间后立刻各就各位开始工作。一个人呼叫前台说房间的空调坏了；另外一个人细心地记下卫生间肥皂、洗发液、毛巾商标；第三个人脱掉衣服躺在床上感受枕头、床垫的舒适度，同时在床上发出响声，接着敲击墙壁让隔壁的同事记下房间隔音情况。

6个月以来，万豪集团的"情报员"在全国各地收集关于经济型连锁酒店的情报。探查竞争对手的产品有助于万豪集团获取现在竞争对手的优势和劣势，得到这些详细资料后，万豪集团预算投资5亿新建一个经济型品牌。

万豪集团还雇佣猎头公司私访了5家经济型连锁酒店的15个区域经理，从他们身上了解需求和期望，并获取了分部经理的报酬、培训、职业规划等信息，同时洞察了这些酒店

项目三 酒店市场需求调查与分析

的企业文化。

思考与分析

1. 什么是酒店营销调研？
2. 市场调研对营销决策的形成有多重要？
3. 如何进行酒店顾客满意度调查？

市场调研是酒店企业取得良好经济效益的重要保证，是营销决策的重要依据。酒店市场是不断变化的，顾客的需求也是各不相同的。通过专业的市场调研，可以发现新的市场机会和更多的潜在需求，开发新产品以满足这些需求。同时，市场调研还可以发现酒店现有产品的不足以及酒店经营中存在的缺点，及时加以纠正，使酒店得以在长期的竞争中立于不败之地。

一、酒店市场调研的概念与类型

（一）酒店市场调研的概念

酒店市场调研是指根据酒店的经营目标系统地收集、整理、分析酒店的各种内部环境和外部环境信息，为酒店各项营销决策的制定提供可靠依据的活动。市场调研的内容可以广泛涉及酒店经营活动的各个方面。

（二）酒店市场调研的主要类型

根据调研目的和性质的不同，酒店市场调研分为以下4种类型。

1．探测性调研

探测性调研是酒店对发生的问题缺乏认识，甚至在一无所知的情况下为弄清问题的范围、性质、原因而进行的小规模调研。它是一种非正式的调研，灵活性和直觉性很强，要求调研人员有丰富的经验和极强的洞察力。

2．描述性调研

描述性调研是酒店通过详细的抽查和分析，客观反映酒店市场情况，清楚地描述酒店市场特征。市场研究的许多内容都是描述性的。

3．因果性调研

因果性调研的目的是确定酒店各种变动因素间的关系。因果性调研分为定性和定量研究两类。定性研究的任务是识别那些对酒店市场变化有重要影响的关键因素；而定量研究则是测定酒店各种因素相互影响的数量关系。

4．预测性调研

预测性调研是为了推断和测量酒店市场变化而进行的研究。它涉及的范围广泛，研究方式可根据决策性质和资料条件灵活多变。它可以通过专家和有经验的人士，对事物的发展趋势作出判断，并可以在描述性调研或因果性调研的基础上进行分析和计算，预测未来变化的量值。

二、酒店营销调研的内容

（一）酒店的外部调研

酒店的外部调研是针对酒店的外部营销环境而进行的调查研究，主要侧重于酒店的宏观环境、市场需求状况、需求变化趋势、竞争状况等。

1．酒店的市场需求和变化趋势

酒店要得到持续性的发展，必须要把握市场需求的状况与变化趋势，所以酒店市场调研的重要内容就是测定目标市场或潜在市场需求状况和变化趋势，以此来确定或调整自己的营销策略和经营方向。

2．酒店的市场竞争情况

酒店市场的竞争状况属于不可控因素，需要酒店慎重把握。在针对这一信息的调研与搜集过程中，酒店需要侧重于获取有关市场占有率状况、竞争对手的营销策略、竞争对手的产品特点、销售状况等有关的内容，以此来决定酒店的对应策略。

3．消费者的购买动机

关于动机的调研主要体现在要探寻顾客为什么会选择某一酒店，而不是别的酒店的原因。即要了解顾客对各个酒店所提供的产品和服务的看法。

4．其他不可控的影响因素

一般说来，酒店很少直接对政治、经济、文化、社会等不可控因素进行调研，对这方面信息的搜集主要通过报刊等获取，也有一些专门性的调查公司，可以提供针对这些因素的专项调研服务。

（二）酒店的内部调研

1．酒店的经营战略

酒店的经营战略主要包括酒店的发展趋势、酒店的形象、国内外市场的需求量、酒店的地域分布特点、酒店的规模、酒店的生产能力、酒店的服务规格、酒店的人员素质等。

2．酒店的产品组成

酒店产品主要包括酒店的硬件条件、服务的种类构成、服务的项目构成与每一项服务要素的组合、服务过程等。

3．酒店的产品价格

酒店需要调查自己产品的生产成本、利润以及价格弹性等，在此基础上对产品的价格进行相应的调整，通过实践分析出价格的变化对销售的影响，同时结合成本、利润预期等相关因素来制定具有特色的营销策略。

4．酒店的销售渠道

酒店需要对目前的销售渠道了如指掌，包括自主销售平台、中间商类型与数量等。

5．酒店的促销情况

酒店需要调查目前的促销手段、促销周期、促销效果等。如调查目前自媒体宣传手段的使用情况、核算广告投入与实际产出之间的比例关系。根据现状与效果进一步调整促销策略。

6．酒店员工的协作

酒店产品与服务的提供需要依托于酒店服务人员，酒店要想给顾客提供优质的服务，必须要有一批优秀的一线服务人员。酒店应该定期向自己的员工了解最新的顾客需求，听取他们对酒店经营方面的建议。这不仅有利于酒店对市场的进一步了解，而且还可以协助酒店管理层与基层员工进行良好的交流与沟通。

三、酒店市场调研的步骤

一般而言，根据市场调研活动中各项工作的自然顺序和逻辑关系，市场调研可以分为以下5个阶段。具体如图3-3所示。

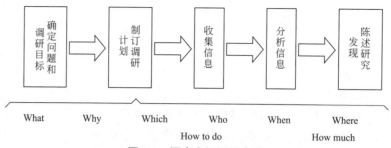

图3-3　酒店市场调研步骤

（一）确定问题和研究目标

酒店市场调研活动的开始首先是识别营销问题和调研目标。

酒店市场调研活动的开展是以信息为导向的，它涉及需要了解什么信息以及如何有效和高效地获取信息。如果市场调研人员没有能够对问题有清楚的认识，那么在收集信息时就极有可能盲目行事，最终收集大量毫无价值的信息，耗费大量的时间和费用。

（二）制订调研计划

要解决调研目标中的有关问题，需要收集不同的信息，这就要求制订一个详细的信息收集计划，以保证能够收集到所需要的各种信息。在这个计划当中，要明确调研对象、调研项目、调研所使用的获取资料的方法、可以运用的调研工具等问题，以确保调研活动的有效开展。

（三）收集信息

酒店市场调研的信息来源可以分为两大类：第一手资料和第二手资料。第一手资料又称为原始资料，是指调查人员通过现场的实地调查所搜集的资料；第二手资料又称为间接资料，是他人为某种目的已经加工整理好的信息。二手资料的获取成本低、时间短，但适用性相对较差；一手资料针对性强，适用性强，但是获取的成本比较高。

（四）分析信息

酒店通过调研收集到的原始资料和信息往往是杂乱无章、无法使用的，必须经过分析和处理，以保证信息的真实性和系统性。市场调研人员应当使用恰当的统计分析方法，将收集到的信息进行整理和分析，并得出全面的、合乎逻辑的结论。

（五）陈述研究发现

我们一般以调研报告的形势陈述研究发现。调研报告是整个调研过程的最后一个阶段，是对市场调研活动中所涉及问题的总结性文件。市场调研人员在调查报告中必须明确回答市场调研之初所提出的问题。调研报告没有固定的格式，一般应包括以下内容：

① 本次调研的主要目的；
② 本次调研所采用的方法；
③ 本次调研所发现的问题及结果；
④ 提出若干决策性的建议；
⑤ 必要的附件，包括样本的分配、统计图表和其他资料等。

四、酒店市场调研的常用方法

目前常用的酒店市场调研方法如表3-4所示。

表 3-4　调研方法汇总

项目		方法	具体方法	优点	缺点
资料来源	二手资料	资料调查法	内部资料查询	收集快捷，使用方便，覆盖面广，耗费少	缺乏针对性，可靠性、准确性、客观性需进一步验证
			外部资料收集		
	一手资料	询问法	电话询问	信息资料准确可靠，针对性、有效性强	成本高、周期长
			问卷调查：邮寄调查、互联网问卷调查、现场问卷调查		
			面谈访问：个别访问、小组访问		
		观察法	人工观察、机器观察		
		实验法	无控制实验、有控制实验		

（一）资料调查法

1. 资料调查法的概念

资料调查法又称为案头调查法，它是通过搜集酒店内部和外部各种现成的信息数据和情报资料，从中摘取与调研课题有关的内容，进行分析研究的一种调查方法。

2. 资料调查法的要求

在寻找相关资料以前，市场调研人员必须明白进行资料调研的要求，首先，要了解寻找资料的相关信息源；其次，收集的资料要有针对性；最后，要注意资料的时效性。

（二）实地调查法

根据酒店市场调研的目的、要求和调研对象的特点，采用直接接触调研对象的方法取得第一手资料，具有针对性强、适应面广、材料真实的特点。但是由于实地调研涉及范围广而且需用大量人工，所以也有费时、费力、费钱的不足之处。

1. 询问法

询问法，是调查人员以询问为手段，从调查对象的回答中获得信息资料的一种方法。它是酒店市场调研中最常用的方法之一。在实际运用中，按询问的方法不同，可分为面谈调查法、电话调查法、邮寄调查法等。

2. 观察法

观察法是指调查者在现场对被调查者的情况直接观察，以取得市场资料信息的方法。一般说来调查者不与被调查者直接接触，而是借助于摄像设备或仪器，跟踪、记录和考察被调查的活动和现场事实，来获取重要的市场信息。所以具有客观、直接、全面的特点。

3. 实验法

实验法是最正式的一种调研方法。它是通过小规模的市场进行实验，并采用适当方法收集、分析实验数据资料，进而了解市场的方法。实验包括包装实验、新产品实验、价格实验等。

（三）问卷调查法

问卷，又称调查表，是指调查者根据调查目的与要求，设计出由一系列问题、备选答案及说明等组成的向被调查者收集资料的一种工具。问卷广泛应用于统计学、经济学、管理学、社会学、心理学等领域，它是市场调查收集资料的基本工具之一。科学的调研工作需要规范的市场调查，标准化的问卷则不仅有利于准确、迅速地收集市场资料和市场信息，而且便于高速、高效地对这些数据进行处理分析。

营销示例

酒店问卷调查系统手机模板

English

1. 请问你的头衔：

| 先生 | 女士 |

2. 餐厅的整洁程度及装饰：

| 极好 | 非常好 | 好 | 一般 | 差 |

3. 餐厅的背景音乐：

| 极好 | 非常好 | 好 | 一般 | 差 |

先生/女士：

　　非常感谢您在我们的餐厅用餐，为了能再次更好地为您服务，希望阁下能为我们留下宝贵的意见。

4. 厨师现场制作服务：

| 极好 | 非常好 | 好 | 一般 | 差 |

我要评价

5. 餐厅食品口感及风味：

| 极好 | 非常好 | 好 | 一般 | 差 |

6. 食品、饮品种类丰富程度：

| 极好 | 非常好 | 好 | 一般 | 差 |

（资料来源：wap酒店问卷调查系统手机模板下载．17素材．2016-05-27．）

任务三 设计调查问卷、实施市场调查

营销示例

顾客满意度调查表

顾客满意度调查表

编号：

尊敬的顾客朋友，您好！

热忱欢迎阁下的光临！衷心感谢您对本餐厅的垂注与支持！

我们真诚地希望倾听您的珍贵建议，以便帮助我们提升本餐厅的品质，为顾客提供更加优质的服务。

郑重承诺：顾客的个人信息，我们将严格保密，只为能更好地为您服务，谢谢合作！

请选择您的满意指数（在□上画√）：	☺ ☆☆☆☆☆	☺ ☆☆☆☆	☺ ☆☆☆	☺ ☆☆	☺ ☆
就餐环境：					
1. 餐厅公共区域的清洁程度	□	□	□	□	□
2. 餐厅餐具的洁净状况	□	□	□	□	□
3. 餐厅卫生间的清洁卫生状况	□	□	□	□	□
4. 餐厅的采光和照明	□	□	□	□	□
5. 餐厅的背景音乐	□	□	□	□	□
产品品质：					
1. 菜肴的味型、质地、色泽、温度和口味	□	□	□	□	□
2. 菜肴品种选择的丰富性	□	□	□	□	□
3. 菜肴的分量	□	□	□	□	□
服务质量：					
1. 服务员的服务态度	□	□	□	□	□
2. 服务员的仪容仪表	□	□	□	□	□
3. 服务员的业务知识和服务技能	□	□	□	□	□
4. 服务员的预见性、准确性和及时性	□	□	□	□	□
5. 上菜速度	□	□	□	□	□
其他：					
1. 您是否愿意再次光临本餐厅？	□	□	□	□	□
2. 您是否愿意将本餐厅介绍给您的朋友？	□	□	□	□	□
3. 您对本餐厅的总体评价：	□	□	□	□	□
＊本餐厅令你最满意的地方是：					
＊本餐厅令你最不满意的地方是：					
顾客意见和建议： 请您对我们的产品和服务提出宝贵的意见和建议					

您的姓名：		包间/桌号：	服务员：	主管：	日期：
联系方式：					

备注：请留下您的姓名和联系方式，以便为您提供更优质的服务，谢谢！

项目三 酒店市场需求调查与分析

一、调查问卷的设计步骤

调查问卷分为自填式和代填式两种。自填式调查问卷是由被调查者直接填写的；代填式调查问卷是调查人员在向被调查者询问了相关情况后及时填写的。设计调查问卷应遵循目的性、系统性、针对性、关联性和简明性等原则，按照以下步骤进行。

1. 明确调查目的，提出理论假设

调查问卷必须根据调查目的确定调查内容，结合调查对象的特点提出一定的理论建设。

2. 进行探测性研究

在理论假设的基础上对调查对象进行适当了解，把握调查对象对调查内容的认识水平，使得问卷更具有针对性。

3. 设计调查问卷初稿

把需要调查的每一个项目变成一个个的问题，并按一定的顺序排列起来，再加上其他要素，就是一张调查问卷。

4. 问卷的测试和修改

为使得调查问卷科学、合理，应该在小范围内选择几个调查对象进行测试，根据测试结果对问卷进行适当修改。

5. 定稿

确定正式问卷后印制适量的份数。

营销实训

问卷收集与整理

任务：收集"酒店"相关的市场调研问卷

要求：

（1）搜索网上关于"酒店"的调研问卷；

（2）说明调研目的、调研对象；

（3）了解问卷结构；

（4）分析问题设计的优点与不足；

（5）学习答案设计的形式；

（6）提交一份仿制并完善的酒店相关的调研问卷。

【营销提示】思考并回答以下列问题。

1. 一份问卷包括哪几个部分？

一般来说，调查问卷包括标题、开场白、调查问题、调查对象的情况、结束语几个部分。

（1）标题主要说明这是一份关于什么的调查问卷，如××餐厅服务满意度调查问卷等。问卷标题简明扼要，点明调查目的或资料目标。

（2）开场白也叫卷首语，一般包括如下内容。

① 自我介绍。让调查对象明白你的身份或调查主办的单位。

② 调查的目的。让调查对象了解你想调查什么。

③ 回收问卷的时间、方式及其他事项。如告诉对方本次调查的匿名性和保密性原则，调查不会对被调查者产生不利的影响，真诚地感谢被调查者的合作，答卷的注意事项等。

（3）调查问题。这是调查问卷的主体，其具体内容视调查目的和任务而定，它是整体调研成功与否的关键部分。提问方式一般有开放式和封闭式两种。

（4）调查对象的情况。如年龄、性别、职业、住址、教育程度等，以备分类研究之用。

（5）结束语。对调查对象的配合表示谢意。

2. 指出该问卷中的各部分，评价其优劣。

3. 对原有问卷进行完善，形成新的问卷。

二、问卷的结构

一份完整的问卷应包括问卷标题、问卷说明、被调查者基本情况、调查内容、编码、调查过程记录等6部分内容。

1. 问卷标题

问卷标题是对调查主体的概括说明，它可使被调查者对要回答的问题类型有一个大致了解，如："大学生旅游消费状况调查""酒店预订系统使用情况调查"等；问卷标题应该简明扼要，点明调查目的或资料目标，但又不要过于笼统或雷同，如：不要简单采用"问卷调查"这样的标题，它容易引起回答者因不必要的怀疑而拒答。

2. 问卷说明

问卷说明又包括引言和指导语两部分内容。

（1）引言。引言又称卷首语，它主要是向被调查者介绍调查目的、意义、主要内容和调查机构背景的情况，其作用在于引起被调查者对调查工作的重视，以期取得高质量的调查结果。对于较短的问卷，它位于问卷的最前部；对于较长的问卷，它可以在封面或封二上。

（2）指导语。指导语又称填表说明。它主要是告诉问卷填写者如何填写问卷，注意什么事项等。指导语如果是针对个别复杂问题的，则紧跟该问题之后；如果是针对问卷中全部问题及答案的填表说明，应单独作为一部分，在引言后列出。单独列出的好处是更加清楚，更能引起回答者的重视。

3. 被调查者基本情况

这是指被调查者的一些主要特征，如在消费者调查中，消费者的性别、年龄、民族、家庭人口、婚姻状况、文化程度、职业、单位、收入、所在地区等；又如在企业调查中，企业的名称、地址、所有制性质、主管部门、职工人数、商品销售额（或产品销售量）等情况。通过这些项目，便于对调查资料进行统计分组、分析。在实际调查中，列入哪些项目、列入多少项目，应根据调查目的、调查要求而定，并非多多益善。

4. 调查内容

调查的主体内容是调查者所要了解的基本内容，也是调查问卷中最重要的部分。它主要是以提问的形式提供给被调查者，这部分内容设计的好坏直接影响整个调查的价值。

调查的主体内容通常包括以下几个方面。

（1）对人们的行为进行调查。包括对被调查者本人行为进行了解或通过被调查者了解他人的行为。

（2）对人们的行为后果进行调查。

（3）对人们的态度、意见、感觉、偏好等进行调查。

5. 编码

编码是将问卷中的调查项目变成数字的工作过程，大多数市场调查问卷均需加以编

项目三　酒店市场需求调查与分析

码，以便分类整理，易于进行计算机处理和统计分析。所以，在问卷设计时，应确定每一个调查项目的编号和为相应的编码作准备。通常是在每一个调查项目的最左边按顺序编号。

6. 调查过程记录

调查过程记录是指对与调查作业有关的人员和事项的记载，包括调查人员的姓名或编号、调查开始和结束的时间、调查地点、审核员的姓名等。这有利于对问卷的质量检查控制。如有必要，还应记载被调查者的姓名、单位或家庭地址、电话号码等，可供复核或追踪调查之用。但如果是涉及回答者的个人隐私的问卷，上述被调查者的情况则不宜列入。调查过程记录在较长的问卷中印在封面，在单页问卷中可印在最后。

三、问卷设计的原则

一个成功的问卷设计应该具备两个功能：一是能将所要调查的问题明确地传达给被调查者；二是设法取得对方合作，并取得真实、准确的答案。但在实际调查中，由于被调查者的个性不同，他们的受教育水平、理解能力、道德标准、宗教信仰、生活习惯、职业和家庭背景等具有较大差异，加上调查者本身的专业知识与技能高低不同，将会给调查者带来困难，并影响调查结果。这些困难具体表现为：

第一，被调查者不了解或是误解问句的含义，不是无法回答就是答非所问；

第二，回答者虽了解问句的含义，愿意回答，但是自己记忆不清应有的答案；

第三，回答者了解问句的含义，也具备回答的条件，但不愿回答，即拒答；

第四，回答者愿意回答，但无能力回答。

为了克服上述困难，完成问卷的两个主要功能，问卷设计时应遵循以下几项原则。

1. 目的性原则

问卷调查是通过向被调查者询问问题来进行调查的，所以，询问的问题必须是与调查主题有密切关联的问题。这就要求在问卷设计时，重点突出，避免可有可无的问题，并把主题分解为更详细的细目，即把它分别做成具体的询问形式供被调查者回答。

2. 可接受性原则

调查表的设计要比较容易让被调查者接受。由于被调查者对是否参加调查有着绝对的自由，调查者的配合程度直接决定了问卷的效果，因此应在问卷说明中，应将调查目的明确告诉被调查者，让对方知道该项调查的意义和自身回答对整个调查结果的重要性。

3. 顺序性原则

顺序性原则是指在设计问卷时，要讲究问卷的排列顺序，使问卷条理清楚，顺理成章，以提高回答问题的效果。如问卷中的问题一般容易回答的问答放在前面、较难回答的问题放在中间、敏感性问题放在后面。

4. 简明性原则

简明性原则要求调查内容要简明、调查时间要简短，问卷设计的形式要简明易懂、易读。

5. 匹配性原则

匹配性原则是指要使被调查者的回答便于进行检查、数据处理和分析。所提问题都应事先考虑到能对问题结果进行适当分类和解释，使所得资料便于作交叉分析。

四、问卷设计应注意的几个问题

对问卷设计总的要求是：问卷中的问句表达要简明、生动，注意概念的准确性，避免提似是而非的问题，具体应注意以下几点。

1. 避免提一般性的问题

一般性问题对实际调查工作并无指导意义。例如："您对某酒店的印象如何？"这样的问题过于笼统，很难达到预期效果，可具体提问"您对某酒店客房卫生情况是否满意？"等。

2. 避免用不确切的词

例如"普通""经常""一些"等，以及一些形容词，如"美丽"等。这些词语，各人理解往往不同，在问卷设计中应避免或减少使用。例如："你是否经常出去旅游？"回答者不知经常是指一周、一个月还是一年，可以改问"你近三年共出国旅游几次？"

3. 避免使用含糊不清的句子

例如，"你最近是出门旅游，还是休息？"出门旅游也是休息的一种形式，它和休息并不存在选择关系。正确的问法是"你最近是出门旅游，还是在家休息？"

4. 避免引导性提问

如果提出的问题不是"执中"的，而是暗示出调查者的观点和见解，力求使回答者跟着这种倾向回答，这种提问就是"引导性提问"。例如，"消费者普遍认为××酒店性价比最好，你的印象如何？"

引导性提问会导致两个不良后果：一是被调查者不加思考就同意所引导问题中暗示的结论；二是由于引导性提问大多是引用权威或大多数人的态度，被调查者考虑到这个结论既然已经是普遍的结论，就会产生心理上的顺向反应。此外，对于一些敏感性问题，在引导性提问下，不敢表达其他想法等。因此，这种提问是调查的大忌，常常会引出和事实相反的结论。

5. 避免提令被调查者难堪的问题

如果有些问题非问不可，也不能只顾自己的需要而穷追不舍，应考虑回答者的自尊心。例如："您是否离过婚？离过几次？谁的责任？"等。又如，直接询问女士年龄也是不太礼貌的，可列出年龄段，如20岁以下、20—30岁、30—40岁、40岁以上，由被调查者挑选。

6. 问句要考虑到时间性

时间过久的问题易使人遗忘。例如"您去年家庭的生活费支出是多少？用于旅游、娱乐分别为多少？"除非被调查者连续记账，否则很难回答出来。一般可问："您家上个月生活费支出是多少？"显然，这样缩小时间范围可使问题回忆起来较容易，答案也比较准确。

7. 拟定问句要有明确的界限

对于年龄、家庭人口、经济收入等调查项目，通常会产生歧义的理解，如年龄有虚岁、实岁，家庭人口有常住人口和生活费开支在一起的人口，收入是仅指工资，还是包括奖金、补贴、其他收入、实物发放折款收入在内，如果调查者对此没有很明确的界定，调查结果也很难达到预期要求。

8. 问句要具体

一个问句最好只问一个要点，一个问句中如果包含过多询问内容，会使回答者无从答起，给统计处理也带来困难。例如："您为何不看电影而看电视？"这个问题包含了"您为何不看电影?""您为何要看电视?"和"什么原因使您改看电视?"等。防止出现此类问题的办法是分离语句中的提问部分,使得一个语句只问一个要点。

9. 避免问题与答案不一致

所提问题与所设答案应做到一致。例如,"您经常看哪个栏目的电视?"①经济生活;②电视红娘;③电视商场;④经常看;⑤偶尔看;⑥根本不看。

营销实训1

确定调查目的与调查对象

据了解,目前我国已步入老年型年龄结构的国家行列。2018年,我国老年人口已达到2.4亿人,且每年还在以3%的速度增长。80岁以上的老人更是以每年5%的速度递增,而在计划生育政策影响下,我国家庭结构日趋小型化,一对夫妇赡养四个老人和一个小孩,即人口结构呈现"4∶2∶1"的倒金字塔结构。这种家庭结构显示出家庭赡养老人能力的减弱。另外,随着空巢家庭的增多,将会有越来越多的老人没有子女照顾。由于这种社会问题的出现,老年人的生活得到了普遍关注,适合老年人的产品开始活跃市场,比如出现了让老年人集体居住的老年公寓,从已建成的老年公寓来看,存在数目少、规模小、分布地区不广等问题,而且初具规模的也只有一些发达城市,例如北京、上海、浙江、大连等省、市。

任务:确定调研目的和调研对象。

【营销提示】

1. 此项市场调查的目的

①了解兰州市场老年公寓的现状;②建设老年公寓时应注意的因素;③老年公寓在兰州市场的发展潜力。

2. 调查对象

老年人及其子女。

营销实训2

开展问卷调查

背景:目前,在很多学校校园内或周边经营着不少餐馆,而且生意红火。有很多学生不去学校食堂,反而是经常到这些餐馆去吃饭。这种情况影响了校园环境,也给学校管理带来了很大的难度。为弄清原因,让我们做一次非随机抽样调查。

任务:设计一份关于学生食堂服务质量方面的调查问卷,开展问卷调查。

要求:

(1) 2~3人为组,每组设计一份调查问卷。

(2) 明确调查目的和调查对象。

(3) 设计问卷,调查学生外出就餐的情况。

(4) 利用问卷星或其他线上、线下调查手段开展问卷调查。

(5) 至少回收30份有效问卷,进行数据留存。

【营销提示】

(1) 确定调查目的后再拟定调查题目。

(2) 调查题目内容要尽可能简短,应注意用词确切、通俗,一事一问,避免诱导性、否定式询问。

（3）调查题目类型应以封闭型为主，少用开放型。

（4）调查题目排列应注意符合逻辑性，先易后难，被调查者感兴趣的在前，开放型问题在后。

（5）调查问卷初稿设计完成后应在小范围内对调查对象试用，以判断问卷是否适用以及还存在哪些问题，以便进行修改。

任务四 整理调查数据、撰写调查报告

一、市场调查报告的格式

市场调查报告的格式一般是由题目、目录、概要、正文、结论和建议、附件等几部分组成。

1. 题目

关于题目,一般是通过标题把被调查单位、调查内容明确而具体地表示出来,如《关于北京市居民收支、消费及储蓄情况调查》。有的调查报告还采用正、副标题形式,一般正标题表达调查的主题,副标题则具体表明调查的单位和问题。如《"上帝"眼中的〈北京青年报〉——〈北京青年报〉读者调查总体研究报告》。

题目页包括市场调查题目、报告日期、委托方、调查方,一般应打印在扉页上。

2. 目录

提交调查报告,如果调查报告的内容、页数较多,为了方便读者阅读,应当使用目录或索引形式列出报告所分的主要章节和附录,并注明标题、有关章节号码及页码(表3-5)。一般来说,目录的篇幅不宜超过一页。

表3-5 调查报告目录页

目 录	
一、调查单位与组织实施	1
二、调查对象构成情况简介	8
三、调查的主要统计结果简介	14
四、综合分析	20
五、数据资料汇总表	28
六、附录	29

3. 概要

概要主要阐述课题的基本情况,它是按照市场调查课题的顺序将问题展开,并阐述对调查的原始资料进行选择、评价、作出结论、提出建议的原则等。主要包括以下4方面内容。

第一,简要说明调查目的。即简要地说明调查的由来和委托调查的原因。

第二,介绍调查对象和调查内容,包括调查时间、地点、对象、范围、调查要点及所要解答的问题。

第三,简要介绍调查研究的方法。

第四,简要介绍调查研究的结果。即对调研报告的关键性结论进行概述。

> **营销示例**

调研报告执行情况

某调查工作技术报告"执行情况"部分如下。

本次抽样采用二阶段抽样方法,根据第四次人口普查数据,在第一阶段中使用PPS抽样方法从××地区随机抽出20个居委会,第二阶段从每个居委会中使用SRS方法随机抽出50个居民户。抽样置信度5%。

抽样及入户调查由国际公认的调查网认证通过。

问卷设计与后期数据处理及技术分析报告由××××技术公司完成。抽样与入户调查由××××城调查队负责完成。调查进行日期从199×年×月×日至×日。

问卷设计为封闭式,共81个问题。入户调查采用调查员询问代填方式。问卷总数1001份,收回997份。

抽样基本情况:

抽样的男女比例与总体一致,年龄分布呈正态分布;被调查者所占比例最多的行业为国营企业、事业单位以及政府机关;所有的被调查者中有84.45%的人享受公费医疗;被调查者中39%的人收入在200~400元之间,45%的人收入在400~800元之间。79.7%的人均已婚并有小孩。

4. 正文

正文是市场调查报告的主要部分。正文部分必须准确阐明全部有关论据,包括问题的提出到引出的结论、论证的全部过程、分析研究问题的方法。还应当有可供市场活动的决策者进行独立思考的全部调查结果和必要的市场信息,另外还有对这些情况和内容的分析、评论。

5. 结论和建议

结论和建议是撰写综合的调查报告的主要目的。这部分包括对引言和正文部分所提出的主要内容的总结,提出如何利用已证明和正文部分所提出的对主要内容的总结,已证明为有效的措施和解决某一具体问题可供选择的方案与建议。结论和建议与正文部分的论述要紧密对应,不可以提出无论据的结论,也不要没有结论性意见的论证。

6. 附件

附件是指调查报告正文包含不了或没有提及,但与正文有关必须附加说明的部分。它是对正文报告的补充或更详尽的说明。

二、调查报告内容

(1) 说明调查目的及所要解决的问题;

(2) 介绍市场背景资料;

(3) 介绍分析的方法;

(4) 提取调研数据;

(5) 提出论点,即摆出自己的观点和看法;

(6) 论证所提观点的基本理由;

(7) 提出解决问题可供选择的建议、方案和步骤;

(8) 预测可能遇到的风险、对策。

三、撰写调查报告的步骤

1．构思

（1）确立主题思想。

（2）确立观点，列出论点、论据。在作出结论时，应注意以下几个问题：①一切有关实际情况及调查资料是否考虑了；②是否有相反结论足以说明调查事实；③立场是否公正客观，前后一致。

（3）安排文章层次结构。在完成上述几步后，构思基本上就有框架了。在此基础上，考虑文章正文的大致结构与内容，安排文章的层次段落。层次一般分为三层：①基本情况介绍；②综合分析；③结论与建议。

2．提取数据资料

市场调查报告的撰写必须根据数据资料进行分析，即介绍情况要有数据作依据，反映问题要用数据进行定量分析，提建议、措施同样要用数据来论证其可行性与效益。

运用资料的过程就是一个用资料说明观点、揭示主题的过程，在写作时，要努力做到用资料说明观点，用观点论证主题，详略得当，主次分明，使观点与数据资料协调统一，以便更好地突出主题。

3．撰写初稿

根据撰写提纲的要求，由单独一人或数人分工负责撰写，各部分的写作格式、文字数量、图表和数据要协调，统一控制。

4．定稿

写出初稿，征得各方意见进行修改后，就可以定稿。定稿阶段，一定要坚持对事实客观、服从真理、不屈服于权势和金钱的态度，使最终报告较完善、较准确地反映市场活动的客观规律。

四、撰写酒店市场调研报告

1．设计市场调查报告封面

封面包括报告的题目、报告的使用者、报告的编写者及提交报告的日期等内容。

2．编写标题

（1）采用直叙式标题。范例如下：

"如家酒店天津经济型酒店市场占有率调查""汉庭酒店市场竞争态势调查"等。

（2）采用表明观点式标题。范例如下。

"主题酒店在'90后'消费市场大受欢迎""必须提高酒店客房服务人员素质——A酒店客房服务人员情况调查"等。

（3）采用提问式标题。范例如下。

"酒店消费者愿意到网上订房吗？""为什么A酒店在广东市场的分销渠道不畅通？""B酒店的促销活动为什么没有达到预期的效果？"

3．编写引言

其作用是向报告阅读者提供进行市场研究的背景资料及其相关信息，使阅读者能够大致了解进行该项市场调查的原因和需要解决的问题以及必要性和重要性。一般内容包括三个方面：一是为什么进行调查；二是怎样进行调查；三是调查的结论如何。

引言形式主要有以下几类。

① 开门见山，揭示主题。请看以下范例引言。

"2019年3月我们对2017级酒店管理专业的学生进行有关心理障碍调查研究，目的是要有针对性地对学生进行健康教育，矫正疏导各种不良心理，使学生健康成长。"

② 结论先行，逐步论证。请看以下范例引言。

"2019年3月，我们对我校高一400名学生心理状况进行调查，调查结果表明，不少学生存在这样或那样的心理方面的障碍，大致可以分为以下几类：……。"

③ 交代情况，逐层分析。请看以下范例引言。

"中国北方旅游网于今年4—5月间在北京、上海、广东、广州进行一次大规模的抽样调查，力图考查我国大学生旅游需求的现状。在这次调查中，除了涉及大学生旅游需求结构外，还围绕着大学生旅游消费者行为的变化趋势设计了许多问题，包括大学生旅游消费的产品选择渠道、旅游目的地、住宿选择等，调查对象是各高校中的在读大三学生……。"

④ 提出问题，引入正题。请看以下范例引言。

"近年来，从携程进军经济快捷型酒店开始，各种经济快捷酒店品牌如格林豪泰、速8等似雨后春笋般地涌现，面对如此多的快捷酒店，作为顾客是如何选择的？作为酒店经营者如何在激烈的竞争中立于不败之地？带着这些问题，我们对北京的快捷酒店消费者进行了相关的调查。"

4. 主体部分

这是市场调查报告中的主要内容，是表现调查报告主题的重要部分。这一部分的写作直接决定调查报告的质量高低和作用大小。主体部分要客观、全面阐述市场调查所获得的材料、数据，用它们来说明有关问题，得出有关结论；对有些问题、现象要作深入分析、评论等。总之，主体部分要善于运用材料，来表现调查的主题。

5. 结尾

结尾主要是形成市场调查的基本结论，也就是对市场调查的结果作一个小结。有的调查报告还要提出对策措施，供有关决策者参考。

有的市场调查报告还有附录。附录的内容一般是有关调查的统计图表、有关材料出处、参考文献等。

营销实训

撰写调研报告

任务：根据"任务三 设计调查问卷、实施市场调查"，营销实训2中"关于学生食堂服务质量方面的调查问卷"的调查数据，撰写调研报告。

要求：

（1）要求结构合理、内容全面、准确。

（2）结果展现清晰，恰当使用图表。

（3）格式正确，不少于1000字。

【营销提示】调研报告内容构成：

（1）说明调查目的及所要解决的问题；

（2）介绍市场背景资料；

（3）介绍分析的方法；

（4）提取调研数据；
（5）提出论点，即摆出自己的观点和看法；
（6）论证所提观点的基本理由；
（7）提出解决问题可供选择的建议、方案和步骤；
（8）预测可能遇到的风险、对策。

项目训练

一、基础练习

1. 选择题

（1）在消费者购买决策过程中，营销人员最关心的是（　　）。
A．购买者　　　B．使用者　　　C．决定者　　　D．影响者
（2）想要知道酒店行业的历史销售趋势是什么样的？该采用（　　）调研。
A．探索性　　　B．描述性　　　C．因果性　　　D．预测性
（3）通过搜集酒店内部和外部各种现成的信息数据和情报资料，从中摘取与调研课题有关的内容，进行分析研究的是（　　）调查方法。
A．资料调查法　B．问卷调查法　C．询问法　　　D．观察法
（4）在问卷设计时需要注意几个问题，比如"很多人都认为如家酒店舒适、经济，您对如家酒店的印象如何？"这种问题设置存在（　　）的问题。
A．不确切的词　B．一般性　　　C．引导性　　　D．断定性
（5）市场调查报告的格式一般是由：题目、目录、概要、正文、结论和建议、附件等几部分组成。其中阐述课题基本情况的是（　　）。
A．题目　　　　B．概要　　　　C．正文　　　　D．结论

2. 简答题

（1）简述消费者行为的影响因素。
（2）调研方法有哪些？
（3）简述营销调研的内容。
（4）简述你所知道的市场营销方式。
（5）酒店营销的要点有哪些？
（6）酒店营销部服务事项包括哪些内容？

3. 思考题

（1）假设你们承包了学校食堂的一个窗口，你认为需要做什么？
（2）锦江之星酒店的目标消费者是谁？

二、实践练习

任务：根据以下内容设计调研问卷、开展问卷调查，并撰写调研报告。

一、调查目的
（1）随着世界旅游风潮的兴起，大学生对旅游的狂热也与日俱增，旅游成为大学生们生活中不可或缺的一部分。随着我国文化水平的提高，大学生在全国人口的比例也越来越高，我们不得不承认这个市场的庞大。因此，大学生市场也将成为旅游业的新兴市场，我们可以根据大学生的旅游需要，开发适合大学生的旅游资源并抓住这个发展机遇发展旅游行业。
（2）了解大学生群体的旅游现状，从而为旅游景点更好地发展提供依据。

二、调查对象
××在校大学生。

三、调查项目（大纲）
(1) 在校大学生的旅游爱好趋势。
(2) 在校大学生的旅游时间。
(3) 在校大学生对吃住娱的要求。
(4) 在校大学生的旅游消费承担能力。
四、调查方法
采取抽样调查的方法；包括简单随机抽样、网上问卷调查。
五、调查时间的安排
(1) 工作筹备阶段：_____。
(2) 工作指标设计：_____。
(3) 调查报告完成时间：_____。
六、制订调查的组织实施计划
1．成员分工
(1) 1人负责全程控制。
(2) 1人负责方案设计。
(3) 3人负责网上调查。
(4) 2人负责结果统计整理。
2．调查前的准备工作
(1) 审核问卷。
(2) 上传问卷。
(3) 联系××在校学生。
3．分小组以某类型酒店宾客为对象，进行消费者行为分析
(1) 宾客的消费行为模式。
(2) 宾客的消费决策过程。
(3) 宾客的消费影响因素。

1．问卷设计要求
(1) 问卷标题醒目，内容明确。
(2) 问卷结构完整，包括卷首、说明、正文和结束语。
(3) 问卷问题设置与调查目的保持一致。
(4) 避免问卷问题设置中容易出现的10个问题。

2．问卷调查要求
(1) 明确调查目的、调查对象、调查单位、调查地点、调查时间与调查方式、经费预算等。
(2) 在有条件情况下撰写调查方案。

3．方案撰写要求
(1) 调研对象、调研结果与调研目的相符。
(2) 借助图表进行结果展示。
(3) 加入自己的分析与思考。

三、案例

2017年中国饭店市场网络口碑报告

2017年5月5日，第六届中国饭店文化节在重庆隆重召开，会上中国饭店协会联合众荟信息发布了《2017年中国饭店市场网络口碑报告》。该报告涵盖了2010—2016年国内外18大主流点评网站，包含线上425958家酒店，超过1.2亿条点评，主要分析2015—2016年网络口碑的变化，其中2016年共产生点评3200多万条，分析观点1亿多个。

总体来看，随着互联网人口红利的消退，点评数量下滑，市场进入稳定期。但是住宿点评已深入人心，成为酒店消费者决策的一部分，这一点在中高档酒店消费者身上体现得尤为明显。家庭亲子点评数获得了最大幅度的增长，大多数消费者的关注点仍为酒店硬件

设施（图3-4）。

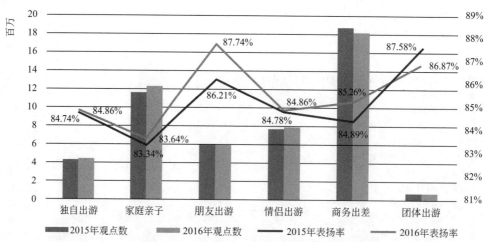

图3-4　2015—2016年不同出行目的消费者观点数及表扬率

一、豪华型酒店点评分析（略）
二、高档型酒店点评分析（略）
三、中档型酒店点评分析（略）
四、经济型酒店点评分析

大众旅游时代来临，更多的消费者出游频率大大提高，旅游已成为日常生活。相较而言，经济型酒店更适用于短途多频旅客。2016年酒店的安保问题多次被推至风口浪尖，经济型酒店也不例外，2016年安保服务增长率为135.75%，成为经济型酒店最受关注的问题之一（图3-5）。值得高兴的是，随着酒店对网络质量的不断改善，提高网速、解决网络的不稳定性问题等方面的努力，2016年网络问题明显得到很大的改善（图3-6）。

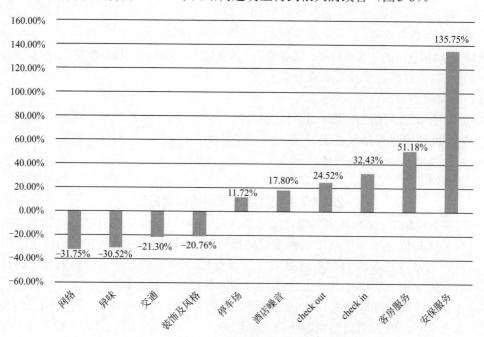

图3-5　经济型酒店2016年观点数变化较大的关键维度分析

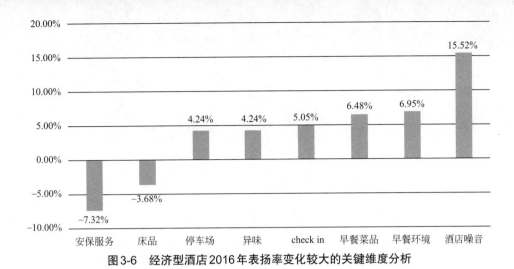

图3-6　经济型酒店2016年表扬率变化较大的关键维度分析

2017年的经济型酒店从业者们要将一部分精力放到酒店停车服务上。随着自驾游、家庭游的增加，停车场需求越来越大，酒店需要提前作好面对此类趋势发展的应对准备。

（资料来源：CHA．2017中国饭店市场网络口碑报告．中国饭店协会，2017-05-07.）

思考与分析

1. 该报告对经济型酒店的经营启示是什么？
2. 假设你是某经济型连锁酒店的营销总监助理，现在营销总监让你根据这份报告提出本酒店的改进建议，你的建议是什么？

项目四 STP策划

【项目导览】

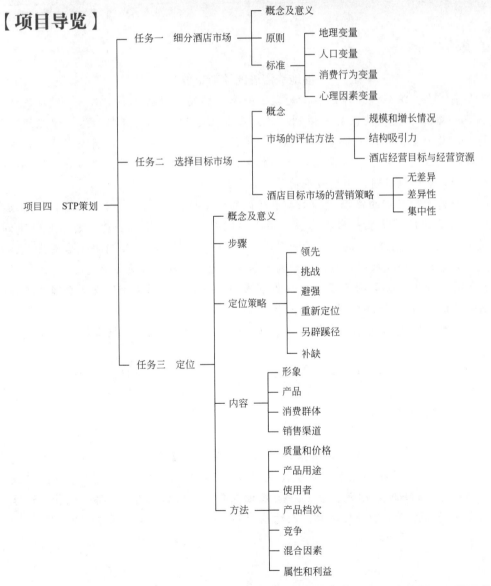

学习目标

1. 了解定位过程,理解STP的定义和内容。
2. 掌握市场细分标准,能够根据市场细分标准对案例企业进行市场细分标准判断。
3. 理解选择目标市场的评估方法,能够对细分的目标市场进行进入决策衡量。
4. 理解酒店目标市场的营销策略,能够对所熟悉的酒店产品进行目标市场营销策略分析。
5. 了解定位步骤,理解定位策略,熟悉定位的内容。
6. 掌握定位方法,能够通过营销调查与分析,在采用某个定位策略的基础上,提出目标酒店企业的定位建议。

案例导入

福地洗浴城的重新定位

几年前,在某滨海型城市的核心地段,一家大型高端温泉洗浴中心——福地洗浴城开业了。该洗浴城位置绝佳、交通便利、装修奢华。当时在开业前期,总经理组织全体销售人员开动员大会,将该洗浴城的目标群体定位在了高端的市场,要将洗浴城打造成全市最贵的会所式高消费场所。并承诺配合销售部门,在全市范围投放广告宣传,做到街知巷闻;对市场前景加以规划,市场预期前景一片大好。

刚开业由于朋友们的捧场,加上本市居民的尝试性体验,客人络绎不绝。但经过半年的运营,财务的核算结果却出人意料。半年的经营,办理1万元会员卡的客户仅不到100人,而每天以238元上门的散客仅为个位数,大部分的散客以开业期间来店半价体验的客户为主。大量的广告投入成本与预期的效果落差太大,实在让投资方无法接受。

为了寻找原因,公司聘请了一个专业市场调研公司,对周边市民及会员客户进行了一次全面的回访调研。得到的结果也是意外的。

(1)本市市民:环境好,服务一般,位置绝佳,但消费过高,没有特定需求不会选择再次体验。

(2)会员客户:环境好,服务没特色,位置绝佳,消费可以接受,但会员与其他散客之间没有区分,没有隐私性,不适合商务会谈,适合与朋友家人偶尔聚会。

通过以上的调研可以看到,这个洗浴城的市场前景不容乐观,因为客户的接受度普遍都不是很高。

经过高层的商议决定对福地洗浴城的目标市场进行重新定位。由面向高端转向面向中低端的大众市场,将福地洗浴城更名为福地洗浴广场,并提出口号:"同价格服务最优"。将门票价格降低至88元,会员在此基础上享受折上折。经过3年的运营,这家洗浴城平均每天的客流量为100人左右,人均消费在100元左右,客源基本稳定,市场口碑也不错。

思考与分析

1. 福地洗浴城为什么在高端市场没有市场?
2. 福地洗浴城能够转型成功的原因是什么?
3. 你是如何理解"定位"的?

任务一　细分酒店市场

一、酒店市场细分的概念及意义

（一）概念

市场细分的概念最早是由美国市场学家温德尔·史密斯（Wendell R. Smith）于20世纪50年代中期提出来的。他认为，市场是由许多不同的异质单位（即具有不同需要和需求的个人）组成的。市场细分就是按照顾客欲望与需求把一个总体市场划分成若干个具有共同特征的子市场的过程。

所谓酒店市场细分就是将整体的酒店市场划分为若干个具有相同需求的子市场，从而确定酒店目标市场的活动过程。酒店市场细分能够使酒店有效地分配和使用有限的资源、开展各种营销活动，并向市场提供独特的服务产品。

营销案例

如何深耕中国酒店业的市场细分

"外婆家"创始人吴国平看上了浦江一个古村落——马岭脚古村，他带着团队前前后后跑了七八趟。吴国平有他的野心，他说要把马岭脚做成中国最著名的民宿，超过莫干山的民宿。把马岭脚民宿改名为野马岭中国村，而"中国村"将是他进军特色酒店的代名词。以后，我们还将会看到各种"××中国村"。

虞宅乡相关工作人员透露，对马岭脚古村的改造，吴国平会在现有的基础上进行改建，总共会改建30幢房子，1年内完成10幢精品民宿和基础配套设施，2年内完成所有开发。"野马岭特色酒店主题是回归，价格肯定会超过五星级酒店，"吴国平表示，"投资总额肯定超过六七千万元。"

一、细分市场之度假酒店

度假酒店是为休闲度假游客提供住宿、餐饮、娱乐与游乐等多种服务的酒店。与一般城市酒店不同，度假酒店大多建在滨海、山野、林地、峡谷、乡村、湖泊、温泉等自然风景区附近，向旅游者们传达着不同区域、不同民族丰富多彩的地域文化、历史文化等。

随着中国经济的发展，中产阶层逐渐增多，旅游出行需求明显，度假酒店市场将成为新的井喷点。而从1996年度假酒店真正成为酒店业的一个类型至今，国内还没有一家真正意义上的度假酒店品牌统治市场。越来越多的度假酒店经营管理者认识到，打造中国特色的度假型酒店非常有必要。中国的度假型酒店开始打破传统酒店的思维模式，大胆地创造出风格独特的休闲、体验、自由、自主的度假型酒店。

二、细分市场之中档酒店

资料显示，2010年，华住酒店集团推出"汉庭全季"；2013年，铂涛酒店集团推出"丽枫""喆啡""ZMAX潮漫"等多个中档酒店品牌。与此同时，国际酒店巨头也试图在中国中档酒店市场分一杯羹，包括万怡、美居、诺富特、洲际智选假日等品牌已展开攻势。10月30日，铂涛集团拿下希尔顿麾下中档酒店品牌"欢朋"中国区的特许经营代理权，全面负责欢朋酒店在中国的市场运营。

业内资深人士表示，目前在规模和市场接纳度上，中档酒店仍然跑不过经济型连锁酒店，不过，随着消费者的升级，中档酒店是一个大趋势，"现在中档酒店市场仍然处于跑马圈地的布局阶段"。

三、细分市场之养老酒店

每当人们谈起中国人口结构老龄化加速的现实，总是带有不少忧虑。一些大城市的养老院床位普遍喊缺。日前上海市虹口区一家三星级酒店变身养老院。对于周边社区来说，该养老院的出现无疑解决了床位紧俏的难题。上海的这家酒店转型为养老院，既是经营转型的"被动之举"，也是弥补服务短缺的"主动之举"，对经营者、老人和社会来说，则是多赢之举。

因此，对于酒店行业而言，这个时代既是危机时代，又是高端酒店转型进入养老服务市场的好时机。通过拓展养老业务，不仅可以维护自身发展，还可以一定程度上解决行业内业产能过剩问题，实现双赢目标。

（来源：如何深耕中国酒店业的市场细分.旅事通服务中心，2014-12-07.）

思考与分析

1. 酒店业非常容易受社会大环境的影响，你认为中国酒店业的市场机会在哪里？
2. 你怎么看待中国民宿发展的现状和未来？
3. 结合案例和酒店市场细分的概念，一般可以将酒店市场划分成哪几类？为什么要进行市场细分？

（二）意义

酒店市场细分可以帮助酒店利用优势资源提供精准的对客服务，对酒店营销方向的把握和企业运营都有着极其重要的作用。

1. 有利于酒店寻找新的市场机会

通过市场细分，酒店可以了解不同消费者群体的需求状况以及未被满足的程度，从而使酒店以足够的信息迅速占领未被满足的市场，扩大市场占有率，取得市场经营的优势。

2. 有利于酒店制定营销策略

酒店通过市场细分，比较直观、系统而准确地了解到目标市场的需求，可以从众多的细分市场中确定酒店的服务方向、产品战略，从而更合理地确定营销组织策略，及时调整酒店的产品、价格、销售渠道以及促销手段，并且随着市场的发展予以适时调整。

3. 有利于酒店制定灵活的竞争策略

通过市场细分，酒店了解到市场的消费特征后，能集中力量对一个或几个细分市场进行市场营销活动，突出酒店产品的特色和服务特征。

4. 有利于酒店的市场渗透

通过市场细分，有利于酒店转变经营模式，由原来的粗放型向集约型转变，从而集中使用人力、财力、物力、时间、空间、信息等资源，对酒店确定的某一个或几个细分市场进行营销活动。

5. 有利于酒店确定市场覆盖策略

大型的、地理位置优越的、高星级的酒店往往会提供质量更好的产品与服务，最大限度地吸引市场上的消费者；而小型的、地理位置差的、星级低的酒店由于资源有限，往往会集中其全部精力去吸引某一细分市场的消费者，从而避免与那些实力强大的酒店进行直接的竞争。

6. 有利于酒店自身管理的完善

酒店一旦确定自己的目标市场，可以根据新的目标市场的需求调整酒店内部的组织机构，完善酒店自身管理，并对酒店设施进行更新，提升酒店服务水平。一个聪明的酒店营销者会根据对目标市场的调研，总结出一套适合自己的经营策略。

二、酒店市场细分的原则

从酒店市场营销的角度看，并非所有的细分市场都有意义。所选择的细分市场必须具备一定的条件。

1. 可识别性

可识别性是指细分出来的各个市场、顾客特征、市场范围、市场规模以及购买力大小等资料，能够通过市场调研、分析及其他的方式有效获得，以便于衡量该市场。

2. 可衡量性

可衡量性是指细分的市场不仅要求范围比较清晰，而且还必须能大致判断市场的大小。要保证细分市场的可衡量性，首先要做到所确定的细分标准清楚明确，容易辨识；其次要保证所确定的细分标准本身是可以衡量的，酒店可以利用这些标准从消费者那里得到确切的信息。

3. 可进入性

可进入性是指酒店利用现有的人力、物力和财力，通过一定的营销活动可以通达该细分市场。考虑细分市场的可进入性，实际上主要考虑的是酒店营销活动的可行性。如果某些细分市场没有可能接触到酒店的促销手段或根本无法到酒店所在地来，这类市场纵然再有潜力和规模也是没有意义的。

4. 稳定性

稳定性是指在一定的时间和条件下，酒店市场细分的标志以及其性质能够保持相对不变，使酒店占领市场后，在一定时期内不必改变自己的目标市场。

5. 效益性

效益性是指酒店能够在细分后的市场上取得良好的经济效益。要做到这一点，首先要求细分市场要具备一定的规模，能适应酒店发展的要求。其中，至少有一个细分市场使酒店有利可图，而且最好有相当的发展潜力。如果一个细分市场无法使酒店获得预期的利润，这种细分市场就不值得酒店占领。

三、酒店市场细分的标准

酒店要选择对顾客需求有较大影响的因素去进行市场细分，把握好市场细分的标准，如根据酒店的销售途径来划分、根据顾客的购买方式来划分、根据地理变量来划分等。毫无意义的细分市场，对酒店的经营是不会带来好处的。

（一）按地理变量细分市场

按照酒店顾客所处的地理位置、自然环境来进行市场细分。酒店可以根据顾客的国家、地区等地理区位差异将其划分为不同的细分市场，不同地理环境下的顾客对酒店产品和服务往往会有不同的需求和偏好，对酒店采取的营销策略也会有不同的反应。

（二）按人口变量细分市场

人口变量是在众多领域广泛应用的分类指标，将其作为市场细分的标准是非常常见的，建立在这一变量上的细分市场会非常清晰、明确。常用的人口变量包括年龄、性别、家庭、社会阶层、文化程度、经济收入与支付能力、职业背景等。

1. 年龄

不同年龄的人，在选择酒店时对酒店设施设备、酒店产品的价格、酒店服务的要求等都会有很大的区别。

2. 性别

性别在酒店业中属于基本被忽视的变量，因为很少有专门为女性或男性而设计的客房。但是，近些年来，随着女性商务游客的增多，越来越多的酒店开始在客房设计以及特色服务上考虑女性顾客的个性化需求。

3. 家庭

家庭按年龄、婚姻和子女状况可划分为七个阶段。在不同的阶段，家庭购买力、家庭成员对商品的兴趣和偏好具有较大的差异。因此，酒店可以根据不同的家庭阶段进行市场细分。

4. 社会阶层和文化程度

人们的社会地位、职业与受教育程度的不同，也会影响到对酒店产品和服务的需求。一般而言，受过高等教育的人对旅游会有更多的热情，而且会有更多的商务旅行机会。而文化水平相对较低的人则会在消费上趋于保守，对旅游产品的需求相对较低。

5. 经济收入与支付能力

经济收入与支付能力是紧密相关的，经济收入越高，支付能力就越强。高收入群体是酒店高端市场中十分重要的一个细分领域。

6. 职业背景

人们所从事职业的不同会产生不同的需求，比如，商务旅游者在酒店产品的服务与需求上就有别于一般的观光游客。在高端酒店市场上，因工作需要而往返于各地的商务游客是酒店非常关注的细分领域。

（三）按消费行为变量细分市场

按消费行为变量来进行市场细分，可以选择消费者追求的利益、消费者的平均支付能力、消费者的使用程度、对产品的忠诚度等行为因素作为进行市场细分的标准。酒店的营销人员应该意识到，旅游者购买产品的主要目的并不是为了得到产品本身，而是为了获得酒店产品给客人带来的利益。

（四）按心理因素细分市场

心理因素是对消费者购买行为产生影响的主观因素，消费者的心理因素也能成为市场细分的依据。根据心理因素进行细分，主要是依据消费者的个性特征、生活方式和购买动机等因素。生活方式是在人们所处的社会环境中逐渐形成的，按生活方式细分市场主要是根据人们的生活习惯、消费倾向、对周围事物的看法以及人们所处的生活周期来划分。由于人们生活方式的不同必然会带来需求上的差异，把生活方式相同的购买者作为一个市场群体，有计划地为其提供符合需求的产品和服务，这对更好地满足顾客的需求、扩大酒店的市场占有率非常重要。购买动机也是一个重要的心理细分依据。由于人们的购买需要具有多元化的特点，因此，酒店顾客的动机系统也是非常丰富和复杂的。

知识链接

酒店如何挖掘细分市场

1. 酒店设计以"客"为本

人性化、亲情化、自然化、智能化、个性化……而今，考虑到家庭度假的需要，酒店设计风格会更加居家；考虑到乡村生活的追捧，酒店设计风格会更加复古；考虑到科技应用的潮流，酒店设计会大胆创新。

2. 服务内容特色化

在仁安悦榕庄，游客可以骑乘牦牛或者马进入酒店，或者在"藏式生活"主题下当一次真正的游牧民族；在北京的皇家驿栈，内有皇家餐饮、皇家泡浴、皇家歌舞，让游客彻底过一把"皇帝瘾"；在香港迪士尼乐园酒店，酒店可为游客提供"迪士尼童话"主题的浪漫婚礼服务！

3. 运营模式多样化

2014年10月，海南富力地产与一呆网强强联手，实现"分时度假"居住新体验；同样在10月，首家帐篷客酒店开业，运营人员称客房收入占比最好不超过50%；11月，君澜酒店集团与同程旅游共同发布"君澜度假全流程模式"。多样化的运营模式，跨界的合作，将成为酒店新的经营之道。

4. 产品营销

除了升级软、硬件设施，度假酒店想要吸引养老养生的客源，还需要推出具有主题性的产品，加快饮食、理疗等方面产品的改造。经过了软、硬件设施的改造，并推出了相关的养老养生产品后，酒店还需要引进和培养大量的专业人才，来支撑相关的服务提供工作。除此之外，酒店还要有针对性地进行产品营销，突出主题。

（来源：如何深耕中国酒店业的细分市场. 旅事通服务中心，2014-12-07.）

任务二 选择目标市场

一、酒店目标市场的概念

目标市场是酒店在市场细分的基础上,酒店营销活动所要满足的市场需求。即酒店的主要经营对象是某一类似的消费者群体,酒店的主要经营任务是满足这一群体的消费需求。简而言之,酒店目标市场就是酒店愿意进入经营的市场。

酒店在选择目标市场时有五种可供参考的市场选择模式(图4-1)。

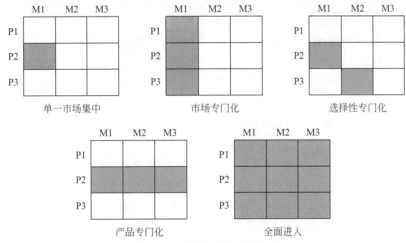

图4-1 目标市场选择的模式

(一)单一市场集中

这是一种典型的集中化模式。无论从产品角度还是从市场角度来看,酒店的目标市场都高度集中在同一个市场层面上,酒店只提供一类产品、服务于一个宾客群。许多中小酒店,由于资源有限,往往采用这种模式。单一市场集中模式,使酒店经营对象单一,可以集中力量在一个客源市场上获得较高的市场占有率。但是,酒店采用这种模式,由于目标市场的范围比较狭窄,因而经营风险也较大。

(二)产品专门化

酒店提供一类产品,向各类宾客销售。采用这种模式,酒店的市场面扩大,有利于摆脱对个别市场的依赖,降低风险。同时,生产相对集中,有利于发挥生产潜能,有利于在某一类产品方面树立较好的声誉。

(三)市场专门化

酒店面对同一宾客群生产和销售他们所需的各种产品。采用这种方式,有助于发展和利用与宾客之间的关系，降低交易成本，并在这一类宾客中树立良好形象。这类顾客一旦其购买力呈下降趋势，酒店的收益也会受到较大的影响。

（四）选择性专门化

酒店在市场细分的基础上，经过仔细选择，结合本酒店的长处，有选择地销售几种产品，有目的地进入某几个细分市场面，满足这些市场面的不同要求。这是一种多元化经营的模式，可以较好地分散酒店的经营风险。但是酒店采用这种模式也要非常谨慎，必须以几个细分市场拥有相当的吸引力为前提。

（五）全面进入

酒店为各个细分市场生产各种不同的产品，分别满足各类宾客的不同要求，以期覆盖整个市场。很明显，只有实力非常雄厚的酒店才有可能采取这种策略。

二、酒店细分市场的评估方法

（一）细分市场的规模和增长情况

酒店营销人员首要搜集和分析目前各细分市场的销售额、增长率和预期利润等各种资料。一般来说，理想的细分市场是具有较大的销售额、高增长率和高利润贡献的市场。有时候企业可能会选择那些较小的、不太有吸引力的细分市场，对企业来说，在这些市场上更容易获得更多的利润。

（二）细分市场的结构吸引力

1. 竞争者状况

如果在某一细分市场上已经存在许多强有力的和具有进攻性的竞争者，这一细分市场就不太具有吸引力。比如，在美国已经有许多世界一流的汉堡快餐连锁企业，像麦当劳、肯德基等，如果要再创建一家同样的汉堡快餐企业进入这一市场，很难保证获得有吸引力的利润。

2. 替代性产品状况

如果在一个细分市场上目前或将来存在许多替代性产品的话，那么可能会妨碍进入这一细分市场的酒店取得足够多的利润。

3. 购买者的还价能力

购买者的讨价还价能力也会影响到细分市场的吸引力。如果一个细分市场上，购买者相对于销售者具有很强的讨价还价能力，那么，他们将会迫使价格下降，同时也会要求获得更好的产品和服务。

4. 供应商的状况

如果在一个细分市场上存在一个强有力的供应商，该供应商能控制生产所需的原材料与服务的价格以及它们的质量和数量，这个细分市场也是缺乏吸引力的。当供应商是大的和集中度高的，同时只存在少量替代者时，或者当供应商的产品是重要的投入因素时，供应商往往是强而有力的。

（三）酒店的经营目标与经营资源

即便一个细分市场有适当的规模和增长率，且它在结构上也有吸引力，营销者在决定是否进入这一细分市场时还须考虑这样做是否符合自己企业的经营目标和资源状况。一些有吸引力的细分市场可能会迅速地消逝，因为它们不符合企业的长期目标。虽然这些细分市场就它们本身来说是有吸引力的，但企业可能会将它们从自己的主要目标中移除，企业也不具备所需的技术和资源能够在这一细分市场上取得成功。

三、酒店目标市场的营销策略

当酒店选定了目标市场之后，如何经营好这些目标市场，是酒店营销人员需要考虑的重要问题。酒店目标市场选择策略是指饭店如何选自己的目标市场。常用的目标市场选择策略有如下几类。具体如图4-2所示。

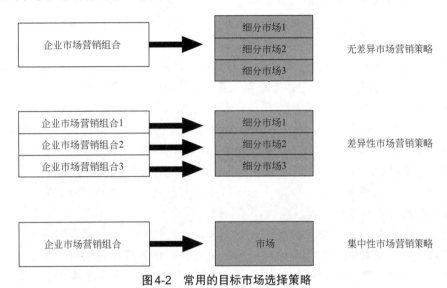

图4-2　常用的目标市场选择策略

（一）无差异市场营销策略

无差异市场营销策略，是指酒店不进行市场细分，而是把整个市场作为自己的经营对象。这种方法在现实的酒店经营中表现为不分主次，来的都是客。无差异市场营销策略适用于：

第一，同质市场，即市场需求差异小得可以忽略不计的市场；

第二，新产品介绍期；

第三，需求大于供给的卖方市场。

（二）差异性市场营销策略

所谓差异性市场营销策略，是指酒店选择两个或两个以上细分市场作为自己的目标市场并针对不同的目标市场制定不同的营销组合。差异性市场营销策略适合于：

第一，规模大、资源雄厚的酒店或酒店集团；

第二，竞争激烈的市场；

第三，产品成熟阶段。

（三）集中性市场营销策略

所谓的集中性市场营销策略是指营销人员使用某种特定的营销组合来满足某个单一目标市场，并将酒店的人力、物力、财力都集中于这一个目标市场。集中性市场营销策略适用于：

第一，酒店资源并不多的中小型酒店；

第二，竞争比较激烈的市场。

营销案例

酒店目标客源如何分析？

美国一位著名"整合营销传播理论"之父名叫唐·E. 舒尔茨，他曾经说过这样一段话："你需要选择你的客户作为你的重点，而不是要针对所有的客户。"

作为酒店行业从业者来说，我们在销售的时候信息流是双向的：一方面我们主动宣传自己，传播我们的酒店定位类型、服务重点；另一方面，由于传播的局限性，我们更需要客户因为了解或适合酒店的定位风格，从而主动找到我们。这个信息流中非常重要的一个载体，就是酒店的市场定位目标。只有清晰确定了市场定位，才能做到唐·E. 舒尔茨教授提到的"选择你的客户重点"，同时吸引你的目标客源，"第一颗扣子系错了，那么下面全都会错，对也是错"，所以定位是酒店能否取得市场成功的至关重要的一环。

定位中一个重要的部分就是对酒店目标客源的需求分析。对酒店目标客源进行分门别类是国际上酒店业的通常做法，各个跨国饭店管理集团在客源划分标准和方式上大同小异，只是个别称呼不同而已。从高档及中高档商务客、休闲度假散客、订房中心客、商务会议团队、国内外旅游标准团队、自驾游散客、自来散客、学生客、政府会议团队及宴请散客、展览公司合作、会展商务客等。但是，也有很多饭店就是最简单的区分"商""散"，所谓"商""散"就是商务客人和散客，或者散客和团队。

实际上，酒店客源是需要进行系统分析和筛选的。例如，针对商务客就是需要重点满足其商旅的要求，这类客人对酒店的档次水平更关注，这体现出他们的尊贵，在价格方面并不敏感。而旅游客则不同，他们对价格敏感，对环境和服务会有更多个性化的需求。不同客户群表现出截然不同的特征。同时，商务客人里有高消费的客人，同样也有低消费的客人；旅游团队里同样也有低消费的团队和高消费的团队，那么在酒店的档次规格上又有了区别，更要考虑年龄层、兴趣喜好、消费习惯等。只有经过多角度的分析，我们才可以最终寻找到最适合自己酒店定位的目标客源。

目标客源的不同，也在一定程度上解释了为什么同等级酒店不一定都是竞争对手。北京"燕莎圈"中长城饭店、凯宾斯基饭店、昆仑饭店和希尔顿饭店四家五星级扎成一堆。这四家五星级饭店经营成功，也不是一开始就成功，是经历了波折才成功的。在这四家饭店经常做的不是互相争夺，而是联合接生意。比如，遇到一个大的会议，一个饭店不可能接下来，大家便在一起合作，一家饭店当主会场，其他的饭店当分会场，一起去拉这个会议，而不是互相去争作主会场。由于这四家饭店离得很近，互相间走路五分钟便可到达，所以无论是用班车还是让客人步行，都很方便。这样等于组成了一个国际会议中心。由此我们要看到的是："燕莎圈"里的五星级饭店能如此和谐地运作，是他们长年以来坚持自己的市场定位，确定了自己与其他酒店不同的客源结构并坚持下去，才达到这一步的。

所以，站在竞争的角度清晰切割出有利于酒店认知差异和品牌主线，在消费者心中清晰画出消费者接受我们、同时我们又能规避对手正面竞争的区域，从而实现酒店难得的成长时间和空间！通过对酒店客源类别进行细分，也能够建立良好的价格体系，从而提高酒店经营效益，在市场中走出一条独特的品牌之路来！

（资料来源：酒店目标客源如何分析. 饭店收益管理，2016-03-24.）

思考与分析

1. 你怎样理解唐·E. 舒尔茨所说的："你需要选择你的客户作为你的重点，而不是要针对所有的客户"这句话？

2. 为什么需要对酒店客源进行系统分析和筛选？如果你是五星级酒店营销助理，你会如何对客源进行分析？

3. 北京"燕莎圈"酒店群的成功启示有哪些？

任务三 定位

一、酒店市场定位的概念及意义

（一）酒店市场定位的概念

"定位"一词是由两位广告经理艾尔·里斯（Al Rise）和杰克·特劳特（Jack Trout）于1972年率先提出的，他们对"定位"的定义如下。

定位是以产品为出发点，但定位的对象不是产品，而是针对潜在顾客的思想。也就是说，定位是为产品在潜在顾客的大脑中确定一个合适的位置。通常情况下，无论酒店是否意识到产品的定位问题，在顾客的心目中，一定商标的产品都会占据不同的位置。例如，"希尔顿酒店"在顾客认知中意味着"高效率的服务"，"假日酒店"则给人"廉价、卫生、舒适、整洁"的市场形象。

因此，所谓酒店市场定位就是酒店根据市场上同类产品的竞争情况，针对消费群体对该类产品的某些特征或属性的重视程度，为酒店的产品塑造强有力的、与众不同的鲜明个性，并将其形象生动地传递给消费者，以求得到消费者的认同。对酒店而言，酒店的产品定位并不是酒店要为产品做些什么，而是指酒店的产品要给顾客留下些什么，即给顾客造成自己的产品有别于竞争对手的印象和位置。简而言之，顾客希望获取什么样的需求，酒店就能够提供什么样的产品来满足这种需求。

酒店市场定位的概念有以下三层含义。

（1）酒店市场定位是一个过程，即树立形象和传递形象的过程。

（2）酒店市场定位的基础在于消费者对酒店差别特性的重视程度。新兴的酒店总是将其产品的差异性视为其市场定位的依据。

（3）酒店市场定位的最终目的在于占领市场，即通过树立鲜明的酒店形象来赢得自己的消费者。

（二）酒店市场定位的意义

市场定位在酒店的营销工作中具有非常重要的意义，通过市场定位来强化酒店及其产品在市场上的整体形象，增强产品在市场上的竞争实力。

1. 有利于建立酒店和产品的市场特色

现代酒店市场中，普遍存在着较为严重的供大于求的现象，使得同类型酒店使出浑身解数争夺有限的客源，潜在竞争者跃跃欲试，随时准备出击，市场竞争环境恶劣，竞争压力巨大。为了使自己的产品获得稳定的销路，避免因竞争乏力而被其他酒店取代，酒店势必从各方面为其产品培养一定的特色，树立起鲜明的市场形象，以期在顾客心目中形成一种特殊的偏爱。如"希尔顿"和"假日"各自强调的酒店和产品特色一样，国内酒店中亦有个性鲜明的例子,如南京市酒店业中长期以来流传着"住金陵、食丁山、玩玄武"的口号,正是对这三家酒店(即金陵饭店、丁山饭店、玄武饭店)及其产品特色的高度概括,这三家酒店也正是通过强化其各自的产品特征,进而形成一种产品优势,从而依靠这些特色产品在市场中取得竞争的主动权。

2. 为酒店制定市场营销组合策略奠定基础

酒店通过产品与市场进行交换,从中获取利益,这是酒店经营的基本出发点。换言之,酒店经营的基础是产品,没有产品,一切经营活动都将变成空谈。由此可以看出,酒店和市场营销组合受到酒店产品定位的限制。例如,某酒店决定在市场上销售豪华、优质、高价的组合产品,如此定位就决定了酒店产品必须是高水准、有稳定质量保证的、能体现顾客身份的。由此,酒店在宣传上就必须以这些特质作为强化的重点,让目标市场的潜在顾客接受这样的产品特质;同时,要求酒店内部应协调一致,通过严格执行操作程序和规范、强化技能培训等管理手段,保障产品的高品质。也就是说,酒店产品定位决定了酒店必须设计和发展与之相适应的市场营销组合。

营销案例

化繁为简的经济型酒店

传统的星级酒店,已经越来越显露出老态,国内许多开业时间比较长的星级酒店,无论是入住率还是盈利率,都呈下降的趋势,原因显然不是旅游人数的不足,而是许多陈旧的酒店经营形式以及经营理念不能满足不断发展的市场要求。同时,传统的星级酒店通常结构臃肿,为了体现服务的全面,在酒店中设立了许多并无太多实际意义的娱乐场所以及缺乏效率的人员管理体系。这些缺点都在不断加大酒店的运营成本和管理压力。定位不清,总是试图吸引到达一个城市的所有潜在房客,是绝大多数酒店的经营状态和业绩不佳的原因。

2007年以来,经济型酒店在国内迅速崛起,这个在国外被称为"床和早餐饭店"的模式,最大的特点就是在保证客房基础设施水平的基础上,简化并非必需的会议、娱乐、餐饮等附加功能,实行标准型连锁化经营,精简人员配置,从各方面降低运营成本,从而实现低住宿费和高性价比,以此来吸引旅客的入住。

然而,价格并不是经济型酒店在国内最大的卖点,事实上国内许多经济型酒店未必就是房价非常低廉,但其便利、舒适和更符合大多数商务旅客住宿要求的定位,使其很容易就赢得了众多消费者的青睐。普通酒店品牌在一个城市中通常只有一处,如果旅客事先看中却在即将要入住之际发现地理位置和交通等因素不合适,则很容易被放弃。经济型酒店的连锁规模,在各个城市以及每个重要城市中数家的分布,很容易让旅客得到满意的选择,并且对酒店的入住品质更加放心,诸如免费提供上网服务等,也更能够提升入住的品质。

对比欧美发达国家已经成熟的经济型酒店市场后发现,目前国内的经济型酒店在规模和市场占有率上都还存在着很大的发展空间。在欧美成熟的酒店市场结构中,经济型酒店为70%,而我国经济型酒店市场份额却不超过10%。

2007年10月21日,如家酒店管理有限公司(简称"如家")收购了上海七斗星商旅酒店管理有限公司,成为中国经济型连锁酒店业的最大收购案例。与此相对应,早在7月初,汉庭就融得鼎辉、IDG成长等5家投资基金9800万美元的投资,这一融资规模已接近"如家"公司IPO(即"首次公开募股")融资规模,速8中国在其后一个月中,也获得了Aetos

Capital, LP投资公司的5000万美元投资。各经济型酒店品牌都在狂热地扩张，通过扩大规模和知名度抢占这个利润丰厚的市场。

但中国饭店协会4月25日公布的《2007中国经济型饭店调查报告》上显示，中国经济型酒店的入住率已从2005年的平均89%跌至2006年的82.4%。同时，平均客房价格则从2005年的328元降到了209元。当经济型酒店越来越容易在街头被找到时，随之而来的是越来越同质化与发掘新营销手段的紧迫性。

（资料来源：酒店定位：挑动经营者的神经. 中国酒店管理，2014-02-02.）

思考与分析

1. 经济型酒店的普遍定位是什么？
2. "如家"等经济型酒店现在的发展情况如何？
3. 参考案例，结合经济型酒店的发展历程，想一想，酒店市场定位成功的关键是什么？

二、酒店市场定位的策略

（一）市场领先策略

市场领先策略是指酒店在目标市场中始终保持第一位的优势，无论在产品质量、规格还是在服务上都要先声夺人，始终以领袖的地位引领这一市场的消费需求发展方向。酒店要在市场中保持领先地位应该从以下几个方面努力。

（1）扩大这个市场的总需求，寻找新客源。

（2）保护优质的市场份额，通过扩大或者缩小经营范围来实现。

（3）继续提高酒店的市场占有率，提高酒店接待客人的次数。

（二）市场挑战策略

市场挑战策略是一种与最强有力的竞争对手对着干的市场定位策略，就是将酒店产品特色直接定位在与这个市场中最强大的竞争对手的产品相似的位置上，以对比的方式与竞争对手争夺同一细分市场。

（1）正面进攻：酒店集中优势力量向竞争对手的强项发起挑战。

（2）侧面进攻：酒店集中优势力量向竞争对手的弱点发起进攻。

（3）围堵进攻：当酒店比自己的竞争对手更具有资源优势时，可以深入到竞争对手的领域，向市场提供更多的产品与服务。

（4）迂回进攻：酒店大力发展差异性的产品与服务。

（三）市场避强策略

市场避强策略就是酒店避免与竞争对手直接进行对抗，而是寻找新的、未被占领的、与竞争对手产品完全不同，并为许多顾客所重视的市场位置。

酒店采用避强策略，可以迅速在市场站稳脚跟，并可以以比较小的代价在顾客中树立比较好的形象。由于这种市场策略风险比较小，成功率比较高，所以常为许多酒店所采用。

（四）重新定位策略

重新定位是在目标市场发生变化，原来的产品定位不恰当或形象不好，酒店企图扭转经营颓势等情况下采取的一种定位策略。它的特点在于抛弃原有的酒店或产品形象，树立新的形象。

（五）市场另辟蹊径策略

当酒店意识到自己的能力无法与同行强大的竞争对手相抗衡，也未能寻求到合适的市场空缺时，就可以采用这种策略。它的精髓就是酒店突出宣传自己与众不同之处和在某些方面的独特之处，这样，就会使酒店在强手如林的竞争中获得相对的竞争优势，为酒店的发展另辟一条新路。美国20世纪60年代的经济型酒店如汽车旅馆（Budget Motels），就是成功的产品市场定位的典型案例。这种旅馆对大众旅行提供了满足基本需求又可以省钱的选择。它没有会议室、宴会厅以及项目繁多的娱乐休闲设施，只提供卫生、舒适、价格低廉的客房，这对于过路、只求得到很好休息的客人来说是极具吸引力的。

（六）市场补缺策略

市场补缺策略是指精心服务于那些市场比例较小的人群的专业性酒店要根据市场、消费需求而变化，寻找市场空白或是薄弱环节，通过专业性的经营占据市场中的有力位置。

酒店在制定产品定位策略前，可以考虑以下8个问题：

（1）酒店的对象是谁？酒店的目标是什么？
（2）酒店在哪些方面与竞争对手有差异？怎样才能使自己与众不同？
（3）酒店在哪方面有可能占得先机？酒店有可以利用的优势吗？
（4）酒店需要克服哪些不利条件？是否有可能变不利为有利？
（5）在所有细分市场中，哪一个对本酒店而言是最重要的？
（6）酒店如何扩大或改变习惯模式？
（7）酒店是否已经利用了有形和无形的优势？
（8）顾客最有可能挑选酒店提供的哪种产品？

三、酒店市场定位的步骤

酒店市场定位的任务，就是要使宾客能把本酒店与其他竞争者区分开来。要达到这一目的，一般要开展以下工作。

（一）确定竞争对手

酒店产品的竞争对手，也就是指酒店产品的替代者。两家酒店产品是否是竞争替代产品，最简便的测定方法就是在一家酒店降低价格时，看一下另一家酒店的宾客是否会转移过来，如果转移过来，说明这两家酒店是竞争对手，转移过来的客人越多，说明竞争程度越高；反之，转移过来的客人越少，说明竞争程度越低。

（二）对竞争对手的产品进行分析

在确定竞争对手后，可以选派几个人，吃住在竞争对手的酒店里，收集竞争对手的有关资料，询问员工和宾客相关问题。这是一种在竞争对手酒店里亲自考察体验的调查方法，它能帮助酒店系统地掌握竞争对手的情况。

（三）确立产品特色

确立产品特色是市场定位的出发点。酒店首先要了解市场上竞争者的定位如何，竞争对手提供的产品或服务有什么特色；其次，要研究宾客对某类产品属性的重视程度；最后，要考虑酒店自身的条件。有些产品属性虽然是宾客比较重视的，但如果酒店力所不及，也不应该成为市场定位的目标。综合考虑这几方面因素，酒店可以明确自己所要确立的产品特色。

(四)树立市场形象

酒店的产品特色是其有效参与市场竞争的优势,但这些优势不会自动地在市场上显示出来。要使这些优势发挥作用,影响宾客的购买决策,需要以产品特色为基础树立鲜明的市场形象,通过积极主动而又巧妙的沟通,引起宾客的注意和兴趣,获得宾客的认同。有效的市场定位并不取决于酒店是怎么想,关键在于宾客是怎么看的。酒店市场定位的成功直接反映在宾客对酒店及其产品所持的态度和看法上。

(五)巩固市场形象

宾客对酒店的认识不是一成不变的。由于竞争者的干扰或沟通不够,会引起市场形象模糊,宾客对酒店的理解出现偏差,态度发生反转。所以,市场形象建立后,酒店还应不断向宾客提供新的论据和观点,及时矫正与市场定位不一致的行为,巩固市场形象,维持和强化宾客对酒店的看法和认识。

四、酒店市场定位的内容

酒店市场定位包括的内容很多,主要包括以下几个形式。

(一)形象定位

所谓形象定位即酒店以何种形象面对目标市场,为消费者提供何种产品和服务,酒店的档次、星级如何等。这里所说的酒店形象是指酒店外观,包括建筑设施、酒店名称、酒店标志、标准字体、标准色等,所有这些视觉因素会直接影响人们对酒店形象的看法。

(二)产品定位

所谓产品定位即酒店为消费者提供何种类型的产品。酒店营销人员在为产品定位时,应强调以下三点:第一,为产品创造和培养一定的特色,树立一定的市场形象;第二,详细说明产品能为目标市场消费者提供的各种利益;第三,强调本酒店产品与竞争对手产品的差异。

(三)价格定位

价格是酒店营销组合中最敏感的一个因素。营销人员如何制定酒店价格,是以高价以吸收少数客人,还是以低价吸引大多数客人,这是在酒店价格管理中需要解决的实际问题之一。

(四)消费群体定位

所谓消费群体定位即酒店以何种类型的消费者群体作为自己的目标市场,消费群体按照旅游目的不同可以划分为以下类型:公务及会议市场、观光旅游市场、休闲度假市场、探亲访友市场等。

(五)销售渠道定位

所谓销售渠道定位即通过何种销售渠道将酒店的产品和服务传递给消费者。从目前的情况看,我国拥有酒店的数量已经相当可观,如果每一家酒店都采用直接销售渠道向消费者推销产品,那么酒店在直接推销商就要花费很多的时间、精力和资金。因此,如何选择、确定销售渠道对酒店的营销活动具有十分重要的作用。

五、酒店市场定位的方法

酒店市场定位从另一个角度看,是要突出酒店产品的个性,并借此塑造出独特的市场形象。一项产品是多个因素的综合反映,其中就包括性能、构成、形状、包装、质量等,产品定位就是要强化或放大某些产品因素,从而形成与众不同的特定形象。产品差异化是达成酒店产品定位的重要手段,在这里必须强调的是,此处所谓的产品差异化并非单纯地追求已有产品变异,而是在市场细分的基础上,寻求建立某种产品特色。这是市场营销观念的具体体现。

酒店市场定位的方法可以归纳为以下几种。

(一)根据属性和利益定位

酒店产品本身的属性以及由此获得的利益能够使顾客体会到它的定位。如酒店的"豪华气派""卫生和舒适"等,这种定位方法,酒店往往强调产品的一种属性,而这种属性常是竞争对手所没有顾及到的。

(二)根据质量和价格定位

价格与质量两者变化可以创造出酒店产品的不同地位。在通常情况下,质量取决于产品的原材料或生产工艺及技术,而价格往往反映其定位,例如人们常说的"优质优价""劣质低价"正是反映了这样的一种产品定位思路。

(三)根据产品用途定位

发扬同一个产品项目的各个用途并分析各种用途所适用的市场,是这种定位方法的基本出发点。同样是一个大厅,它既可以作为大型宴会、自助餐的场地,也可以被当成会议大厅接待各种会议;同时,还可以成为各种展示、展览的场所。对于这样的一个酒店产品,酒店可以根据其不同的用途,在挑选出来的目标市场中,分别树立起不同的产品个性和形象。

(四)根据使用者定位

这是酒店常用的一种定位方式,即酒店将某些产品指引给适当的使用者或某个目标市场,以便根据这些使用者或目标市场的特点创建起这些产品恰当的形象。许多酒店针对当地居民"方便、经济、口味丰富"的用餐要求,开设集各地风味为一体的大排档餐厅,便是根据使用者对产品的需求而进行的定位。

(五)根据产品档次定位

这种定位方式是将某一产品定位为其相类似的另一种类型产品的档次,以便使两者产生对比。例如一些酒店将自己客房产品的档次设定为与某一家公众认可的好酒店的客房档次相同,以求使顾客更易于接受他们的产品。这种做法的另一个方面是为某一产品寻找一个参照物,在同等档次的条件下通过比较,以便突出该产品的某种特性。如一些酒店推出的公寓客房,突出在与标准间同等档次的前提下具备厨房设施,更加适合家庭旅游者使用,从而达到吸引家庭旅游者购买的目的。

知识链接

开酒店定位什么档次跟哪些因素有关

1. 首先,跟投资人的投资实力有关

因为酒店是一次性投资,所有的成本都要在酒店开业前投入:200万元,投40个房间左右的小酒店;500万元投80个房间左右的中档酒店;1000万元以上投中档以上的酒店。

2. 其次,跟酒店物业有关

如果酒店物业是独栋,展示面好,交通方便,物业足够大,具备豪华型酒店的条件,投资者有资金预算,那么酒店可以投中高端酒店。如果酒店是商业物业,只有一层,外观不具备提档的条件,并且没车位,房间数量不够,那么只能开那种走大众消费路线的商务酒店。

3. 再次,跟区域的消费能力有关

中国的城市消费能力彼此间差异太大,亚朵在"北上广"有足够的消费人群,却在三、四线城市完全开不起来,不是因为品牌不好,而是消费能力有阶段性的,今天的三、四线城市的发展阶段就是20年前的上海,汉庭在上海的房间数量基本都会过百,但在三、四线城市加盟商的酒店完全按照90间房去复制,结果很少有店在3年内回本,而三、四线城市有个尚客优连锁酒店,却经营得风生水起,尚客优在三、四线城市的地位就是维也纳在广州的地位。

4. 最后,开酒店还跟酒店阶段性时间有关

五年前区域流动人口剧增,酒店属于刚需,那个时间节点,只要是开酒店,随便怎么开都挣钱,但是今天,已经今非昔比。酒店业竞争非常激烈,消费者的选择性太多,酒店的投资者,面对越来越大的酒店投资需谨之慎之。

(资料来源:TS谭松. 开酒店定位什么档次跟哪些因素有关. 开酒店, 2018-11-11)

(六)根据竞争定位

酒店可定位于与竞争直接有关的不同属性或利益。例如酒店开设无烟餐厅,"无烟"意味着餐厅空气更加清新。这实际上等于间接地暗示顾客在普通餐厅中用餐,如果其他人吸烟会影响到自己的身体健康。

(七)混合因素定位

酒店市场定位并不是绝对地突出产品的某一个属性或特征,顾客购买产品时不单只为获得产品的某一项得益,因此,酒店产品的定位可以使用上述多种方法的结合来创立其产品的地位。这样做有利于发掘产品多方面的竞争优势,满足更为广泛的顾客需求。

营销示例

喜来登酒店市场定位

一、市场环境

(一)宏观环境

1. 伴随中国经济的迅猛发展以及中国国际化程度的提高,旅游行业面临前所未有的发展机遇:
- "两个同步"战略,迈开强国到富民的关键一步;
- 消费结构升级,重塑旅游消费观念;
- 高铁时代加速到来,拉近旅游空间距离,促进国内旅游市场发展。
2. 旅游市场呈现多层次协同发展新格局:
- 居民收入梯度分布促使旅游消费呈现梯级增长;
- 旅游市场呈现高、中、低端三个层次协同发展的新格局;
3. 中国整体国际影响力增强,尤其在亚洲占有重要的战略地位;
4. 天津地区特征:
- 经济特区;
- 中国四个直辖市之一,国内著名旅游城市,吸引国内客源;
- 国内外重要商业、政治会议的举办地,国际知名度高,吸引国际客源。

（二）微观环境

1. 喜达屋酒店集团以及旗下的众多酒店品牌形成了一种巨大的品牌优势和国际声誉，拥有良好的国际客源市场和品牌认可度；

2. 喜达屋强势占领中国市场份额，在国内形成巨大的客户服务以及优惠促销活动，在全国范围内培养忠诚顾客；

3. 喜来登本身具有成熟的经营哲学和经营管理体制，因地制宜，酒店设计及服务既保持喜来登统一的档次和标准，又体现出地方特色；

4. 专注于在正确的地方与明智的业主合作，开适合的酒店；

5. 中国高端酒店市场竞争激烈：

- 强大现有竞争者——希尔顿、温德姆和平国际酒店、翔鹭等国内外酒店；
- 潜在进入者——更多的国际酒店集团以及国内酒店集团的发展。

二、市场细分、目标市场、市场定位

（一）全球营销战略

喜来登酒店的选址体现了其市场细分的依据。喜来登在选址上主要选择有吸引力的大都市和度假村。饭店选址的标准是：所在区域的发展史表明，提供全方位服务的豪华高档饭店有大量、持续增长的需求，并且可供建店址的空间有限，开发这种空间代价颇为昂贵。喜达屋的全球发展战略，既为中国带来了巨大的国际客源，同时又要求培养中国的出境商业人士及游客，从而形成国际化的品牌认可度，进而在全球市场获利。

（二）市场细分及目标市场选择

1. 根据交叉性市场细分依据进行市场细分：

- 城市选择——天津；
- 城市性质——商业、旅游；
- 国际性发展潜力——入境、出境的人次及增长；
- 人群性质——收入位于高端部分的商业及休闲度假人士。
- 因而喜来登的目标市场为高端豪华商务市场。

2. 目标市场特点：收入位于高端的商务人士、休闲旅游度假人士。

3. 市场定位

（1）喜来登定位为豪华高档商务型酒店：

- 商务客人——提供范围宽广的各式服务以及齐备的设施、设备；
- 旅游客人——在世界上最美、最悠闲的度假胜地。

（2）营销哲学：为顾客创造最大价值。

- 喜来登饭店为休闲度假旅游者提供宾至如归的服务；
- 喜来登的承诺，即为宾客提供广受欢迎、独一无二和意想不到的服务。

项目训练

一、基础练习

1. 选择题

（1）许多中小酒店，由于资源有限，往往采用（　　）目标市场选择模式。

A. 单一市场集中　　B. 产品专门化　　C. 市场专门化　　D. 全面进入

（2）我国许多酒店利用元旦、春节、中秋节等传统节日大做文章，这是利用（ ）市场细分变量。

　　A.购买时机　　　　B.文化　　　　C.生活方式　　　　D.动机

（3）同质市场（即市场需求差异小得可以忽略不计的市场）一般适用于（ ）目标市场营销策略。

　　A.无差异　　　　B.差异　　　　C.集中性　　　　D.分散性

（4）酒店面对同一宾客群生产和销售他们所需的各种产品。这是（ ）目标市场选择模式。

　　A.市场集中性　　B.产品专业化　　C.市场专业化　　D.分散性

（5）酒店市场定位的对象是（ ）。

　　A.特色的产品　　B.品牌的形象　　C.独有的商标　　D.潜在顾客的思想

（6）将酒店产品特色直接定位在与这个市场中最强大的竞争对手的产品相似的位置上，以对比的方式与竞争对手争夺同一细分市场。这属于（ ）定位策略。

　　A.市场领先　　　B.市场挑战　　　C.市场避强　　　D.市场补缺

2．简答题

（1）简述STP的内容。

（2）简述市场细分标准。

（3）简述选择目标市场的评估方法。

（4）酒店目标市场的营销策略有哪些？

（5）简述市场定位策略。

（6）简述市场定位的步骤。

（7）简述市场定位的内容。

（8）简述市场定位的方法。

3．思考题

（1）作为一名新入职的员工，你想要通过自我介绍迅速地给同事留下正面印象，你会怎么样做？

（2）你如何看待2016年，如家酒店集团与首旅酒店的合并？

二、实践练习

STP全过程演练

任务：站在市场上已经存在的成功酒店企业的角度进行分析，小组成员作为该酒店的策划者，通过调查该酒店在市场上的表现，分析它们的市场细分方案。

要求：

（1）选择酒店企业，小组讨论，为酒店企业确定市场细分步骤方案。

（2）酒店市场调查并进行市场细分。

（3）根据市场细分结果，确定酒店企业的目标市场。

（4）进行酒店市场定位。

三、案例

星级酒店当前如何定位和打造成功餐厅

为更好地迎合当今游客和食客的需求，一些高档酒店品牌在规划用餐方案时已改变了它们的常规策略。他们开始追求将合适的餐厅概念与合适的客户形成完美匹配，而不是遵循传统的模式,即只要企业的营收经理认为这家餐厅能给酒店带来尽可能多的营收,无论什么类型的餐厅都欢迎加入。

金普顿酒店集团(Kimpton Hotels and Restaurants)餐厅和酒吧管理高级副总裁Alex Taylor表示,"酒店餐厅不会具体为餐厅创造一个独特的经营概念,而通常是在最后才匆匆决定酒店的餐厅选择。酒店餐厅要想保持新鲜,并深受好评,需要走概念化路线,并被酒店重视为独特的商业实体,而不是附属于酒店的一种业务。"

酒店整体的经营人员并不具备能在细节上区别于其他餐厅的设计能力,这只有专门的餐厅人士才能做到。且在今天消费者可互相交流的时代,也就几秒时间,消费者就可轻松在线获取餐厅的各种缺点,这样就能直接避免一场平淡无奇的餐饮体验。

"十年前我们开始进行战略转移,我们开始只与专业的特色餐厅设计师探讨,而不是让酒店设计师去负责餐厅的设计工作,"四季酒店(Four Seasons)美洲地区餐饮部副总裁Guy Rigby表示,"目前餐厅的特色比酒店还多,在过去餐厅充其量就只是酒店的延伸部分而已。"

Rigby还提到四季酒店近期正计划将亚利桑那州斯科茨代尔度假酒店内的早餐餐厅转移到一处名为Proof的酒吧/餐厅,而与此同时酒店内早有一个已经十分受欢迎的酒吧存在。原因在于,"富有的客人想有更易于体验、更正式的服务选择。"Rigby称,"你在度假期间,有几次想过离开酒店出去花120美元大吃大喝一顿?"

低价位餐厅也能使酒廊等酒店的公共区域,成为更多元化的会见地点和当地居民的目的地。随着美食旅游的兴起,在该领域尝试的品牌将随着时间发展,配备也越来越好。

"在我们的酒店和度假村,如果有两个或多个美食功能区,那其中一个就是提供美食的酒吧,"Rigby表示,"这与人们当今的饮食方式相关,我们现在力图吸引'千禧一代'和'X一代'客户,但'婴儿潮一代'也想与年轻人们一起玩。"

在夏威夷哈尔莱四季度假村,一家餐厅正从昂贵的高档型改造为价格亲民的名为"沙滩树酒吧休息室"的加利福尼亚意式主题休闲会所。客户可在入住期间每天到此就餐三至四次,而不是以往的一次。餐厅的收益比以往有所好转:虽然价格降低,但每晚的用餐人数在增加。

高档品牌收费都较贵,因为在经营方面需要承担更高的风险。

"酒店管理类公司面临的最大挑战之一,是需要说服酒店商在餐厅和酒吧专业人士上投资,为这些专业人士提供操作和创造的权利和空间,最终将其技艺发挥到实处。"Taylor提到,"如果餐厅平凡无奇,那么酒店是不可能成为顶级酒店的——现代客户非常精明,他们会以此为由来评价你的酒店。"

高档餐厅总能在高档酒店内找到栖身之处,但酒店客户更希望餐厅多元化,尤其是当他们要在酒店待上好几天的时候。

"再没有人能比我们还要喜欢高雅餐厅了,但高雅的就餐环境,白色桌布装饰和陈旧的装饰早已过时。"费尔蒙莱佛士国际酒店集团(Fairmont Raffles Hotels International)美洲地区餐饮部总管Luke Mathot称,"酒店的大堂和酒吧正回归潮流,一如他们刚兴起之时。"

以费尔蒙莱佛士国际酒店集团为例,几年前,他们将费尔蒙班芙温泉酒店(Fairmont Banff Springs Hotel)内从1888年延续至今的Chop House餐厅从经典的高档牛排屋转型为更为日常的饮食体验,随后,立即引发了酒店客户和当地居民的就餐热潮。

"从经典的角度看,我们的服务一流,但餐厅却门可罗雀,在淡季甚至每周要关门两三天,"Malhot表示,"现在我们能每周七天全部营业,不用经典的白色桌布装饰,食客们依旧络绎不绝。这就说明,酒店管理比服务更重要,我们应把握好时机,而不是凡事力求无实效的完美。"

(资料来源:品橙旅游. 解读:星级酒店当前如何定位和打造成功餐厅. 品橙旅游,2016-01-08.)

思考与分析

1. 酒店餐厅一直因定价华而不实和味道索然无味而经常被人诟病,也经常让那些在旅途中寻求社会氛围或舒适度的游客,对酒店内的餐厅备感失望。案例中酒店如何解决以上问题?

2. 你是如何理解"酒店管理比服务更重要"这句话的?

项目五
酒店产品策略

【项目导览】

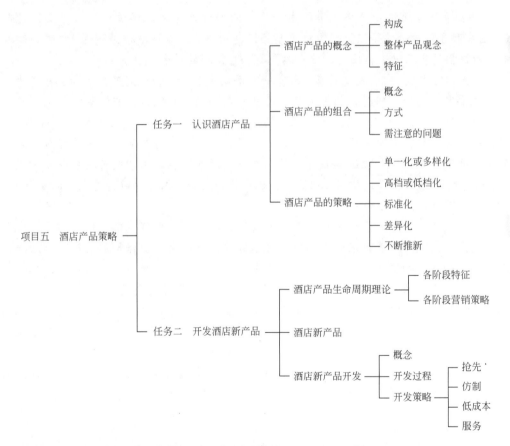

> 📖 **学习目标**
>
> 1. 熟悉酒店产品的构成，理解酒店的整体产品观念和特征，能够通过资料收

集后，条理清晰地对酒店产品进行全面描述。

2. 了解酒店产品组合概念，掌握酒店组合方式，能够对酒店的组合方式进行评述。

3. 了解酒店产品生命周期理论，熟悉酒店产品生命周期各阶段的营销策略。

4. 了解酒店新产品的概念，熟悉开发过程，掌握开发策略。

案例导入

假日酒店

凯蒙斯·威尔逊（Kemmons Wilson）在1952年就完全按照"酒店业鼻祖"斯塔特勒的信条经营酒店业，开创了"假日酒店联号"。至1997年，世界各地的假日酒店已发展到2350家，客房总数近40万间，在当年全球店集团排行榜上名列第二。其经营管理方法和经验如下：

（1）选择合适的经营市场。根据中产阶级的经济情况和旅游需求，假日集团控制好"假日酒店联号"建造的等级，只准建中高档级别的酒店，保持洁净、舒适、方便、暖人的服务，所提供的食品卫生、安全，使人总觉有一种怡人的感受。

（2）控制客源流向。"假日酒店联号"一直面向中产阶级，选定家庭和商业旅游者作为他们的主要客源市场。同时，利用方便、准确的电脑预订系统，向旅游者提供便利的预订业务，以控制客源流向。所以，其客源市场历来是稳定、充足的。他利用先进的IBM4600电脑预订系统向旅客提供方便的预订业务，使用分布在全球的3000多家酒店结成有机、协作的预订网络。只要客人住进其联号下的任何一间酒店，在旅游中就可实现住宿方便。实际上，开设电脑预订网络，控制客源流向，已成为今天国际酒店联号普遍采用的竞争手段。

（3）提供价廉、质优的客房服务。

（4）重视服务质量，开展多种经营。前面谈到严格控制建筑造价，但在内装修方面却十分讲究，设施服务质量标准都很高级。威尔逊要求重视维护，保持酒店崭新和洁净。因为有形设施如果失去这些特点，就失去了服务质量标准。酒店既要使客人有舒适感、安全感，同时还应成为家庭、社会活动的娱乐场所，所以还应有室内设施，如电话、电视机、冰箱、音响系统、写字台、沙发、卫生间、中央空调，可作为社会活动场所的游泳池、酒吧、音乐茶座、康乐中心、健身房、网球场、保龄球、商场、邮局、银行、商业服务中心等。

（5）建立"假日酒店大学"，重视培训人才。假日集团的成功管理之道使其在国际酒店业具有很高的威望，每年有将近1万家酒店申请成为"假日酒店联号"的隶属成员或借用假日酒店的招牌。

思考与分析

1. 假日酒店的成功经验是什么？是否适合所有酒店？
2. 查阅相关资料，谈谈如今假日酒店的产品构成情况。

任务一 认识酒店产品

一、酒店产品的概念

（一）酒店产品的构成

酒店的产品是由若干个不同部门组成的总体，是指能满足客人物质需求的设备设施、实物产品等有形产品与能满足客人心理需求的无形劳动服务的有机结合。酒店服务产品既有旅游产品的共性，也有其自身的特点，这就决定了酒店营销管理的独特性和复杂性。从宾客的视角来看，酒店产品一般由以下6大要素构成。

1．酒店的地理位置

酒店的地理位置是指与机场、车站、码头、商业区、旅游景点的距离及周围的环境因素。这些都是客人选择酒店时考虑的主要因素。酒店的选址对于酒店吸引客源及经营会产生很大的影响。美国著名的饭店大王斯塔特勒在总结自己一生的营销经验后，得出一个颇令同行们推崇的结论：饭店经营第一重要的是地址，第二重要的是地址，最重要的还是地址。

2．酒店的设施

酒店的设施是指酒店的建筑规模、各类客房及其内部设施，各类具有特色的餐厅、会议厅、商务中心、康乐中心以及公共场所的设施设备。酒店设施在不同的酒店类型中，其规模大小、面积、接待量和容量也不相同，而且这些设施的内外装潢以及所体现的气氛也不一样。酒店设施是酒店产品的一个重要组成部分，齐全、舒适的设施，也是推销酒店产品的重要条件之一。

3．酒店的服务

酒店的服务是指酒店的服务内容、方式、态度、速度和效率等。酒店所提供服务的种类、服务的水平是客人选择酒店时的主要因素之一，其项目的多少、服务内容的深度也是酒店之间竞争的重要环节。良好的服务是树立酒店形象、提高酒店知名度的重要手段。

4．酒店的气氛

酒店的气氛是指客人对酒店的一种感受。酒店的气氛具有无形性，客人必须亲身体验才可以感受到。酒店的气氛一方面取决于酒店的硬件设施，如酒店的布局、设施设备及内外装潢、装饰；另一方面取决于酒店的软件条件，如服务员的仪表、服务态度和服务水平。良好的气氛能使客人对酒店有良好的印象，并愿意再次光临。

5．酒店的形象

酒店的形象是指客人对酒店产品的综合看法，它涉及酒店的历史、知名度、经营思想、服务质量和信誉、建筑风格、服务人员的言谈举止、仪容仪表等诸多因素。酒店形象是吸引客源的重要因素，也是酒店最具影响力的活广告。

6. 酒店的价格

酒店的价格是酒店通过其地理位置、设施设备、服务和形象等体现出的价值，它反映了产品的质量。客人往往通过酒店的价格来判断、选择酒店。

酒店产品的上述六大要素相互关联，是酒店产品不可分割的组成部分。客人在选择酒店时不只是单方面考虑其中一个因素，往往是综合考虑，同时又有不同侧重点，酒店需要针对客人需求采取不同的营销策略。

（二）酒店整体产品观念

整体产品的概念，是由美国哈佛大学教授西奥多·莱维特率先提出的。他认为整体产品概念由三个层次构成：核心产品（即产品的使用价值）、形式产品（包括质量水平、特色、式样、品牌、包装）、期望产品（售后服务等）。酒店整体产品构成图如图5-1所示。

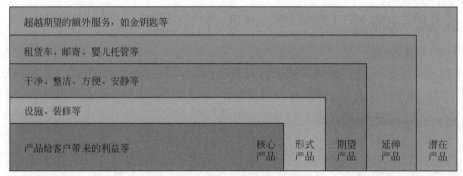

图5-1　酒店整体产品构成图

1. 核心产品

核心产品也叫基本产品或实质产品，是指产品能给客人带来的基本利益和效用，即产品的使用价值，这是构成产品的核心部分。如会议客人选择酒店实现公司会议的顺利开展，住宿客人选择客房得到休憩等。

2. 形式产品

酒店产品核心利益的实现必须依附一定的实体，产品实体就是产品的基本形式，主要包括产品的构造外形等。酒店的形式产品包括建筑、硬件设施与设备等。如：大堂及其设备的实用与豪华程度；饭店的整体装修、客房及其设备、装饰、音响系统、闭路电视、空调、卫生间等的设备及美容用品；健身房及其他康乐中心设备，如游泳池、网球场、保龄球场、桑拿浴、美容厅、舞厅等。

3. 期望产品

期望产品是指客人在购买某一产品时自然而然地随之产生的种种期望，例如客人在一家酒店就餐的同时还希望得到良好的服务、适当的休息与放松、幽静舒适的环境等。如：服务员的仪容、仪表、举止；服务员的礼节、礼貌、礼仪；服务员的服务态度、服务技能；服务员的服务技艺、技巧、程序、标准；服务员的交际能力、专业知识与应变能力；服务员的服务效率及服务效果。

4. 延伸产品

期望产品的延伸和进一步完善就是延伸产品，这是能够使一个产品区别于同类产品的特色。延伸产品可指软件，也可指硬件，可指现在已经提供的，也可指将来开发的。酒店的商务中心、康体及娱乐设施以及个性化服务等均属此范畴。

5. 潜在产品

潜在产品是为了满足个别客人的特殊需求而提供的特殊和临时性的服务。它通常是超越了客人的期望和预料而额外提供的服务。如"金钥匙"服务,一般说来,酒店即使不提供潜在产品,客人也没有理由抱怨或投诉。

整体产品观念认为,酒店内的任何产品和服务都有五个层面组成,即基本产品、形式产品、期望产品、延伸产品和潜在产品。

我们现在可以列出以下3个等式:

1 + 2 + 3(基本产品 + 形式产品 + 期望产品)= 质量保证 = 顾客满意

3 + 5(期望产品 + 潜在产品)= 灵活性 = 附加价值

1 + 2 + 3 + 4 + 5(基本产品 + 形式产品 + 期望产品 + 延伸产品 + 潜在产品)= 竞争优势

知识链接

酒店行业的界定与类别

1. 酒店行业的界定

酒店业是指从事有偿为顾客提供临时住宿的服务活动的行业,主要包括两大类:旅游饭店、一般旅馆。其中,旅游饭店指按照国家有关规定评定的旅游饭店或具有同等质量、水平的饭店,包括被评定的星级宾馆、被评定的旅游(涉外)宾馆、具有旅游饭店服务水平的宾馆、具有旅游饭店同等水平的度假村以及避暑山庄、各单位办的具有旅游饭店服务水平的招待所等;一般旅馆指不具备评定旅游饭店和同等水平饭店的一般旅馆,包括各种旅馆、旅社、客栈以及不具备旅游饭店服务水平的招待所(不论是否对外提供服务)。

酒店(或饭店、旅馆),是一个主要为游客提供短期住宿的地方,酒店通常在提供住宿之余,亦为住客提供餐厅、游泳池或照顾幼儿等服务。一些酒店亦提供会议设施,吸引商业机构举行会议、面试或记者会等活动。酒店的宴会厅则可举行婚礼及舞会等活动。

2. 酒店的几种常见分类

分类标准	酒店分类		备注
客房数量	大型		>600间
	中型		300~600间
	小型		<300间
等级	1星/2星:经济型饭店		1988年,国家旅游局制定《中华人民共和国评定旅游(涉外)饭店星级的规定》;1993年国家技术监督局正式批准其为国家级评定标准
	3星:舒适性饭店		
	4星/5星:豪华性饭店		
	未评级饭店		无论在哪个星级标准上,都有许多酒店不参加评级
业务特点	综合型		客户群没有很明显的侧重点
	主题型 (根据客源市场和接待对象)	商务型酒店	以出差公干的商务客人为主
		经济型酒店	主要以满足商务、旅游、公务的一般需求为主
		会议/会展酒店	会议/会展客户作为主要服务对象
		旅游酒店	主要针对观光旅客市场,以旅游接待为目的,团体居多
		度假酒店	度假休闲游客为主
		青年旅舍	"背包客"等低端客户
		公寓式酒店	主要面向长期居住客户

续表

分类标准	酒店分类	备注
所有权归属	一般酒店	
	产权酒店	可以分割独立产权出售给消费者或投资者
	分时度假酒店	由消费者或者投资者买断酒店设施在特定时间里的使用权演变而来

（资料来源：中国饭店业协会）

（三）酒店产品的特征

1．酒店产品服务主体性

在酒店产品中，物质产品是不可缺少的，但更重要的是服务。宾客到酒店进行消费，既包括物质产品的消费，也包括服务产品。

2．酒店产品的无形性

酒店服务是看不见、摸不到、非物化、非量化的产品。酒店服务的无形性，致使酒店企业很难向客人描述、展示服务项目，而客人也不可能在购买某一项服务前对其进行检验或试用，因此造成酒店产品推销上的困难。

3．酒店产品的差异性

一家酒店提供的同一产品不可避免地存在着质量和水平的差异，具体表现在一家酒店的不同员工甚至同一员工在不同时间、不同场合或对不同对象所提供的服务或产品往往水平不一、质量不同。造成饭店服务差异性的直接原因在于手工劳动是饭店的主要生产手段。

4．酒店产品消费信息反馈的直接性

工业产品被生产出来后，要拿到商场（市场）上，由商业部门组织销售，产品的生产者不直接与顾客见面，客人对产品的意见、投诉，要经由商业部门或销售部门反馈到生产者那里，生产者有足够的时间对客人的意见和投诉作出反应。服务产品则是由其生产者（饭店工作人员）当面向客人提供的，客人对产品的意见和投诉会立即反馈给服务的提供者——酒店工作人员。

5．酒店产品的不存储性

酒店产品的这一特点是由服务的直接性决定的。酒店向客人提供的各种设施和服务无法储存和搬运，只有当客人光顾或住进酒店时才能进行消费；当客人结账离店时，酒店的服务也随之终止。酒店服务产品的一次性特点要求企业管理者必须采取必要措施来适应市场变化，尽量避免需求量变化给企业带来的压力和损失。

二、酒店产品的组合

（一）产品组合的概念

大多数客人到酒店消费，所需要的酒店产品不是单个的分类产品，而是分类产品的组合。酒店产品组合可概括为酒店提供给市场的全部产品线和产品项目的组合和搭配，即经营范围和结构。

酒店产品组合是由酒店产品的广度、长度、深度和关联度所决定的。

广度是指酒店共有多少项分类产品，如客房、餐饮、酒吧、商场、邮电、桑拿浴、游泳池、网球场、夜总会、健身房等。

长度是指每一项分类产品中可以提供多少种不同项目的服务。如餐厅有中餐（八大菜系)、西餐（扒房、日式餐厅、印度餐厅）等。

深度则是指每一项目中又能提供多少品种。如上述餐厅能提供的菜肴、酒类和饮料的品种。

关联度是指各分类产品的使用功能、生产条件、销售渠道或其他方面的关联程度。例如，对酒店而言，客房与餐饮在生产条件上绝不存在一致性，但从销售渠道上可能有较好的一致性。在价格与服务上更能达到一致——凡住店客人均能享受免费的自助早餐。

营销案例

天津泰达国际会馆

天津泰达国际会馆是泰达国际酒店集团旗下的集商务、客房、餐饮、休闲为一体的五星级封闭式会员制俱乐部。24层的会馆大厦具有欧式新古典主义建筑风格，立面挺拔秀丽，色彩典雅柔和。大厦1～5层为会馆功能区，7～24层为会馆公寓。天津西南城区大绿化圈之清幽、著名高等学府区文化氛围之熏陶和紧邻市中心金融商务区之便利，三大条件造就了天津泰达国际会馆得天独厚的人文地理优势。

作为封闭式会员制俱乐部，天津泰达国际会馆为会员和下榻宾客提供了一流的客房、餐饮、康体娱乐、商务会议设施和服务。50套酒店客房和65套公寓套房温馨舒适。核心功能区Ripple SPA绿波水疗中心，引进全套欧美顶级SPA水疗设施，通过视、听、嗅、触、味五觉全方位的感官调理，演绎美容美体的无穷魅力。入住天津泰达国际会馆，将带给您不同寻常的旅居体验！

思考与分析

1. 天津泰达国际会馆的产品组合是什么？
2. 查阅相关资料，为天津泰达国际会馆的产品组合提出建议。

需要注意的是，酒店产品的广度、长度和深度的内容越多，组合出来的局部产品也越多，但这并不一定经济有效。产品越多，成本越高，投入的服务越多，质量也越难保证，所以酒店一定要根据实际情况来确定组合规模。现在的酒店再也不能像过去那样走"大而全"的道路，因为在基础条件不足、财力拮据、服务质量还很低的情况下，一味追求攀星升级，不断增加新的设施项目，会使酒店经营难以收到预期的效果。

（二）产品组合的方式

虽说整体产品代表了酒店的整体功能，但客人往往只是根据自己的需要选择其中若干项组合。因此，酒店可针对宾客的不同需要开发各种受宾客欢迎的组合产品，吸引客源。

营销示例

××国际大酒店产品组合

小小职场人套餐

（两位成人＋一位儿童）

￥899

【含】家庭房 一晚。

【含】自助早餐三份。
【含】职场人活动一次。
【含】周末自助晚餐三位或平日中餐三人套餐一份。
【享】免费三人皮划艇半小时体验。
【享】免费使用健身房、室内泳池。
【享】免费使用儿童游乐园。
【享】免费无线网络及停车。

·有效期至20××年×月底

需前3天预约

地址：×××　　　　　　　　　　　　预定电话：×××

在酒店市场，现有的组合产品方式主要包括以下几类。

1. 公务客人组合产品

针对公务客人的特殊服务，为公务客人提供优惠，如：免费在客房供应一篮水果，免费提供欢迎饮料，免费使用康乐中心的设施和器材，免费参加酒吧歌舞娱乐活动。

2. 会议组合产品

会议组合产品包括使用会议厅，会议休息时间供应点心、咖啡，会议期间工作餐，按每人一个包价优惠提供。

3. 家庭住宿组合产品

形式如双人房供全家住宿，小孩与父母同住免费加床，提供看管小孩服务，小孩免费使用康乐设施，餐厅提供儿童菜单。

4. 蜜月度假产品

蜜月度假产品只向新婚夫妇提供，一般需要漂亮而宁静的客房以及一些特殊的服务，如一间布置漂亮的婚房，免费床前美式早餐，免费奉赠香槟酒，客房里供应鲜花、水果篮。

5. 婚礼组合产品

这类产品主要针对当地居民市场，结合婚礼消费的形式，适应消费的心理，强调喜庆的气氛，吸引消费：该产品组合内容有豪华级京式或广式筵席，免费提供全场软饮料，四层精美婚礼蛋糕一座，以鲜花和"双喜"横幅隆重地布置婚宴厅，根据具体要求制造婚宴气氛，播放《婚礼进行曲》，洞房花烛夜免费提供新婚套房、鲜花、水果和香槟酒，免费美式早餐送到客房。

6. 周末组合产品

周末组合产品可吸引客人在一周工作之余，来休息和娱乐一下，因而需策划组织一些娱乐体育活动：如举办周末晚会、周末杂技演出等，将娱乐性活动加上饭店的食宿服务组合成价格便宜的包价产品。

7. 淡季度假产品

在营业淡季时以一周、十天住宿加膳食以包价提供给客人。同时，为了吸引宾客，还要策划组织宾客免费享受娱乐活动。

8. 特殊活动组合产品

这类组合产品的开发需要营销人员具有创造性及事实思维，设计出既新颖又在经济和销售上可行的产品，可利用现有的设施和服务组织，如乒乓球、网球、保龄球赛等活动，提高酒店的声誉及形象。

以上8种产品组合方式并不能涵盖产品组合的全部，随着社会发展，消费行为在不断变化，酒店产品的组合方式也在不断创新，推陈出新。

（三）酒店产品组合需要注意的问题

合理的产品组合是酒店吸引消费者、在竞争中取得成功的关键。酒店在对酒店产品组合进行决策时应极为慎重，在开发组合酒店产品时应注意以下问题。

1．销售目的

酒店必须首先明确开发某一组合产品的目的，如销售目的是为了增加数量还是为了扩大产品的知名度、吸引更多的消费者，进而占领更大的市场。

2．销售对象

销售对象指的是产品的目标市场。在开发酒店产品时，要对目标市场进行定位。只有明确了目标市场，才能开发有针对性的产品，使产品组合适应目标市场的需求。

3．产品的组合形式

产品的宽度越大、深度越深，组合出来的项目也就越多。但是，不是所有的组合产品都能适应市场需求。选择最佳的组合推向市场，才能为酒店创造最大的效益。

对于酒店而言，其核心产品——住宿和餐饮，基本上是相同的、每个酒店的区别在于其非核心产品，在进行酒店产品组合时应重点在这方面下功夫，开创酒店的特色和风格。此外，由于不同的消费者受不同因素的影响，他们对相同的产品组合可能会有不同的评价标准和看法，因此酒店应将个性化的服务理念融入到产品组合中去。

4．组合产品的价格

酒店组合产品的价格通常会在保障酒店一定收益的基础上，比购买单项产品略低一些。

5．组合产品推出的时机

选择好的时机推出酒店组合产品，能使酒店组合产品在市场上产生最大的收益。

6．组合产品的营销策略

对于不同的产品组合，在不同的目标市场上可以采取不同的营销策略。如适当地在价格上采取一些优惠，让消费者接受所推出的产品组合或通过各种媒体的广告宣传提高消费者对产品的认知度等，从而达到营销的目的。

三、酒店产品的策略

（一）单一化或多样化产品策略

该策略主要针对酒店的经营范围而言。酒店的经营范围要根据企业自身的实际情况和资源优势条件，既可以采取扩大经营范围的策略，以食宿为基本服务项目，围绕与旅游相关的各种业务，包括康乐、购物、旅行、商务、会议甚至博彩等经营项目，都可以涵盖在酒店经营的范围之中；也可以仅提供单一的住宿服务，再辅以简单的早餐或商务简餐服务等。

（二）高档或低档化产品策略

此策略主要是指在现有产品的基础上根据企业自身经营状况增加高档次产品或低档次产品，以凸显酒店精准的市场定位，给消费者提供更为明显的导向，并强化企业的品牌形象。两者手段不同，目的则都是为了适应市场需求，增加销售量，创造更多的利润。

（三）标准化产品策略

该策略指酒店经营的产品品种不一定要多，但在加工制作、销售和服务上一律采取标准化运作，虽然给客人的选择不是太多，但所提供的产品和服务均要达到一定的标准与水平，特别是要注意与国际接轨，达到相应的国际标准。

（四）差异化产品策略（即特色化产品策略）

这是目前大多数中小企业最普遍应用的策略，也是企业在激烈的市场竞争中非常有效的策略之一。酒店产品或服务提倡个性化、差异化，在市场需求日益多元化的今天，以不同的产品满足不同消费者的不同需求，以特色赢得市场，"一招鲜，吃遍天"，这是酒店业发展的一个重要趋势。酒店所拥有的特色越多，差异化越突出，在市场中的竞争力就越强，其销售机会就越多。

由于酒店产品涵盖了很多层面，所以差异化产品策略的表现形式很多，无论是哪一种差异，都必须具备两方面的要求：一是对客人来说，这种差异要有重要性；二是能够让客人体会到差异。所以酒店一定要强调服务人员与客人之间的沟通，要让客人关注到酒店所提供的差异化产品，并且让客人体会到酒店的"用心良苦"。

营销示例

德国的V8汽车酒店

V8汽车主题酒店所在地是具有深厚汽车文化底蕴的世界汽车之都——斯图加特。这里有令人瞩目的世界级汽车品牌的梅赛德斯-奔驰汽车博物馆和保时捷汽车博物馆，还有Meilenwerk汽车博物馆，一个简直是让老爷车爱好者们惊喜到疯狂的乐园。世界级汽车企业戴姆勒（即著名的梅赛德斯-奔驰生产商）、保时捷、罗伯特·博世等也都将这里选为总部，这里是汽车爱好者的天堂。

汽车主题酒店从大堂到餐厅、到客房全是由汽车主题元素打造而成。入住这家汽车主题酒店后，旅客可以直接睡在奔驰、凯迪拉克等豪华老爷车上。房间的主题有20世纪70年代的凯迪拉克影院、奔驰洗车房以及莫里斯车库等。酒店在设计上利用设计美学和汽车爱好者的品位喜好来打造主题风格。

不论是艺术酒店还是汽车酒店，都是高度聚焦于主题，做深、做透，把差异化主题在酒店的设计、布局、元素等五官感觉上发挥到极致，成为了一种融入骨髓的可以体验的生活方式和生活状态，从而建立起强大的差异化价值，牢固地占有自己的核心目标群体。

（资料来源：品牌布道. 酒店品牌的塑造，需要掌握这些规律. BIIC品牌布道营，2018-11-08.）

（五）不断推出新产品策略

由于酒店市场是一个处于饱和的竞争状态，所以酒店产品的更新换代速度非常快，以适应瞬息万变的市场发展。再加上酒店客户的"忠诚度"不高，对酒店不断推出新产品提出了更高的要求。

知识链接

主题酒店和特色酒店

主题酒店和特色酒店是两个既相联系又相区别的概念。主题酒店一定是特色酒店，特色酒店不一定是主题酒店。那么，主题酒店与特色酒店的联系和区别分别是什么？

一、主题酒店一定是特色酒店

独特性、新颖性、文化性是主题酒店和特色酒店生存与发展的基础。从这个层面而言，主题酒店和特色酒店具有同质性，二者都具有以下的特征。

第一，鲜明的文化特色。

二者都通过引入人类文明的某些基因使酒店从外形的建筑符号、装饰艺术，到内涵的产品组合、服务品位能够与传统酒店产生差异，形成特色，对消费者的视觉感官、心理体验造成冲击，即利用文化的力量取得市场竞争的最终胜利。需要注意的是，这里所说的文化是一种广义的概念，包含了人类物质文明与精神文明的全部。

第二，张扬的个性特征。

和传统酒店相区别，主题酒店与特色酒店注重差异性的营造，力求在酒店建设、产品设计与服务提供各方面创新、出奇，因而突破千店一面的传统格局，张扬酒店的个性特征是主题酒店与特色酒店追求的一种效果。

第三，高质量的消费对象。

由于具有鲜明的文化特色与个性特征，除少部分的猎奇者以外，吸引来的消费者绝大多数是对生活有较高品位的客人，体味特色、感受氛围成为他们购买酒店产品的重要动机。酒店实际上成为爱好相同、兴趣接近、具有共同语言的人群集聚地。人们到此消费，除满足基本的生理需求外，更注重精神上的享受与共鸣。

二、特色酒店不一定是主题酒店

目前许多酒店以特色餐厅、特色客房、特色酒吧、特色装饰风格取得了"特色"的地位，但这些酒店只能称为特色酒店，而不能被视为主题酒店。二者的差异表现在以下几个方面。

第一，地域化。

特色酒店的文化取材可以古今中外、包罗万象，凡是人类文明的结晶均可成为选择的目标。主题酒店的主题则一定是与酒店所在地地域特征、文化特质具有密切联系的内容。

第二，体系化。

特色酒店文化的引入可以局限在饭店的某一局部、某一环节，在一座酒店中也可以表现不同的文化内容。主题酒店则强调酒店整体的主题化，必须围绕主题构建完整的酒店体系，酒店硬件到软件的设计与组合应该围绕统一的主题开展，各功能区、各服务细节应能为深化和展示同一主题服务，即围绕同一核心内涵，利用酒店的全部空间和服务来营造一种无所不在的主题文化氛围。

第三，时效性。

由于独特与新颖，特色酒店能够形成一种轰动效应，但与主题酒店相比较，却呈现出明显的生命周期。因为地域化的不足，所形成的特色无法和酒店所在地的城市精神有机融合，品牌化力量受到削弱；由于体系化的不足，特色缺乏强有力的支撑系统，功能的影响力受到限制。因此，特色极易被模仿和复制，随着同质竞争者的不断出现和顾客的消费疲劳，特色成为一种共性，产品便走到了它的生命周期。

（资料来源：设计鉴赏|主题酒店Vs特色酒店．里屋里酒店资讯，2017-05-18．）

任务二　开发酒店新产品

营销案例

沙漠酒店

智利北部的阿塔卡马沙漠中有一家高档酒店，只有52间客房，平均收费为每夜659美元。酒店的卖点是"探险"，酒店为旅游者设计了35项探险活动，包括步行、远足、骑马、登山、攀岩、驾车探险等。根据逗留时间，酒店推出了四天游2626美元的包价节目。这包括四晚住宿、四天所有饮食及探险旅游活动费用，酒水另计。酒店相应配备导游兼安全员。

在这遥远的沙漠地带营造一种探险旅游氛围是非常重要的。针对探险旅游者喜欢宁静的特点，酒店没有配备电视，只有电话，听到的也只有鸟鸣。厨师长为探险游客准备了清淡新鲜菜肴；酒店里的水果都是空运而来的。

虽然这家酒店非常偏远，但是因为其产品和活动完全符合需求，所以运营得非常成功。

思考与分析

1. 这家酒店给客人提供了多少种类的项目？每个项目又能细分为哪些种类？
2. 你认为该酒店为什么能如此成功？

一、酒店产品生命周期理论

酒店产品的生命周期，是酒店市场营销管理中的一个重要概念。产品的生命周期与产品的使用寿命是两个不同的概念。产品的使用寿命是指产品的具体物质形态的变化，是产品从开始使用到报废为止所经历的时间。而这里的生命周期是指产品的市场寿命，即酒店产品从进入市场开始，到被市场淘汰为止所经历的全过程。

（一）酒店产品生命周期各阶段特征

酒店产品生命周期的变化过程一般经过了投入期、成长期、成熟期和衰退期四个阶段。

1. 产品投入期

在酒店产品投入期，消费者刚开始接触新产品，对新产品认识很少，产品认知度较低；消费者对产品定位与特色不了解，对酒店产品与消费者需求之间关系认识模糊，品牌活动不足；酒店产品销售量较少，增长缓慢，处于亏损或盈利较少状态。因此，这个时期的主要任务是产品定位和品牌推广。酒店要投入大量人力、物力进行品牌宣传和促销工作，以建立和扩大产品知名度，增强消费者的认同感。

2. 产品成长期

在成长期，酒店产品经过初创期的宣传已经建立了一定的市场知名度，已经有很多消费者认识到该产品的存在，并有一定数量的消费者认同了该品牌；消费者与顾客之间的联系越来越紧密，双方交易不断增加，产品越来越有竞争优势，更具活力；酒店产品销量迅速扩大，市场占有率逐渐提高；成本不断降低，酒店盈利水平提高，产品价值逐步提高。这个阶段的主要任务是继续提高酒店产品知名度，完善产品形象，提升品牌价值。

3. 产品成熟期

在产品成熟期，经过产品初创期和成长期累积起来的产品知名度、认知度，酒店产品已经具有强势竞争力，产品与消费者之间已经建立起了紧密的情感联系，顾客具有比较强的产品忠诚，酒店产品影响力达到最大。酒店产品更具活力，并拥有大多数消费者的认知优势，酒店产品产品市场占有率高；酒店产品销售量很大，盈利能力维持在很高的水平上。这一阶段的主要任务是维系和提升顾客的产品忠诚度，在更广泛的市场范围内维护和完善产品形象，延长顾客对产品忠诚的时间。

4. 产品衰退期

经历了产品初创期、产品成长期、产品成熟期后，酒店产品开始走下坡路，进入产品衰退期。消费者对酒店产品的认识和态度会发生很大的变化，开始由满意转变为厌倦、不满，转而开始大批量消费其他酒店产品。这期间酒店产品影响力迅速下降，产品市场占有率、销售额、销售利润出现较大幅度的持续下降。这一阶段的主要任务是对酒店产品进行更新以延长产品生命周期，例如对产品重新定位、开拓新市场、提升产品质量等；同时采取必要措施扭转产品衰退。

（二）酒店产品生命周期各阶段的营销策略

酒店产品生命周期各阶段的营销策略如图5-2所示。

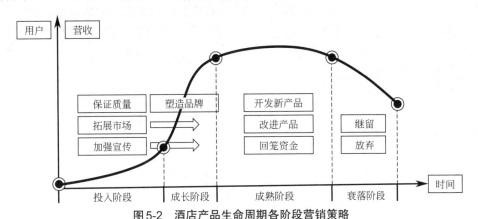

图5-2 酒店产品生命周期各阶段营销策略

1. 产品投入期的营销策略

在投入期，酒店产品营销的主要任务是保证产品质量、拓展市场、加强宣传。酒店需要在明确产品定位的基础上开展产品推广活动，提高酒店产品知名度，塑造良好产品形象，增进顾客对产品的了解进而愿意购买酒店产品。

2. 产品成长期的营销策略

在酒店产品成长期，产品传播的主要任务是继续拓展市场、加强宣传，不断提升产品价值，塑造酒店品牌。这个时期酒店应继续加大营销费用以支持广告、销售促进、公共关系等顺利实施。在产品成长期，广告从初创期的介绍产品、建立产品知名度的目标转向了塑造产品形象、树立产品个性、提高产品认知度的目标；具体方式从初创期的"硬"性广告营销转移到攻心为上的"软"性广告。广告创意突出情感沟通、文化内涵的主题，以激发消费者对酒店产品的认同感。

3. 产品成熟期的营销策略

在酒店产品成熟期，产品传播的主要任务是维系和提升顾客的产品忠诚度，在更广泛的市场范围内维护和完善产品形象，延长顾客产品忠诚的时间。首先，酒店要充分利用产品忠诚者的口碑营销，利用其对酒店产品的认同和信赖来感染潜在顾客，不断培养新的消费群体，继续扩大饭店产品的影响力；其次，酒店应不断创新产品传播方式，加大对不同细分市场的营销力度，进行产品延伸，扩大消费群；再次，酒店应更加关注这部分消费群体满意度的提高，不仅在物质利益上给予他们更多的实惠，而且要与他们进行情感交流和沟通以满足其心理需求，提高其对酒店产品的忠诚度。

4. 产品衰退期的营销策略

酒店产品衰退期，产品传播的主要任务是对酒店产品进行更新以延长产品生命周期，同时采取必要措施扭转产品衰退。在酒店产品衰退期，酒店应对导致产品退化的原因深入细致的调查研究。一般导致酒店顾客流失的原因主要有两种：一是酒店产品经营管理不善导致产品形象受损；二是市场竞争加剧导致酒店产品占有市场份额下降。酒店应针对不同的情况采取针对性的对策来扭转产品衰退。

二、酒店新产品

1. 酒店新产品的概念

酒店新产品是指在某个市场上首次出现的或者是酒店首次向市场提供的，能够满足某种消费需求的整体产品。从经营者的角度来看，酒店新产品是指本酒店以前从未生产和销售过的酒店产品；从消费者的角度来看，则是客人认为只要酒店产品与现有的产品不同，那么这样的产品便可称为新产品。也就是说，酒店产品整体概念中任何一部分的创新、变化和改良，都可视为新产品。

2. 酒店新产品的类型

新产品可分为全新型产品、改进型新产品、模仿型新产品、系列型新产品、降低成本型新产品和重新定位型新产品。

（1）全新型新产品。全新型新产品是指应用新原理、新技术、新材料，具有新结构、新功能的产品。该新产品在全世界首先开发，能开创全新的市场。例如，在酒店发展史中，斯塔特勒所建造的酒店，开创了现代酒店的概念。

（2）改进型新产品。改进型新产品是指在原有老产品的基础上进行改进，使产品在结构、功能、品质、花色、款式及包装上具有新的特点和新的突破。这种新产品与老产品十分接近，有利于顾客迅速接受，开发也不需要大量的资金，失败的可能性相对要小。例如，针对当今酒店顾客对能在客房上网的需求，酒店对客房进行改造时，铺设连接国际互联网的线路，客房配备电脑设备等。

（3）模仿型新产品。模仿型新产品是指对国内外市场上已有的产品进行模仿生产，使之成为本酒店的新产品。例如杭州的香格里拉酒店的"怡口乐"快餐厅广受欢迎，因此周边的同档次酒店纷纷效仿，也开设类似的快餐厅。

（4）系列型新产品。系列型新产品是指在原有的产品大类中开发出新的品种、花色、规格等，从而与原有产品形成系列，扩大产品的目标市场。如酒店在客房新产品开发方面，不断完善其客房结构，在原有标准间的基础上增加商务套间、总统套房等。比如著名的万豪国际酒店集团推出了万豪侯爵酒店、庭院酒店、集市客栈等服务于不同消费水平客人的系列型酒店新品。

（5）降低成本型新产品。降低成本型新产品是指酒店利用新科技，改进生产工艺或提高生产效率，削减原产品的成本，但保持原有功能不变的新产品。例如，酒店在管理和经营中大量使用现代计算机和互联网技术，使得酒店组织结构简化、人员减少，在提供同样服务的情况下，大大降低了经营成本。

（6）重新定位型新产品。重新定位型新产品是指酒店的老产品进入新的市场而被称为该市场的新产品。例如，随着酒店竞争的加剧，许多高档酒店的餐厅走入寻常百姓家，开拓出一个新的市场。

知识链接

波士顿矩阵

波士顿矩阵（BCG Matrix）又称市场增长率—相对市场份额矩阵。是由美国著名的管理学家、波士顿咨询公司创始人布鲁斯·亨德森于1970年首创。本方法将企业所有产品从销售增长率和市场占有率角度进行再组合。

在坐标图上，以纵轴表示企业销售增长率，横轴表示市场占有率，各以10%和20%作为区分高、低的中点，将坐标图划分为四个象限，依次为"问题（？）""明星（★）""现金牛（¥）""瘦狗（×）"。企业通过充分了解这四种业务的特点，进一步明确各项业务单位在公司中的不同地位，从而进一步明确其战略目标。

		相对市场占有率	
		高	低
销售增长	高	★ ◇需要继续投入资源以稳固市场份额	? ◇尚未打开市场 ◇发展潜力较大 ◇需加大投入获取市场或出售
	低	¥ ◇资源投入较少 ◇企业的主要经济来源	✕ ◇衰退类业务 ◇撤退战略 ◇可将此类业务单元合并，统一管理

波士顿矩阵对于企业产品所处的四个象限具有不同的定义和相应的战略对策。

1. 明星产品（Stars Products）

明星产品是指处于高增长率、高市场占有率象限内的产品群，这类产品可能成为企业的现金牛产品，需要加大投资以支持其迅速发展。采用的发展战略是：积极扩大经济规模和市场机会，以长远利益为目标，提高市场占有率，加强竞争地位。管理与组织最好采用事业部形式，由对生产技术和销售两方面都很内行的经营者负责。

2. 现金牛产品（Cash Cow）

现金牛产品又称厚利产品。它是处在低市场增长率、高市场占有率象限内的产品群，是成熟市场中的领导者，是企业现金的来源，因而成为企业回收资金，支持其他产品，尤其明星产品投资的后盾。由于市场已经成熟，市场环境一旦变化，将导致这项业务的市场份额下降，公司就不得不从其他业务单位中抽回现金来维持现金牛的领导地位，否则这个强壮的现金牛可能就会变弱，甚至成为瘦狗。

对位于这一象限内的大多数产品，市场占有率的下跌已成不可阻挡之势，因此可采用收获战略：即所投入资源以达到短期收益最大化为限。①把设备投资和其他投资尽量压缩；②采用榨油式方法，争取在短时间内获取更多利润，为其他产品提供资金。对于这一象限内的销售增长率仍有所增长的产品，应进一步进行市场细分，维持现存市场增长率或延缓其下降速度。对于现金牛产品，适合于用事业部制进行管理，其经营者最好是市场营销型人物。

3. 问题产品（Question Marks）

问题产品是处于高增长率、低市场占有率象限内的产品群。前者说明市场机会大，前景好，而后者则说明在市场营销上存在问题。其财务特点是利润率较低，所需资金不足，负债比率高。例如在产品生命周期中处于引进期、因种种原因未能开拓市场局面的新产品即属此类问题的产品。

对问题产品应采取选择性投资战略。即首先确定对该象限中那些经过改进可能会成为明星的产品进行重点投资，提高市场占有率，使之转变成"明星产品"；对其他将来有希望成为明星的产品则在一段时期内采取扶持的对策。因此，对问题产品的改进与扶持方案一般均列入企业长期计划中。对问题产品的管理组织，最好是采取智囊团或项目组织等形式，选拔有规划能力、敢于冒风险、有才干的人负责。

4. 瘦狗产品（Dogs）

也称衰退类产品。它是处在低增长率、低市场占有率象限内的产品群。其财务特点是利润率低、处于保本或亏损状态，负债比率高，无法为企业带来收益。

对这类产品应采用撤退战略：首先应减少批量，逐渐撤退，对那些销售增长率和市场占有率均极低的产品应立即淘汰。其次是将剩余资源向其他产品转移。第三是整顿产品系列，最好将瘦狗产品与其他事业部合并，统一管理。

三、酒店新产品开发

（一）酒店新产品开发的概念

酒店新产品开发是指酒店对新产品的研究、构思、设计、生产和推广，其目的在于扩大酒店产品品种、提高产品质量，进一步诱导和满足旅游市场的需要。

（二）酒店新产品开发过程

为了提高新产品开发的成功率，必须建立科学的新产品开发管理程序。一个完整的新产品开发过程要经历八个阶段：创意产生、创意筛选、产品概念发展和测试、营销规划、商业分析、产品实体开发、试销、商品化。

营销案例

海滨酒店的新产品开发

海滨酒店坐落在沿海某开放城市的非繁华地段，开业已有两年。随着该市经济的进一步开放与发展，前来酒店入住的外商不断增多，约占客人总数的4%。酒店餐饮部的管理人员在和客人及服务员的接触过程中了解到一部分客人对早餐意见较大，一是花色品种偏少，二是等候时间太长。有几位客人明确提出建议，应该增设自助早餐，这样既能解决上述问题，又能增加收入——如果定价适当的话。餐饮部经理把上述情况和客人建议向总经理作了汇报。总经理指示可以考虑增设自助早餐，但为了确保这一新产品能获得成功，要求餐饮部进一步调查研究，包括到该市另一家已经提供自助早餐的酒店进行实地考察。总经理还指示对提供自助早餐所需的各种准备（包括人、财、物等方面）以及自助早餐的花色品种、服务方式、价格确定等都要先提出一个初步方案，并报请审批。经过两个多月的准备之后，海滨酒店的自助早餐正式开始供应，不仅海外旅游者热烈欢迎，许多住店的国内客人也乐意光顾。餐饮部的营业收入与利润较以前有了明显的增长。

思考与分析

1. 海滨酒店的新产品开发过程包括哪些阶段？
2. 每一阶段都完成了哪些工作？

1．新产品创意的产生

新产品开发过程的第一个阶段是寻找产品创意，即对新产品进行设想或创意的过程。一个好的新产品创意是新产品开发成功的关键，缺乏好的新产品构思已成为许多行业新产品开发的瓶颈。

酒店通常可从企业内部和企业外部寻找新产品构思的来源。公司内部人员包括研究开发人员、市场营销人员、高层管理者及其他部门人员。这些人员与产品的直接接触程度各不相同，但他们总的共同点是熟悉公司业务的某一方面或某几方面。酒店可寻找的外部构思来源有顾客、中间商、竞争对手、酒店外的相关人员、咨询公司、营销调研公司等。

2．创意筛选

创意筛选是采用适当的评价系统及科学的评价方法对各种创意进行分析比较，从中把最有希望的创意挑选出来的一个过滤过程。在这个过程中，力争做到除去亏损最大和必定亏损的新产品创意，选出潜在盈利大的新产品创意。构思筛选的主要方法是建立一系列评价模型。评价模型一般包括评价因素、评价等级、权重和评价人员。其中确定合理的评价因素和给予每个因素确定适当的权重是评价模型是否科学的关键。

3．新产品概念的发展和测试

新产品创意是酒店希望提供给市场的一些可能成为新产品的设想，新产品设想只是为新产品开发指明了方向，必须把新产品创意转化为产品概念才能真正指导新产品的开发。产品概念是酒店从消费者的角度对产品构思进行的详尽描述。即将新产品构思具体化，描述出产品的特点、具体用途、优点、外形、价格、名称、提供给消费者的利益等，让消费者能一目了然地识别出新产品的特征。因为消费者不是购买新产品构思，而是购买新产品概念。新产品概念形成的过程亦即把粗略的产品创意转化为详细的产品概念。并通过产品概念测试筛选出可以进一步商业化的产品概念。

4．制订营销战略计划

对已经形成的新产品概念制订营销战略计划是新产品开发过程的一个重要阶段。该计划将在以后的开发阶段中不断完善。

营销战略计划包括以下三个部分。

第一部分是描述目标市场的规模、结构和消费者行为，新产品在目标市场上的定位，市场占有率及前几年的销售额和利润目标等。

第二部分是对新产品的价格策略、分销策略和第一年的营销预算进行规划。

第三部分则描述预期的长期销售量和利润目标以及不同时期的营销组合。

5．商业分析

商业分析的主要内容是对新产品概念进行财务方面的分析，即估计销售量、成本和利润，判断它是否满足酒店开发新产品的目标。

6．产品实体开发

新产品实体开发主要解决产品构思能否转化为在技术上和商业上可行的产品这一问题。它是通过对新产品实体的设计、试制、测试和鉴定来完成的。根据美国科学基金会调查结果显示，新产品开发过程中的产品实体开发阶段所需的投资和时间分别占总开发总费用的30%、总时间的40%，且技术要求很高，是最具挑战性的一个阶段。

7．新产品试销

新产品试销的目的是通过将新产品投放到有代表性的小范围目标市场进行测试，帮助酒店真正了解该新产品的市场前景。市场试销是对新产品的全面检验，可为新产品是否全面上市提供全面、系统的决策依据，也为新产品的改进和市场营销策略的完善提供启示。

8．商品化

完成了以上的七个步骤后，才是新产品的商品化阶段新产品的商业化阶段的营销运作，企业应在以下几方面慎重决策。

（1）何时推出新产品。针对竞争者的产品而言，有三种时机选择，即首先进入、平行进入和后期进入。

（2）何地推出新产品。新产品是否推向单一的地区、一个区域、几个区域、全国市场或国际市场。

（3）如何推出新产品。酒店必须制订详细的新产品上市的营销计划，包括营销组合策略、营销预算、营销活动的组织和控制等。

（三）酒店新产品开发策略

1．抢先策略

抢先策略是指酒店在老一代产品衰退前，率先推出新产品，使其占领市场的新产品开发策略。采用抢先策略的酒店，必须随时注意市场上消费者的需求动向，同时把握竞争对手的状况和变化，当消费者需求开始变化时，及时推出新产品，始终占据市场领先地位。选用该策略的酒店一般应具有较强的技术和管理实力，并且有一套灵敏的市场处理和反馈系统。比如，一些酒店设立专门的菜品研究所，组织专业化的研究和试制人员，确定一系列的任务指标，这些就是在新产品开发上采用抢先策略的表现。

2. 仿制策略

仿制策略是指酒店将市场上已经存在且竞争者很少的其他企业产品,仿制成自己的新产品的开发策略。

使用这种策略要求酒店随时关注市场上新产品的动向,包括新的餐饮形式、餐厅装修、餐厅风格、餐饮经营新模式等,它们可供借鉴用以仿制出新的餐厅;也包括其他餐厅推出的受市场追捧的新菜品,经过吸收、改良,成为本企业的新菜品。

对大多数中小酒店来说,它们更多地采用仿制策略。因此,应就新产品仿制制订周密的计划,并建立一整套工作程序,力求在减少投入的同时,不断推出市场反响好的新产品,提高企业的市场竞争力。餐饮企业广泛采用的"试菜"就是仿制策略的体现。

3. 低成本策略

低成本策略是指在新产品开发时力求降低成本,以便用较低的价格渗透市场,扩大市场占有率。该策略要求酒店企业在新产品开发时,通过酒店的组织形式、经营模式等的创新,通过烹饪方法、原料使用等技术手段的改进,或通过生产组织消耗控制等管理水平的改善,努力降低新产品的成本,使之有活力并能迅速占领市场。

4. 市场服务策略

市场服务策略是在原有产品基础上,通过提供附加服务,增加产品的让渡价值,进一步吸引消费者关注的策略。市场服务策略创造的实际是一种改良新产品,也是使酒店产品寿命周期再循环的一种手段。

营销案例

酒店转型:养老酒店

位于北京市西城区天桥街道一个新的养老社区——首厚康健·友谊养老社区于2018年12月1日正式启用。这个西城区规模最大的养老项目由央企、京企联手打造,总面积达3万多平方米。项目与酒店密不可分,它分为两部分,其中活力老人居住的"健康生活社区",由新北纬饭店改造而成;与之相邻的老北纬饭店被改造成"持续照护社区",供需要护理和康复的老人居住。

酒店转型养老机构,已经不是业界的新话题。的确,两者业态比较贴近,酒店转型比较有优势,也早有酒店做出过探索和尝试。位于上海黄浦江东岸的申养滨江澜悦长者公寓就是由原世博酒店改造而成,项目内部精装为高品质的老上海风格,一层主要是各项功能性区域,餐厅、书吧、健身中心、理疗、影音室、多功能教室等,满足老年人的各项高品质生活需求。除了配备全套适老设施之外,滨江澜悦还配有智能家居系统。2018年3月8日下午,上海市相关领导调研了申养滨江澜悦长者公寓,对这样集日常生活需求和精神文化休闲为一体的综合为老平台,表示了充分肯定。

在国家医养结合发展养老业的大力提倡下,我国许多城市开始改造星级酒店。酒店转型养老机构能够取得成功,不仅是因为城市酒店多位于地理位置优越的地方,交通、医疗等配套设施比较完善,还因为城市酒店现有房间的面积、物品设置以及公共设施与养老机构的适应性强,只需进行相应的适老化改造就可以运营开业。

当然,酒店转型养老机构并不是把牌子一换就可以,需要花大气力进行改造。记者发现,首厚康健·友谊养老社区内设有棋牌室、图书馆、影院等设施,同时还开设书画、音乐、才艺、语言等课程,不定期举办成果展,以展示老年人们的书画作品,以便互相学习,互相交流，提高书画水平。首厚康健养老有限公司负责人张孟春说："从酒店到养老社区，我们花了一年多的时间进行改造。所有设施的设计均考虑到老年人生活的便利性与安全性，比如，改造后的卫生间不仅有扶手、浴凳和智能马桶盖，还配有红色拉绳的紧急呼叫按钮。整个房间科技含量最高的是智能床垫，只要躺在上面，老年人的心率和呼吸等指标就能实时传到养老社区的后台。"

不仅是设施上的转型，首厚康健·友谊养老社区还根据老年人不同阶段的需求提供相应程度的照护服务。好的照护团队，对养老社区来说至关重要。老北纬饭店在养老产业的开拓中也注意到养老服务的重要性，已经与日本的医学馆合作，引进日本最领先的养老服务技术，让中国老年人享有国际水准的养老照护服务。

海南高端养老服务机构——海南天来泉养老产业投资集团（简称"天来泉"）总裁陈新宝此前在接受媒体采访时表示，打造一个完整又成熟的养老服务机构及体系非常耗时，慢节奏的"供"远远赶不上快节奏的"求"，于是"再改造"取代"再建"成为海南养老企业及机构适应养老需求的一个新做法。对酒店进行"再改造"应从软件、硬件两方面出发。天来泉除了在走道及房间张贴各类温馨提示，在浴室增加防滑垫、淋浴座椅、紧急呼叫一键拨打按钮，在室内对易碰撞的家具增加防撞包边等外，还为老年人们配备了生活管家、健康专员和养乐专员，比如，生活管家可以为老年人们提供24小时全方位服务，帮助其解决生活所需，包括买一双拖鞋、买药，甚至买一根针，以及提供旅游咨询、路线规划、安排网约车等。

酒店转型养老机构同样面临从业人员短缺的问题。杭州"阳光家园"养老院的做法或许为解决这一难题提供了有价值的思路：他们推出了"陪伴是最长情告白"项目，除了老年人外，还住进去了14位年轻人，年轻人每个月只要支付300元房租，就能住进养老院里大约30平方米的"酒店标间"，不过，想住进去的年轻人是有条件的，那就是每个月要花不少于20个小时参加养老院里的助老志愿服务，照顾的形式可以是过节时办文艺晚会、陪老人散步等。这个新创的项目不仅解决了服务人才匮乏的问题，也解决了年轻人的住房问题，更培养了年轻人的敬老爱老之心。

养老酒店虽是"夕阳"市场，却是"朝阳"产业。酒店要转成养老院，绝不只是换个名字那么简单，仍有很长的路要走。（资料来源：穆非. 又见养老酒店开业，但酒店转型养老机构并非换块牌子那么简单. 酒店评论，2018-11-08.）

思考与分析

1. 你认为养老酒店的市场前景怎么样？
2. 养老酒店目前面临的问题有哪些？如何解决这些问题？

项目训练

一、基础练习

1. 选择题

（1）酒店餐厅延长营业时间，推出夜市小吃服务，这属于（　　）新产品。

A. 全新型　　　B. 改进型　　　C. 模仿型　　　D. 降低成本型

（2）美国著名的饭店大王斯塔特勒在总结自己一生的营销经验后，得出一个颇令同行们推崇的结论：（　　）是酒店产品中最重要的因素。

A. 地理位置　　B. 设施　　　C. 服务　　　D. 酒店形象

（3）在酒店产品整体观念中，能给客人带来基本利益和效用，提供使用价值的是（　　）产品。

A. 延伸　　　　B. 期望　　　C. 形式　　　D. 核心

（4）凯悦酒店设有客房、餐饮、酒吧、商场、邮电、桑拿浴、游泳池、网球场、夜总会、健身房等产品，这是指该酒店产品具有较好的（　　）。

A. 广度　　　　B. 长度　　　C. 深度　　　D. 关联度

（5）在波士顿矩阵（BCG Matrix）中，相对市场占有率高、销售增长率低的产品是（　　）产品。

A. 瘦狗　　　　B. 金牛　　　C. 明星　　　D. 问题

（6）（　　）产品指低市场成长率、高相对市场份额的业务，这是成熟市场中的领导者，它是企业现金的来源。

A. 明星　　　　B. 现金牛　　C. 问号　　　D. 瘦狗

（7）塑造品牌是酒店产品生命周期（　　）阶段的主要营销策略之一。

A. 投入　　　　B. 成长　　　C. 成熟　　　D. 衰退

（8）营销主要任务是维系和提升顾客的产品忠诚度的产品生命周期是（　　）。

A. 投入期　　　B. 成长期　　C. 成熟期　　D. 衰退期

（9）原为五星级酒店的丽星酒店经营多年，装潢设施老化，客流量下降，遂决定降档经营。丽星酒店对于中档市场属于（　　）类型新产品。

A. 降低成本　　B. 模仿　　　C. 改进　　　D. 重新定位

（10）酒店在客房新产品开发方面，不断完善其客房结构，在原有标准间的基础上增加商务套间、总统套房。该新增加的产品属于（　　）新产品。

A. 改进型　　　B. 模仿型　　C. 系列型　　D. 全新型

2. 简答题

（1）简述酒店产品构成。

（2）酒店产品组合方式有哪些？

（3）简述酒店产品的策略。

（4）简述波士顿矩阵（BCG Matrix）的内容。

（5）酒店产品生命周期的各个阶段的重点营销策略有哪些？

（6）简述酒店新产品类型。

（7）简述酒店新产品的开发策略。

3. 思考题

（1）选择一家你所熟悉的酒店，利用酒店产品构成和整体观念对该酒店产品进行分析，举例说明该酒店产品的五个层次分别是什么？

（2）以你所熟悉的酒店为对象，以年夜饭为主题，思考其可能的酒店产品组合有哪些？

二、实践练习

<h3 style="text-align:center">H酒店促销产品设计</h3>

酒店市场普遍受季节性影响较大，H酒店计划在销售淡季开展促销活动，拟推出订婚

宴送婚礼策划，现将任务指派给你的团队，请带领你的团队完成产品设计。

要求：

（1）确定组长，以小组（3～4人）形式完成产品设计；

（2）首先进行市场调查，确定婚宴规模；

（3）在既定的婚宴规模下进行婚宴设计；

（4）构思婚礼策划主题，撰写婚礼活动策划方案；

（5）制作PPT文件，进行产品展示。

三、案例

酒店婚宴产品的设计与开发全案

一、酒店婚宴消费市场潜力巨大

目前婚宴业务已成为众多高星级酒店非常重要的一部分收入，远远超过为企业提供会务或其他宴会活动的利润。

1．酒店打好"婚宴"品牌能带动酒店品牌的显著提升

酒店承接一场婚宴不但能取得很高的经济收益，而且能带动客房、康乐、餐饮等许多部门，因此对于酒店品牌形象的打造具有十分重要的意义。

目前，酒店在争夺婚宴市场上的竞争日趋激烈。要获得市场份额，应考虑发挥自身硬件和软件的优势，在婚宴产品设计、氛围营造上精心策划；在服务方面显示特色；在菜食质量、成本控制等方面下工夫，将"婚宴"打造成价位贴近市场、服务优质、款客亲切的独特品牌，从而带动酒店品牌的提升。

2．酒店婚宴开发有着诸多优势

首先是硬件的综合优势，在婚宴举办的选择中，高星级酒店的硬件和环境是吸引客人的外部条件。

其次，是在产品组合上，如客房、娱乐的多项附加产品提供，隆重的婚宴仪式和优质服务更是吸引客人的内在因素，往往成为新人和长辈的首选。

第三，酒店具有品牌的吸引力，往往是一个城市高档消费市场的象征，婚宴举办者在酒店举办婚宴是身份和体面的表现。

第四，酒店在婚宴服务上，基本上有一套服务规范，特别是对菜食质量的卫生和安全管理较为严格。一些高星级酒店举办宴会，都有菜肴留样监测等管理措施，这种过得硬的管理，给婚宴举办者以更多的考虑因素。

二、酒店婚宴产品设计

要想在竞争激烈的婚宴市场里占据一席之地，酒店就要从婚宴产品的设计着手，抓住婚宴产品设计的要素，才能吸引新人，拓展市场。

1．准确的婚宴市场定位

准确的市场定位是进行婚宴市场开拓的基础。为了更好地把握市场的脉搏，永远走在市场的前列，要定期对当地的婚庆市场进行调查分析，找准宾客集中的需求点。在此基础上对婚宴的定位进行调整，增加综合服务项目，突出婚宴中的"情感"服务点。

2．设计有鲜明特色的主题宴席

婚宴主题设计是指酒店抓住婚宴举办者特殊时候的特殊情感的需求变化，创造一种能倾诉主人情感的系列活动。酒店婚宴主题是否具有特色也是婚宴举办者选择的关键要素之一。如何确定婚宴主题则需要从宾客的需求出发，只有找到宾客特定想要的主题加以度身

定制，才能真正满足宾客的期望。

3．继承传统文化，增加婚宴的"情感"传递

婚宴文化，是指围绕婚宴所形成的文化事项。酒店在婚宴文化的设计和传承中，一是要将表演性、民俗性与参与性、商业性有机地结合起来，注重婚宴的文化内涵和经济内涵；二是将地方婚礼习俗与婚宴环节中的情感诉求结合起来，形成独特的婚宴看点。

4．环境布置，缤纷创意中倾注情感

婚宴在外观布置、气氛营造等方面投资，为的是在缤纷创意中倾注新人的情怀诉求。目前诸多酒店在婚宴的创新中融合中西文化特征，传统中式婚俗与新潮西方文化结合，加上地理位置、经营理念等因素的显现，使婚宴各具特色，缤纷多彩。

5．"婚宴管家"，打造专业化婚宴服务品牌

婚宴服务涉及酒店服务的方方面面，婚宴筹办人员期望酒店能提供无缝协助，无须婚宴举办者费心，主动满足他们的需求。为此，"婚宴管家"应运而生。"婚宴管家"沿袭了传统婚礼中操办"总管"的概念，融合现代酒店服务的最佳理念"金钥匙"服务精神，全程协助、代办婚宴进行过程中的一切事务。"婚宴管家"现已成为酒店婚宴品牌的标志性服务。

6．"亲情"服务，细微之处见真章

酒店通过在婚宴设计多重服务细节，代表新人向客人传达尊重和热情，使客人感到新人对他们的尊重。

7．婚宴菜肴，别具一格诉真情

婚宴上，菜食的质量和特色永远是婚宴主办者的主要需求。端上婚宴餐桌宴请宾客的菜色应该美味可口、菜量丰富、菜色特别或至少不落俗套，烹调方式精致完美。"菜点重质量、婚礼有氛围"成为酒店在婚宴市场定位的核心。

三、酒店婚宴产品的市场促销

酒店婚宴市场的开拓也有一个塑造品牌、培育品牌和推广品牌的过程。酒店婚宴在刚进入市场时，也面临着不被宾客所知的情况，因此如何迅速、有效地进入婚宴市场就成了刚开始时的首要之事。在婚宴市场的开拓上，不仅要有常规性的硬性广告宣传，更要注重情感促销和口碑营销。

1．以特色产品组合赢得顾客的青睐

酒店婚宴的多元化组合产品应该十分丰富，酒店可以计算出每项免费项目的成本并进行分类。低成本的项目或酒店已有的配套设施，在不影响菜单质量的情况下可以组合成一套新的服务项目，尽可能避免占用高成本来完善所有的配套项目，造成高成本的菜单缺乏吸引力。

2．提高产品附加值，吸引市场

在增加婚宴产品的附加值方面，宜充分发挥酒店完善配套设施的优势。从员工中培养出口才和气质俱佳的司仪负责婚宴现场的仪式安排，协助主人渲染婚庆气氛，免费代购酒水，免费婚纱租用，甚至联合专业公司推出免费订做合身晚礼服。这些独具特色的附加服务不但防止了一味的价格竞争，反而巧妙地提高了宾客选择菜单的档次，使酒店得到较高额的回报。

3．缔结战略联盟，开发潜在客户市场

酒店业与各专业团体合作，展开团体促销以开发潜在主市场是目前酒店做好婚宴市场

项目五　酒店产品策略

开拓的最佳办法。酒店可积极探索新思路，采用与当地知名婚纱店进行互利合作、组织婚庆展、拍摄"婚庆专辑"、与合作企业共同促销、到成片住宅小区做婚宴专题促销活动、邀请潜在顾客到酒店免费试菜等方式，进一步争取潜在消费顾客群。

4．情感促销加重销售砝码

情感促销也是酒店婚宴品牌的一个有效方法。婚宴洽谈员在长期与宾客接触的过程中必须善于区分每一种类型的宾客，从而在今后的拜访与促销中可以在最短时间内去把握和研究每一种类型宾客的心理，进行情感促销。

5．打好概念营销这张牌，扩大"口碑"效应

酒店应打好概念营销这张牌，利用"口碑"来扩大婚宴的销售。在大多数情况下，消费者购买产品并不仅仅是为了购买产品本身，更多的是产品所能够给消费者带来的核心利益和它所能给消费者带来的期望。因此，在与消费者进行沟通交流过程中，需要我们去创造一种时尚，引领一种潮流，争取更广泛的好口碑，尤其对婚宴宣传来说，口碑宣传的效应比广告效应更可靠。

6．策划相应的公关活动，创造轰动效果

公关策略也是提高酒店婚宴产品的美誉度、影响公众行为、为企业塑造良好形象、为企业创造良好的市场营销环境的一种更高级的促销方式。婚礼展示会、集体婚礼已成为酒店扩大知名度、树立良好企业形象的常用方式。（资料来源：餐饮人微报．智库|酒店婚宴产品的设计与开发全案．Lookhotel，2014-08-07）

思考与分析

我国每年有1000多万新人举行婚礼，综合消费能力高达2500亿元人民币之多，因此婚庆市场被业内人士称之为"甜蜜金矿"。婚宴商机众多，结合案例考虑酒店如何把握这个机会，扩大自己的营业业绩。

项目六 酒店价格策略

【项目导览】

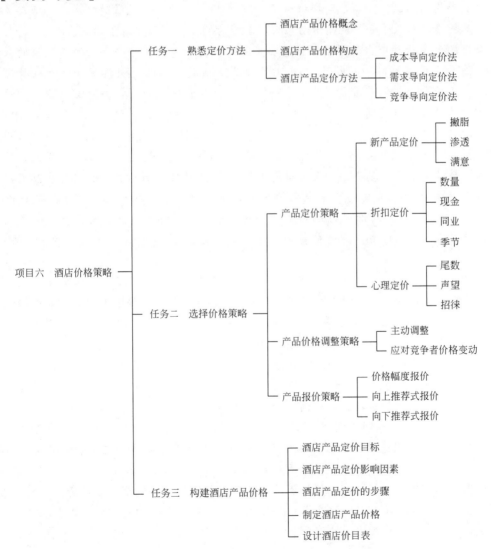

学习目标

1. 了解酒店产品价格构成，熟悉酒店定价方法，能够利用至少一种方法对酒店产品进行定价。
2. 理解定价策略，能够选择恰当的定价策略促进酒店产品的销售。
3. 掌握产品报价策略，能够根据具体情境，采用恰当的报价策略尽心报价。
4. 了解酒店定价目标，在考虑到酒店价格影响因素的基础上制定酒店产品价格，并设计酒店价目表。

案例导入

"双十一"，酒店为吸引消费者真是操碎了心

今年的"双十一"已经落下帷幕，这是第十次的"双十一"大促活动。"衣食住行"，只买穿的和用的怎么行。酒店同样推出了"'双十一'大促，满足你的吃和住"活动。那么酒店是如何借助"双十一"促销活动来吸引消费者的呢？下面记者带你来看看。

今年的优惠活动中出现了很多预售类产品。作为世界上第一个建在废石坑里的豪华酒店，上海佘山世茂洲际酒店将于11月20日开业。在阿里巴巴集团旗下综合性旅游出行服务平台"飞猪"上，酒店进行了"双十一"大促，两天一晚的预售房价仅1488元。截至目前，该酒店开业首日房间已全部订满。此外，早在10月中旬，锦江之星联合淘宝APP及旗下的飞猪旅行APP推出了锦江之星集团旗下所有品牌酒店的优惠预售活动。原价199元的房间，提前下定金只需要119元就可入住，原价398元的房间，238元可以住两晚。几乎是半价入住精品酒店了。定金的使用时间是从2018年11月12日开始至2019年2月28日结束。

再来看看刚开业不久的阿里未来酒店，其早早加入了"双十一"预售，平日价套餐3000元，"双十一"特惠价仅为1399元。据酒店介绍，此份套餐价格除了含有豪华间入住外，还有双人份自助早餐、定制午餐和自助晚餐以及限额免费洗衣、未来健身中心使用权、入住神秘礼等。

在"双十一"这一天，即使你不是有钱人也可以在豪华酒店享受至尊服务。上海静安瑞吉酒店微信商城于11月7日—10日开启劲爆折扣：1元就可以换购瑞吉酒吧夏桐起泡酒一瓶；11元可选购宴庭招牌菜；秀餐厅自助晚餐买二享三；石亭午市和晚市套餐买一送一；998元优享BESPOKE原价2023元双人浪漫晚餐。

对于上述现象，华美顾问机构首席知识官、高级经济师赵焕焱在接受《酒店评论》记者采访时说："我认为，一些新酒店比较适合做'双十一'促销活动，因为新酒店的知名度较低，迫切需要打开市场，吸引消费者前来体验和消费，建立和提高酒店知名度，因此，新酒店在'双十一'期间以优惠价促销是非常有利的。除此之外，一些城市便捷酒店可以在'双十一'期间通过看似轻松幽默实则对客人满满诚意的广告文案来吸引消费者到店消费。"

线上预热，线下打折。城市便捷酒店却另辟蹊径地抢占年轻消费者市场。有网友表示，所在的城市推出了一项"特殊服务"——断网服务，即，如果你有需要，酒店在"双十一"当天就给你断网。该广告文案给消费者留下了较为深刻的印象——

"她控制不住自己,她打开手机,她的目光在闪烁,她塞满了购物车,大多数东西她都不需要,但她有点冲动,荷尔蒙正在飙升,你能做什么?这个'双十一'带她来城市便捷酒店,我们可为你提供私享断网服务。手,不仅可以剁,还可以牵。"

酒店为了吸引消费者操碎了心:各种打折、满减、促销、通用券、秒杀等。江苏九洲环宇商务广场有限公司总经理方世宏在接受《酒店评论》记者采访时表示,表面上看,一些酒店在"双十一"当天确实营收满满、大获丰收,然而,许多消费者都是冲着价廉物美去的,一旦住过吃过,这一波消费者在"双十一"之后再去的可能性就不大了,消费者只是把"双十一"前后的购买需求集中放在"双十一"当天罢了。其实这对于凑了热闹打了折的酒店来说是不符合收益管理的。笔者认为,"双十一"比拼的不应只是价格,还应考虑如何用品质和服务留住消费者。(资料来源:穆非."双十一",酒店为吸引消费者真是操碎了心. 酒店评论,2018-11-13.)

思考与分析

1. "双十一"最吸引你的原因是什么?
2. 案例中都使用了哪些促销手段?
3. 你是否赞同江苏九洲环宇商务广场有限公司总经理方世宏的话?你怎么理解"双十一"期间的酒店集中促销打折行为?

为了有效地开展市场营销活动,促进销售收入的增加和利润的提高,酒店不仅要给自己的产品制定基本价格,而且还需要对已经制定的价格进行修改,最后还需要使用恰当的沟通技巧进行产品的报价。

任务一 熟悉定价方法

价格是市场营销组合要素中最活泼的要素,它直接关系到市场对产品的接受程度,影响市场需求和企业利润的多少,涉及酒店产品投资者、经营者、消费者等各方面的利益。

一、酒店产品价格概念

酒店产品一旦定型,面临的第一个问题就是制定合理的销售价格。在酒店市场营销组合中,价格是能使酒店获得收入和利润的唯一因素(图6-1)。

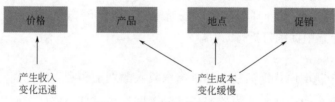

图6-1 酒店产品价格的制定

酒店价格是酒店产品价格的简称,是以货币形式表现的酒店产品价值,是顾客对酒店产品价值的市场认知。酒店在定价决策时需要贯彻以顾客为中心的营销理念,关注顾客成本和顾客的价值及顾客让渡价值。

二、酒店产品价格构成

酒店产品的价格基本构成包括理论价格构成和实际价格构成两个方面。

(一)理论价格构成

1. 物化劳动价值

物化劳动价值指酒店的房屋设施、家具、机器设备、床品原材料、餐茶用品、炊具物料、水电燃料等各种以物质形式存在而又在销售过程中逐渐消耗的物品价值。由于这些以物质形式存在,直接或渐接消耗的劳动价值都会直接或渐接转移到酒店产品的成本或费用中去而最终加入到产品价格,成为价格构成中的一部分,所以,其被称为物化劳动的转移价值。

2. 必要劳动价值

必要劳动价值是指酒店员工,包括管理人员、技术人员、医务人员、后勤保障与职能人员为自身劳动所创造的价值,即劳动力价值。其主要由员工的基薪工资(以等级工资为主)、奖金工资、社会统筹("三险一金")和员工福利四部分组成,它们共同构成企业人工成本。由于这些价值是员工创造的,是确保社会劳动力的生产和再生产能够顺利进行所必需的价值，所以称为必要劳动价值。这部分价值是企业应该定期支付，也必须支付的。

3．剩余劳动价值

剩余劳动价值指酒店以税金和利润形式为国家所创造的公共积累及为企业所创造的价值。这部分价值是社会新增财富的重要来源。

必要劳动和剩余劳动都属于活劳动，其价值即劳动力本身的价值。前者是劳动者为自身劳动创造的价值，后者是劳动者为社会和投资人及其企业创造的价值。

从理论上讲，酒店产品的价格就是由物化劳动价值、必要劳动价值和剩余劳动价值这三个部分组成的。

（二）实际价格构成

酒店产品价格是指酒店顾客购买其产品时所付的货币量，其构成公式是：

$$酒店产品价格 = 产品成本 + 费用 + 税金 + 利润$$

酒店产品成本是指在经营过程中发生的各项直接支出，所以又称营业成本，如餐饮原材料成本、商品进价成本、洗涤成本和其他成本等。酒店企业成本与一般企业成本的区别在于，其人工费用一般不计入营业成本，而计入营业费用。人工费用是指酒店职工的工资以及按工资一定比例计提的职工福利费，酒店以提供服务为主，服务往往是综合性的，各项服务花费了多少人工费用，应负担多少工资，没有一个合理的标准和分摊依据。因此，酒店的人工费用一般直接计入营业费用，而不是直接计入营业成本。

酒店费用是经营过程中为赚取某一会计期间的收入而发生的与经营管理活动有关的费用。这一期间费用应从企业的营业收入中得到补偿，直接计入当期损益。酒店费用具体是由营业费用、管理费用和财务费用三部分组成。营业费用是指各营业部门在经营中断发生的各项费用；管理费用是指酒店为组织和管理经营活动而发生的并由酒店统一负担的费用；财务费用是指酒店经营期间发生的利息净支出、汇兑净损失、金融机构手续费、加息及筹资发生的其他费用。但需要指出的是，在实际计算酒店各部门的产品价格时，上面产品价格计算等式中的费用主要是所在部门涉及的营业费用或加入部分部门管理费用，不计财务费用。

税金是指酒店经营期间必须上缴国家的各种税款。利润是收入减去成本、费用和税金后的净额，它反映了酒店在一定会计期间的经营成果。

知识链接

中国酒店房价常用计价方式

1．基本客房价格（Rack Rate）

基本客房价格又称标准客房价格、公布客房价格、门市价、散客价等，它是价目表（Tariff）上公布的各种类型客房的现行价格。

2．追加客房价格

追加客房价格是在公布价格基础上，根据宾客的住宿情况另外加收的房费。通常有以下几种情况。白天租用价（Day Charge），是指酒店为白天到酒店住宿但又不在酒店过夜的宾客所提供的客房价格，一般酒店按半日房费收取，所以又称为"半日价"。但在酒店营业中较多见的是宾客退房离店超过了规定时间，酒店将向宾客收取白天房费。许多酒店规定：宾客在12时后、18时前退房，加收半天房费；在18时以后退房，加收一天房费。加床费价（Rate for Extra Bed），是指酒店给需要在房内临时加床的宾客加收房费。深夜价

(Midnight Charge),是指宾客在凌晨抵店,酒店将向宾客加收一天或半天房费。保留价(Hold-room Charge),是指住客短期外出旅行,但继续保留所住客房,或因特殊情况未能及时抵店,酒店通常需要宾客支付房费,但一般不再加收服务费。钟点价(Time Rate),是指酒店客房完全根据入住时间的钟点计算客房价格,一般在6小时以内,即2~3小时收取房费1/3,3~6小时收取房费2/3,6小时以上收取全房费,一般18点以后不用此方法。

3. 特别客房价格

特别客房价格是根据酒店的经营方针对公布价格做出的各种折让价格。酒店日常采用的折让价格有:团队价(Group Rate),是指酒店为团队客提供的数量折扣,其目的在于吸引大批宾客,从而售出大批量的客房;家庭价(Family Plan Rate),是指酒店为携带孩子的父母所提供的折扣价格,例如为未满六岁儿童免费提供婴儿小床等,以刺激家庭旅游者;小包价(Package Plan Rate),是指酒店为有特殊要求的宾客提供的一系列报价,通常包括房费及餐费、游览费、交通费等,以方便宾客预算。折扣价(Discount Rate),是指酒店向常客(Regular Guests)、长住客(Long-staying Guests)或有特殊身份宾客(VIP)提供的优惠价格;免费(Complimentary Rate),是指酒店在互惠互利的原则下,给予和酒店有双边关系的宾客免费招待待遇。免费的范围既可以包括餐费,也可以仅限房费。通常只有总经理才有权批准。按一般的惯例,对满15名成员的团队,免费提供双人间的一张床位,即"十六免一"。

4. 合同房价

合同价又称公司价、批发价,是酒店给予长期合作的公司或机构的优惠客房价格。例如,一些中间商销售酒店的客房产品要获取销售利润,为此与酒店确定散客和团队的优惠价,使他们能将酒店客房产品销售给宾客后有足够的毛利支付销售费用而获得利润。根据中间商的批发量和付款条件酒店给予不同的数量折扣和付款条件折扣。

三、酒店产品定价方法

(一)成本导向定价法

成本导向定价法是一种传统以价值为导向的定价方法。常见的成本导向定价法包括成本加成法和目标收益定价法两种类型。

1. 成本加成定价法

成本加成定价法是指在产品成本的基础上加上一定的毛利润来构成产品的价格,大多数企业是按照成本利润率来确定所加利润的大小。

成本加成定价法的计算公式为:

$$价格 = 成本 + 成本 \times 成本利润率 = 成本(1+成本利润率)$$

采用成本加成定价法来制定酒店旅游产品价格,其核心内容在于一方面要以平均成本为准对产品的成本进行核算,另一方面要根据产品的市场需求弹性以及不同产品来确定适当的成本利润率,成本加成定价法除了具有简便易行的优点之外,在市场环境诸因素基本稳定的情况下,采取这种方法可以保证行业内各企业获得稳定的利润,同时也避免了价格有较大的起伏。

2. 目标收益定价法

目标收益定价法是根据总成本和预计的总销售量确定应达到的利润目标,从而计算产品价格的定价方法。

目标收益定价法的计算公式为：

价格=（总成本+目标利润）/预期销售量

目标收益定价法的优点是可以保证实现既定的目标利润，而且操作比较简单，因而也成为产品定价的重要方法。但是该方法容易忽视价格与需求之间的关系，用预期销售量估计的产品价格不可能保证销售量必然会实现。尤其是在产品需求价格弹性较大时，问题更加突出。

成本导向定价法忽略了市场需求、竞争、消费心理等因素，因此具有一定的局限性，但由于酒店业与其他行业相比，其成本构成有很大的不同。酒店业固定资产的投资占总投资额的比例一般在70%～80%，因此，以固定资产折旧、设施摊销、员工工资等构成的固定成本的支出占酒店整个客房成本的比例几乎达到90%左右。而客房的变动成本可能每晚只有区区几十元至一二百元。所以该方法在酒店行业使用较多，如酒店中经常使用的千分之一定价法和赫伯特定价法都属于成本导向定价法。

知识链接

千分之一法

所谓"千分之一"法就是以酒店建筑投资总额为基数，乘以千分之一得到的数值即为酒店拥有客房的平均客房价格。

例如：

某酒店建造总成本为1亿美元，酒店拥有客房总数为1000间，用千分之一定价法计算该酒店客房的平均客房价格是多少？

平均客房价格=（1亿美元÷1000间）/1000=100

使用"千分之一法"计算出来的客房价格是酒店拥有全部客房的平均客房价格。酒店所拥有的客房房型有多种，因此还要将该平均客房价格分解到不同客房类型，确定各种类型客房的平均客房价格。

"千分之一法"的不足之处是未考虑影响酒店价格的其他重要因素，诸如经营环境的变化、市场竞争的状况、酒店位置等。所以该方法只能作为客房定价的基点或仅作为参考因素，而不能成为酒店经营者最终定价的决策工具。

赫伯特定价法

赫伯特定价法又称投资回收定价法，是美国酒店和汽车旅馆协会主席罗伊·赫伯特主持发明的，它以目标收益作为客房定价的出发点，其具体的方法包括以下3个步骤。

（1）测算酒店年度营业总额。赫伯特公式法首先考虑的是酒店的还本付息。酒店建筑或改造过程中，一般都会向银行贷款，这就需要还本。即使不贷款的那一部分建筑投资，也必须得到回收并取得收益，而银行贷款后又必然需要支付利息。在此基础上，还要分析市场供求关系，预测酒店经营中需要支出的成本费用率。一般来说，客房毛利率较高、成本率较低，而全店的成本费用率则要高一些。

因此，采用赫伯特公式法，酒店年度营业额的计算公式为：

$$M_1=(Q/T+R)/r$$

式中 M_1——酒店年度营业额；

Q——酒店总投资额；

R——预算年度利息额；

T——还本付息期限；

r——酒店预算成本费用率。

（2）预算客房年度销售总额。酒店经济收入主要来自客房、餐饮、康乐和商品4大营业部门。其中客房收入是主要的，其具体比例高低各酒店不完全相同。现阶段，我国多数酒店的客房收入占总销售额的60%左右。因此，客房年度销售总额是根据全店预计总销售额和客房销售份额来确定的。公式为：

$$M_2 = M_1 \times n\%$$

式中　M_2——客房年度总收入；

n——客房销售份额。

（3）核定客房价格。在预算客房年度支销售总额的基础上，根据酒店客房数量和预测出租率，即可核定出客房价格。其计算公式为：

$$P = M_2 / x \times f \times 365$$

式中　P——客房基价；

x——酒店客房总数；

f——预测客房出租率。

（二）需求导向定价法

1．理解价值定价法

这是以顾客对酒店产品价值的理解和认知程度为依据来制定价格的，是市场导向观念的产物，通常被称为理解价值定价法或感受价值定价法。它根据顾客理解的价值，就是根据顾客的价值观念定价。这要求运用经营组合中哪些价格因素影响顾客，顾客心目中对酒店产品价值的印象如何，并要根据顾客的价值观念制定相应的价格。例如，一位消费者在"7—11"里喝一杯咖啡要付10元，在星巴克就要28元，而在五星级酒店要付58元。在这里，价格一级比一级高并非是由成本所决定的，而是由于附加的服务和环境气氛增加了顾客对商品的满意程度，因而为商品增添了价值。

运用理解价值定价法的关键是，要用自己的产品同竞争对手的产品相比较，找到比较准确的理解价值。因此，在定价前必须做好营销调研工作，否则，定价过高或过低，都会造成损失。定价高于买方的理解价值，顾客就会转移到其他地方，销售量就会受到损失；定价低于买方的理解价值，销售额便会减少，同样会受到损失。

理解价值定价法认为，某一产品在市场上的价格和该产品的质量、服务水平等，在顾客心目中都有特定的价值，销售的产品的价格和顾客的认知价值是否一致是产品能否销售出去的关键。

2．需求差异定价法

所谓需求差异定价法就是利用酒店产品的需求强度和需求弹性的差别来制定产品价格。如一年中不同的日子和不同的时间，同一客房可能会以不同的房价出租给顾客。同样，房价的变化将会吸引特殊的消费群体。

（1）产品差异定价法。根据产品的不同形式进行差别定价。比如根据酒店客房的特色差异、客房大小、豪华程度、外景、所在楼层等把房价分化出不同的种类。这种定价方法目前在许多酒店得到采用。

（2）消费者差异定价法。对不同消费者采取不同价格。酒店的客房有散客价、旅行社价、合同价等。

（3）时间差异定价法。对不同时间提供的同一类产品采取不同的价格。酒店产品具有典型的季节性特征，往往在淡季会推出折扣价。

（4）地点差异定价法。根据地理位置的不同而进行的差别定价。同一酒店同种规格的客房，由于分布的楼层、采光条件等都会影响产品的价格。

想一想

1. 举例说明你所知道的需求差异定价实例。
2. 谈一谈为什么需求差异可以作为定价操作内容？
3. 还有哪些类型的需求差异可以用做定价？

营销提示

酒店客房需求差异定价法的前提条件是：

第一，酒店能够了解不同层次的顾客入住酒店的愿望和能力，即知道不同的顾客对酒店客房所具有的不同的需求弹性；

第二，目标市场必须能够细分，而且这些细分市场要显示不同的需求程度；

第三，不同的细分市场之间必须是相互分离的，应特别注意的是，负责低价的细分市场人员不得将产品转手或转销给负责高价的细分市场；

第四，酒店细分和控制市场的费用不应超过差异定价法所得的额外收入。

（三）竞争导向定价法

定价时主要以竞争对手的价格为考虑因素，其特点是，只要竞争者的价格不动，即使成本或需求变动，价格也不动。反之亦然。竞争导向定价方法具体运用时有以下几种实际操作办法。

1. 领头定价法

如果所制定的价格能符合市场的实际要求，采用领头定价姿态的，即使处在竞争激烈的市场环境中，也是可以获得较大的收益的。

2. 随行就市定价法

这种方法是根据同一行业的平均价格或其直接对手的平均价格决定自己的价格。人们普遍认为市价反映了行业集体智慧，因此随行就市定价法能获取理想的收益率。

3. 追随核心酒店定价法

在酒店市场上，一些著名的、市场份额占有率高的酒店往往左右着酒店价格水平的波动，在一些存在着酒店集团垄断性的市场上，它们的价格决策往往影响更大。精明的酒店营销人员在激烈的竞争中眼睛时时盯着别人，特别是竞争对手和对市场价格起主导作用的酒店的动向。

竞争导向定价法中采用最普遍的是追随核心酒店定价法。之所以普遍，主要是因为许多酒店对于顾客和竞争者的反应难以作出准确的估计，自己也难以制定出合理的价格，于是追随竞争者的价格，你升我也升，你降我也降。在高度竞争的同一产品市场上，顾客，特别是大客户旅行社对酒店的行情了如指掌，价格稍有出入，顾客就会涌向价更廉的酒店。因此一家酒店跌价，其他酒店也追随跌价，否则就要失去一定的市场份额。对于一个产品不能储存的行业来说，竞争者之间的相互制约关系表现得特别突出。相反，竞争对手提高价格，也会促使酒店作出涨价的决策，以获得较高的经济效益。

任务二 选择价格策略

采用成本、需求、竞争导向的定价方法制定出来的酒店产品价格往往并不是该产品的最终价格,而是其基本价格,还需要采取合适的定价策略来确定最终价格。各酒店通常会采取比较灵活的价格策略,并根据实际情况及时调整酒店产品的价格。

一、产品定价策略

(一)新产品定价策略

新产品定价是营销策略中十分重要的问题。新产品定价是否合理关系到能够打开市场、占领市场和获得预期利润的问题,对于新产品以后的发展具有重要意义。

1. 撇脂定价策略

撇脂定价策略是一种高价格策略,即在新产品进入市场初期,以超出产品的实际价格较多的价格出售,以期获得较高的利润。这种定价策略犹如从新鲜的牛奶中撇取奶脂,因而被称作撇脂定价策略。新颖、有特色的酒店产品刚刚出现在市场上时,价格相对高一些是符合市场规律的。

撇脂定价策略的优点是对新颖的酒店产品实行高价策略,容易引起消费者的注意和激发其购买热情,同时也有利于该酒店新产品尽快占领市场,取得高额利润,尽快收回投资。而且,这种定价策略的降价空间比较大,可以在竞争加剧时采取降价手段,既可以限制竞争者的加入,又符合消费者对价格从高到低的客观心理反应。但是这种定价策略要求市场上存在高消费或者时尚性的需求,并且在实行高价策略后,不会刺激更多竞争者进入市场。这种定价策略一般适用于不易模仿的酒店新产品。

2. 渗透定价策略

渗透定价策略是一种低价策略,是利用消费者求实惠、求低价的心理,在新产品进入市场初期,将其价格定在预期价格之下,以较低价格进行促销,迅速打开销路并占领市场的一种策略。

渗透定价策略的优点是对一些特点不显著、容易模仿的酒店产品实行低价策略,可以阻止其他酒店加入,减少本酒店的竞争压力,但是,这种定价策略需要产品的销量巨大,还可能会导致投资回收期变长;而且在遇到强劲的竞争对手时,可能遭到重大损失。

3. 满意定价策略

满意定价策略是一种折中价格策略,是介于撇脂定价策略与渗透定价策略之间的一种价格策略,即根据顾客在购买酒店产品中所期望支付的价格来制定新产品的价格,这样酒店产品在投放市场后能够保证酒店取得一定的利润,也能够为酒店顾客所接受,因而被称为满意价格策略。这种定价策略适合大多数消费者的购买能力和购买心理，比较容易建立较稳定的商业信誉。

（二）折扣定价策略

折扣定价策略是酒店为了扩大销售、占领市场，或者为了巩固和加强与中间商的合作关系，在既定价格的基础上，采取向顾客或中间商做出让利性减价措施的一种策略。

1. 数量折扣

数量折扣是酒店刺激顾客或中间商购买其产品，对达到一定购买数量的购买行为给予一定折扣的优惠策略。酒店为了鼓励买方大批量购买就酒店产品，会以折扣的形式将自身的一部分利润让渡给买方。

2. 现金折扣

现金折扣是酒店为了鼓励顾客以现金付款或者按期付款而给予购买者一定价格折扣优惠的策略。酒店采取现金折扣策略的目的主要是可以增强收现能力，加速资金周转，减少占用资金的费用和减小呆账、坏账的风险。

3. 季节折扣

季节折扣是指酒店在销售淡季时，为鼓励顾客购买酒店产品而给予的一种折扣优惠策略。在酒店行业淡季，为解决酒店设施大量闲置的问题，可以采用这种策略。

4. 同业折扣

同业折扣是酒店根据各类中间商在市场营销中所承担的不同职责给予不同的价格折扣。实行同业折扣策略的目的在于刺激各类酒店中间商充分发挥各自组织市场营销活动的功能进行批转业务，但是客观上会导致酒店产品的平均价格下降。

（三）心理定价策略

心理定价策略是运用心理学原理，利用、迎合顾客对酒店产品的情感反应，根据不同类型顾客的购买心理对酒店产品进行定价，使顾客在心理物价的诱导下完成购买，实现酒店的促销目的。

1. 尾数定价策略

尾数定价策略是给酒店产品定一个零头数结尾的非整数价格，从而给顾客造成经过精确计算的最低价格的心理。这种定价策略一般适用于价格较低的酒店产品或服务。

2. 声望定价策略

声望定价策略是服务于高价目标的一种定价策略，主要是针对顾客消费认为"价高质必优"的心理，对在酒店顾客心目中有信誉的产品制定较高的价格。这种定价策略不仅可以使酒店获得产品的最高利润，并以出售高价产品的形象进一步提升品牌声望，同时也满足顾客购买该产品提高自身价值和社会地位的心理需求。

3. 招徕定价策略

招徕定价策略是针对顾客冲动性购买的从众心理而采取的一种特定价格策略。酒店在市场营销活动中，有时会对酒店产品采取低价、减价的办法来迎合顾客求廉的心理，借机招徕大量顾客，并带动和扩大其他酒店产品的销售。一般情况下，采取招徕定价策略可以与相应的广告宣传相配合。

营销案例

优享酒店的困扰

优享酒店时某景区的一家城郊型度假酒店,周平均开房率为60%。其中周五、周六、周日为高峰期,开房率几乎可达100%,还经常出现供房不足的情况,然而周一、周二、周三入住的客人却很少,开房率不足25%,周四入住率有所回升,可达45%。

思考与分析

1. 客房销售不均会对酒店产生哪些影响?
2. 如果你是优享酒店的营销助理,你会如何解决优享酒店销售不均的问题?
3. 尝试使用变价策略进行错峰营业推广。

二、产品价格调整策略

在制定酒店产品价格之后,应尽可能保持价格的连续性、一致性和相对稳定性。在价格施行的过程中,也应该分析价格对销售利润的影响,以便了解预期目标能否顺利实现。如遇到内外部环境的变化,要及时对价格进行调整,以适应市场需要。

营销案例

优享酒店的变价策略

优享酒店设计了针对客房的价格调整策略:

周四维持现有房价不变,周五、周六、周日的房价上浮50%,周一、周二、周三的房价下调25%。实施该方案一段时间后,优享酒店周一、周二、周三的客房开房率上升到50%,周四的开房率为45%,周五、周六周日的开房率为70%。周平均开房率仍为60%左右。

思考与分析

1. 优享酒店的价格调整策略是否成功,可能给酒店带来哪些改善和问题?
2. 针对可能存在的问题,对优享酒店的价格调整策略你有哪些建议?

【营销提示】

一方面,调整价格后的优享酒店平均房价有所提高,酒店收入增加,人力投入更加稳定,高峰期酒店经营压力减轻;另一方面,市场是相互的,对于高峰价格提升有可能带来老顾客的不满,造成顾客流失,特别是在竞争压力增加时,因此价格调整除考虑自身原因外,需要更多关注顾客与竞争者。

(一) 主动调整价格的策略

1. 降价策略

降价策略是价格变动的一种策略。当情况发生突然变化,可以进行临时性降价。当情况发生长期变化时,也可以考虑较长期降价。

(1) 降价原因。对于酒店来讲,降价策略并不是随时都可以采用,顾客也并非都对价格低的产品感兴趣。降价策略通常运用于以下情况:

① 产品供大于求，无法通过改进产品、加强促销或其他可能的方式扩大销售；
② 市场竞争激烈，产品市场占有率下降，为了扩大市场份额而降价；
③ 成本费用降低，有条件适当降价。

（2）降价形式。酒店采取的降价形式可以是将产品的标价绝对下降，但更多的是采取各种折扣形式来降低价格。除此之外，还可以采取以下方式变相降价，比如赠送优惠券、实行有奖销售、允许消费者分期付款、提高产品附加值等，由于这些方式具有较强的灵活性，在市场环境变化时，即使取消也不会引起消费者太大的反感，同时又是一种促销策略，因此在现代经营活动中应用越来越广泛。

（3）降价影响。采取降价策略会对消费者产生不同的影响。对于产品降价，消费者可能认为酒店让利于顾客，但也可能会认为是产品存在滞销或者产品质量有缺陷，甚至会期待价格的进一步下降。此外，采取降价策略还有可能会导致同类产品之间的价格战。因此，酒店在决定降低产品价格之前，必须采取慎重的态度，进行周密的分析和研究，确定能通过降价策略实现预期销售量，这样经营利润才会有所提高。

2. 提价策略

提高产品的价格，可以增加酒店的利润率，但是却会引起消费者的不满而减少购买，或者遭到政府的干预或同行的指责而产生不利影响。因此一定要为提价给出恰当的理由，加强与消费者的沟通，并采取不同的提价策略来争取消费者的理解和支持。

（1）提价原因。提价会引起消费者的不满，但是如果提价成功却能极大地增加销售利润，通常在以下两种情况可以采取提价策略：
① 通货膨胀，产品的成本增加；
② 产品供不应求，无法满足市场需求。

（2）提价形式。酒店可以通过直接上涨产品或服务的价格来提价，也可以通过取消折扣、在产品线中增加高价产品、实行服务收费、取消附加服务、减少产品不必要的功能等方式来实现产品的提价。

（3）提价影响。提升产品的价格，消费者可能会认为酒店通过提价获取更多利润而产生抵触情绪，也可能会理解成产品畅销带来供不应求，应该及时购买以免价格继续上涨。酒店营销者应该认真分析价格对市场需求的影响，避免因为调高价格而造成需求量下降。

（二）应对竞争者价格变动的策略

1. 对竞争者价格变动的考虑

如果竞争对手首先调整价格，酒店应该考虑的问题包括以下几点。

（1）竞争对手为什么调整价格？是为了竞争市场占有率？还是扩大销售量？还是为了促使整个行业调整价格，扩大整个市场需求？

（2）竞争对手调整价格是临时措施还是长期策略？

（3）如果对竞争对手的价格调整不予理睬，是否会对自身市场份额和利润产生影响？

（4）如果作出应对反应，竞争对手还会采取什么措施？

2. 对竞争者价格变动的应对

针对竞争者价格的变动，酒店可以采取的应对策略包括以下几项。

（1）同向价格跟进。同向价格跟进即随行就市，别人涨价我也涨价，别人降价我也降价。可以同步跟进，即调价幅度与竞争者相同，把价格定在竞争者的价格水平上。可以不同步跟进，虽然也调整价格，但是调价幅度、售价水平与竞争者保持一定的距离。

（2）逆向调整。当竞争对手率先调价后，也对价格作出调整，只不过调整方向和竞争对手恰恰相反。即竞争对手降价，自身产品提价；竞争对手提价，自身产品降价。目的在于拉开差距，树立不同产品形象和品牌形象，逆向价格调整决策最难，会冒逆市场大势而行的风险。

（3）维持现价。对竞争者调价采取不作为的方式应对，在价格上不作调整。当发现调高价格有可能会导致销售量下降，市场份额减少，调低价格有可能销售量增加不明显而导致利润减少的时候，往往会采取观望态度，维持原价。但此时需要增加消费者的认知价值，可以通过提高服务质量、增加服务项目等措施刺激市场需求，提高竞争力。

（4）实施非价格竞争策略。提高产品和服务质量，形成特色，塑造品牌，拓宽渠道，建立营销网络，有针对性地开展广告、公关等沟通与促销方式争取客源，这是非价格竞争策略。非价格竞争策略既可以单独使用，也可以与上述三种方法协调使用。

三、产品报价策略

酒店在制定产品价格之后，在实际的销售工作中，如果采取一些灵活的报价策略，可以促进产品的销售，使酒店企业获得利润最大化。常见的产品报价策略包括价格幅度报价、向上推荐式报价和向下推荐式报价。

（一）价格幅度报价

价格幅度报价，是指提出一个有关价格的选择范围，供消费者选择。这一多价结构允许消费者从提供的价格范围内选择其中一种价格。

实行价格幅度报价是一个通过营销工作来增大利润的简单技术。这一技术为消费者提供了可供选择的范围，而大多数人的性格和行为则决定了他们并非总是选择其中的下限价格。借以设立价格幅度的方法很多，例如，可以根据客房的设施条件、坐落位置、房间视野、所处楼层、室内装潢等去实施不同的价格。不论借助何种方法，其要点都是提出可供顾客选择的价格范围和利益。

（二）向上推荐式报价

向上推荐式报价，是指推销某一利润幅度较大的产品，寻求实现某一产品的较高价格，或者仅仅是在需求状况有利于卖方时，努力争取某一溢价。

向上推荐式报价的应用范围比较广泛，对于酒店销售而言可能是向消费者推荐某一定价较高的客房或者比较昂贵的菜品，向上推荐式报价需要根据消费者的消费喜好，提供更高价值的产品和服务，刺激消费者进行更多的消费。比如，可以向消费者推荐某一附加产品或服务，这种附加产品或服务与原有产品相关或者有补充、加强或升级的作用，从而更容易唤起消费者的购买欲望。

（三）向下推荐式报价

向下推荐式报价，是指针对较低价格取向的消费者，给予其产品价格幅度中较低价格以赢得购买的报价方法。

在酒店消费市场中，存在很多寻求最理想价格的消费者。通过设置产品的价格幅度，并根据其中的中、高价格进行报价，便可以采取向下推荐式报价方法进行报价，并实现产品的销售。实行向下推荐式报价的前提是营业收入必须高于成本。只要营业收入高于成本，采取低价出售也是可行的。

任务三　构建酒店产品价格

一、酒店产品定价目标

（一）利润目标

1. 最大利润目标

最大利润目标是指酒店以获取最大限度利润为目标。为达到这一目标，酒店将采取高价政策。其重点在于短期内的最大利润，仅仅适合于酒店产品在市场上处于绝对有利地位的情况。

2. 满意利润目标

满意利润目标是指酒店在所能掌握的市场信息和需求预测的基础上，按照已达到的成本水平所能得到的最大利润，这种最大利润是相对于企业所具有的条件而言的，因此，满意利润也就是酒店的目标利润。

（二）销售目标

1. 市场占有率目标

市场占有率是酒店经营状况和产品竞争力状况的综合反映，较高的市场占有率可以保证酒店的客源，巩固酒店的市场地位，提高酒店的市场占有率。既可以排除竞争，又可以提高利润率。

2. 销售增长率目标

销售增长率目标是以酒店产品的销售额增长速度为衡量标准的一种定价目标，当酒店以销售增长率为定价目标时，往往会采用产品薄利多销的定价策略。

（三）竞争目标

竞争目标是与竞争对手在价格上进行斗智的工作，但是，现代酒店的经营实践给很多企业家都上了价格上的严肃一课：通过价格进行竞争，如果实力相当的话，最终只能是两败俱伤。很明显，价格竞争是最下策的竞争方式，因为酒店的固定成本很高，价格竞争必然导致收益流失。

（四）顾客目标

顾客目标指能对顾客形成有利于他们的定价原则，由于价格是产品和服务的展现组合因素当中最直观的因素，因此，有很多方式可以使价格起到这样的作用。

（五）酒店形象目标

酒店形象是酒店的无形资产，它直接代表了酒店提供服务的质量以及在顾客心中的价值定位，一个具有良好企业形象的酒店往往能在竞争中处于优势地位，因而很多酒店把维护酒店形象作为定价目标。酒店不因具体的淡旺季和偶然的波动而轻易改变其定价策略。

二、酒店产品定价影响因素

（一）需求的影响

市场需求对酒店产品定价会产生很大的影响。首先，消费者的需求具有波动性，这种波动性影响着酒店产品的定价。由于消费者的需求在一周或一个月或一年内会产生很大的波动，营销人员就要考虑多种价格，这增添了定价的难度。其次在不同的目标市场，需求的价格弹性不一样。所谓需求的价格弹性就是指消费者对价格的敏感程度。价格变化幅度很小，但引起的需求变化很大，那么说明需求的价格弹性大。需求弹性大的目标市场，其客人对价格的敏感程度也强。因此，营销人员需要针对不同的目标市场制定不同的价格。

顾客对酒店产品的需求受到多种因素影响。其中除自身价格外，影响需求上升或下降的因素还有以下几点，如表6-1所示。

表6-1 影响客户需求量的因素

需求上升的因素	需求下降的因素
竞争对手房价的上升	竞争对手房价的下降
顾客经济收入上升较大	客源市场的偏好发生转移
酒店产品对顾客偏好的满足	顾客经济收入下降
酒店内互补产品质量的提高	酒店内互补产品质量降低
客源国经济状况好转	客源国经济萧条
政府鼓励消费，银行利率下调	政府鼓励储蓄，银行利率上升
通货膨胀	经济衰退及萧条
旅游旺季来临	旅游淡季来临
大型节庆活动、国际会议、展览在本地举行	失业

（二）供给量的影响

市场上客房的供给总量会对客房价格产生影响，而供给总量同样受到各种因素的影响，如表6-2所示。我们假定除价格外其他因素均无变化，那么供给量与价格之间成正比关系，即价格上升，供给量就会上升；价格下降，供给量也会下降。

表6-2 影响客房供给量的因素

客房供应量上升的因素	客房供应量下降的因素
国家或地方政策明显对酒店有利	国家或地方政策明显对酒店不利
政局稳定	政局动荡
经济增长	经济萧条
生产成本和经营费用大幅度上升	生产成本和经营费用下降
投资者预测未来的旅游需求会有很大增长	投资者无法预测未来的旅游需求是否会增长

（三）成本的影响

产品成本是决定产品价格的重要因素，只有当产品价格超过产品成本时，企业才能盈利。

（四）价值与消费者观念的影响

价格是顾客为了取得某项产品或服务所付出的经济代价。顾客会将这份代价（价格）

与其对该项商品的认知价值加以比较,如果价格超出了顾客认同的"合理限度",顾客要么放弃这类选择,要么进一步了解产品的有关情况,以决定是否购买;当价格被认为是"可以接受"时,顾客需要进一步了解产品和服务,以证实是否"物有所值"。

三、酒店产品定价的步骤

酒店产品定价一般应遵循以下步骤。

(一)市场需求整体分析和变化分析

酒店管理者应灵活运用 SWOT 分析法,综合分析酒店在市场经营中的优势、弱势、机会和威胁四个要素,找出影响需求的外在因素和内部原因,密切注意和了解区域市场和酒店竞争对手的情况,确定客源市场,预测客房需求量和需求变化趋势,为酒店市场定位和客房定价作好准备。

(二)酒店目标市场细分

由于顾客的多元化、酒店自身的竞争优势以及酒店希望更多的市场份额,酒店必须对目标市场进行细分,它把市场分为若干包含相似需求顾客群的子市场。

(三)酒店市场定位

酒店市场定位是指酒店为了使自己的产品和服务在公众和目标市场顾客的心目中占据明确的、独特的、深受欢迎的地位而作出的各种决策和进行的各种营销活动,从而为其产品和服务在市场上确定适当的位置。

(四)产品评估和定价

酒店根据市场对客房需求状况以及酒店自身的市场定位和对各细分市场的分析,可以对各类细分市场根据不同季节、不同类型客房设计出一个合理梯度的价格,来吸引属于不同细分市场的顾客。

营销示例

关于××客房价格结构

1. 价格类别

门市价格	官方售价,印制价格表
网络价格	适用对象为当下各类散客
旅行社价格	在网络价格基础上适当下调20%~40%
会议价格	在网络价格基础上适当下调20%~30%,额外返现
会员价格	酒店自主招揽客源,如微信、官网渠道。酒店培养的忠诚客户,为酒店年度贡献综合效益客户。因为有积分奖励,这个价格可以用网络价格下调最大至50%

2. 价格阶梯

标准间	豪华双人间	套房
688元	888元	1288元

备注:所有价格制定需要兼顾酒店早餐价位、财务成本核算等。

四、制定酒店产品价格

营销实训

宜人酒店产品定价实训

宜人酒店位于中国著名的海滨城市,交通便利,设施完善,服务一流。酒店拥有172间客房、3个风格各异的聚餐大厅及12间包间、10间面积不等的会议室。酒店配有网球场、游泳池、酒吧、英式斯诺克、棋牌室、乒乓球室、自行车绿道等康体项目。酒店已实现所有区域无线WIFI全覆盖,是各类商务出差、会议的首选酒店。

酒店附近的岛上旅游景点有宜人公园、湖心生态园、博物馆、医院等。入住宜人酒店,享受别样生活。坐在酒店的阳台或露天花园,听小鸟唱歌,看云淡风轻,惬意人生就在此地。

宜人酒店欢迎您!

一、客房

房型	特点	
标准单人房	宽1.8米大床,都是南向,有窗户。配有办公桌椅、茶几	窗外是山景,房间安静舒适,适合夫妻或一人出差单住
标准双人房	2张宽1.2米的床,有窗户,房间面积有35平方米,配有办公桌椅、茶几	房间比较宽敞,适合商务出差入住
阳台景观双人房	都是朝南向,有4平方米的大阳台,阳台上配有茶几和藤椅	非常安静,房间的空气会更加清新,可以坐在阳台藤椅上喝下午茶或休息聊天,住起来会更加舒适、惬意
豪华双人房	房间面积40平方米,有窗户,楼层高,配有办公桌椅和茶几	房间比较宽敞,楼层比较高,更适合商务出差入住
豪华景观单/双人房	朝南向,有4平方米的大阳台,在4~5楼,配有独立冷暖空调,浴袍、啫喱水,阳台上配有茶几和藤椅	房间安静,空气清新,可以在阳台上欣赏后山的风景,也可以在阳台上喝下午茶或休息聊天,住起来更加舒适
商务双人房	高楼层,房间面积达到42平方米,是酒店所有双床房中面积最大的,浴袍、啫喱水,配有办公桌椅、茶几	楼层高,能欣赏到酒店周边景色,更加安静舒适
商务单人房	房间有45平方米;每层楼只有1间,都是16尾数;有浴缸;宽1.8米的大床;配有沙发、茶几,工夫茶具	房间宽敞,房间的数字也很吉祥,更适合商务入住,或领导入住
商务套房	面积85平方米,一室一厅,客厅比较宽敞	适合领导入住,或商务会客
豪华套房	面积100平方米,一室二厅,有4平方米的阳台,有办公和会客2个厅,配有宽1.8米的榻榻米床,房间家具也是日式风格	房间宽敞、并且景色漂亮,更适合重要领导入住,或商务会客

二、会议室

会议室	长/m	宽/m	高/m	面积/m²	可容纳人数					位置	售价/(元/节)
					剧院式	课堂式	U型	回字型	宴会式		
南华厅	18	16.5	4	300	250人	150人	60人	80人	12围	三楼	5000

续表

会议室	长/m	宽/m	高/m	面积/m²	可容纳人数					位置	售价/(元/节)
					剧院式	课堂式	U型	回字型	宴会式		
南粤厅	16.5	9	3.5	140	180人	100人	50人	60人	8围	三楼	4000
小会议厅	9	6	3.0	54	30人	20人	/	20～25	/	二楼	1800

三、餐饮

（1）团队围餐：根据菜单确定价格。用餐地点为二楼中餐厅。

（2）自助早餐地点：一楼西餐厅，早餐凭房卡用早餐。

（3）自助午餐或晚餐：餐标为98元/位起，用餐地点为一楼西餐厅或二楼中餐厅。

四、酒店康体娱乐项目

主要包括台球、自动麻将、乒乓球、户外网球场；KTV包间（30人左右）、游泳池凭房卡免费游泳（雷雨天气关闭）。

要求：

（1）假设宜人酒店就开设在你所在的城市，拟定酒店地点后对酒店产品进行定价。

（2）根据所指定的价格进行分组报价模拟演练。

实训提示

（1）若当地有节庆活动时，酒店一般应严格限制折扣并且要求最短滞留时间。

（2）当需求较大时，酒店可确定正确的市场间隔组合以便以最高的房价销售客房。

（3）当出租率快速攀升时，减少或取消低价房供应；当需求下降时，重新开放低价客房，吸引价格敏感度高的顾客，提供特别折扣或小包价。

（4）一次性大批量客房销售只针对那些愿付高价的团体顾客。因为为了接待大型团体顾客，酒店必须在团队到达之前就预留大批客房。团队离店后，好几天内，酒店不一定能够接待足够的新顾客，一部分客房就会空闲。

（5）把客房销售给那些愿意使用酒店会议、餐饮、展览等设施的团队或要求团队使用这些设施，以增加酒店收入。

（6）酒店竞争者削价竞争时，酒店在分析竞争者设施、服务、价格等情况下，不必急于降价。酒店可以采用额外提供其他服务的方式来变相降价或使顾客无法与竞争者进行价格比较。额外的服务包括：免费提供早餐、免费洗衣免费延迟退房、免费享用水果等。

（7）当酒店决定提价时，酒店可附加提供部分优惠服务，如免费传真、复印、使用上网，免费提供洗衣、擦鞋早餐等服务，使顾客无法将酒店房价与竞争对手作比较。

（8）当竞争对手已提价或客房供不应求，酒店评估客房提价可能会产生不利影响时，酒店可考虑改变或减少部分免费服务项目，如免费早餐等，以间接提价。

五、设计酒店价目表

当运用酒店价格制定方法将酒店价格制定出来以后，还需要设计一份酒店价目表，把价格向来酒店的消费者予以明示。酒店价目表一般包括以下内容。

(1) 有酒店的店标、地名和店名。
(2) 有酒店的联系方式：地址、传真、电话。
(3) 价目表表名。
(4) 这一价目表的生效日期。
(5) 价格表。
(6) 相关信息：
① 房价类型；
② 宾馆接受哪几种信用卡；
③ 预订服务规定；
④ 价格是否包括税收与服务费。

项目训练

一、基础练习

1. 选择题
(1) 营销组合要素中，最活跃的是（　　）。
A. 产品　　　　B. 价格　　　　C. 渠道　　　　D. 促销
(2) 酒店定价的千分之一法是（　　）导向的定价方法。
A. 成本　　　　B. 竞争　　　　C. 需求　　　　D. 利润
(3) 竞争导向定价法中采用最普遍的是（　　）。
A. 追随定价法　B. 随行就市定价法　C. 领头定价法　D. 消费差异定价法
(4) 在新产品定价策略中，属于高定价策略的是（　　）。
A. 撇脂定价策略　B. 渗透定价策略　C. 满意定价策略　D. 折扣定价策略
(5) 某酒店将客房标准间定价为399元而非400元进行销售，其采用的是（　　）定价策略。
A. 折扣　　　　B. 满意　　　　C. 尾数　　　　D. 招徕

2. 简答题
(1) 简述酒店产品的定价方法。
(2) 简述酒店定价策略。
(3) 酒店如何应对竞争者的价格变动？
(4) 什么是向上推荐式报价？举例说明。
(5) 酒店产品定价的影响因素有哪些？
(6) 简述酒店产品定价的步骤。

3. 思考题
(1) 一家酒店可以以高价销售的条件是什么？
(2) 何种酒店是受大学生群体喜爱的？这类酒店的价格区间是多少？

二、实践练习

营销实训

价格对比实训

任务：

选择一个酒店产品价格查询渠道，进行酒店产品价格查询，并将结果填写到下表中。

酒店价格对比表

酒店	城市	一线城市	二线城市	三线城市
五星级	豪华双床房			
四星级	商务标准间 高级双床房			
快捷	标准间			

要求：

1. 酒店选址范围为城市市区及商业中心，并在表格下标注选址区域。
2. 谈一谈酒店产品定价的影响因素有哪些？

三、案例

春节，云南酒店业的春天

一、酒店量价齐涨

2018年春节假期带来了"超级客流"。根据同程艺龙平台预订数据显示，"黄金周"期间，云南酒店入住高峰集中在大年初二至初四，其中初三当天为顶峰。与去年同期相比，黄金周期间云南酒店的预订量增长明显。据抚仙湖悦椿度假酒店相关人士介绍，春节期间，酒店价格上浮400%，入住率保持在95%以上。而大理实力希尔顿酒店、昆明湖景酒店、西双版纳悦椿温泉度假酒店入住率在90%以上，丽江金茂凯悦臻选酒店、昆明中心皇冠假日酒店入住率相比2018年有一定增长。

从价格上看，由于春节期间客流量较大，各大酒店价格都有所上浮。据昆明古滇名城皇冠假日酒店市场销售总监王晖介绍，春节期间酒店价格上调27%左右，但是酒店与七彩云南·欢乐世界主题乐园同时推出门票套餐、采摘草莓的瓜果缤纷套餐以及赏鸥、畅游湿地公园套餐，为广大来古滇旅游度假的游客提供超值入住的福利。

二、线上预订量占比较大

从酒店预订情况来看，线上预订量较大。其中，大理实力希尔顿酒店线上预订占比65%，西双版纳悦椿温泉度假酒店占比65%，昆明湖景酒店占比64%。房型方面，大床房和标准间依然是游客的最多选择，其中景观类大床房最受欢迎，家庭房、蜜月及儿童类主题房也较受欢迎。

随着旅行的常态化，"旅游过年"近年来也在持续升温。因此吸引了大波省外游客到云南过年，从客源来看，"黄金周云南酒店的客源地主要来自广东、四川、浙江、江苏、云南、广西、福建、北京、陕西、湖南、重庆、上海、湖北、安徽、山东等。"同程艺龙的相关人士表示。

三、酒店特色活动吸睛

今年不少酒店将特色文化、传统年文化融合，打造场景化、浸入式文化体验，起到了锦上添花效果，游客口碑颇好。如昆明古滇名城皇冠假日酒店从大年三十到大年初七均有各种春节活动，比如年夜饭演出、观烟花、滚铁环、丢沙包、下军棋等趣味项目，还推出了自助餐烤全羊、烤乳猪等美食。

大理实力希尔顿酒店推出了新春猪猪风铃DIY、新年贺卡DIY、迎新窗花DIY、新春贴画DIY、新年宫灯DIY……还有亲子运动（弓箭、飞镖）、民族舞表演、白族三道茶表演、白族霸王鞭表演、年味特色美食街、迎新鸡尾酒派对、新春舞龙、年味特色美食街等活动。

西双版纳悦椿温泉度假酒店则针对不同客群推出了多种活动，包括健康养生的清晨太极教学、晚间颂钵体验；适合亲子的激情卡丁车、团圆包饺子、草莓采摘、温泉泡泡浴狂欢等以及菲律宾乐队表演、篝火打跳等活动内容丰富、精彩纷呈。

昆明华邑酒店针对住店客人推出了"系列年味活动"。中餐厅推出年味菜单，团圆饭。西餐厅推出了捞鱼生自助餐。在酒店大厅还设有民俗剪纸和写对联互动体验等活动。（资料来源：热度爆棚！春节"超级客流"到来，高端酒店价格涨近2倍．云报文旅传媒，2019-02-15．）

思考与分析

1. 云南酒店的春节期间最受欢迎的是何种产品？
2. 云南各酒店为什么纷纷推出各种活动？
3. 结合案例思考，酒店价格上涨的时机和条件有哪些？

项目七
酒店渠道策略

【项目导览】

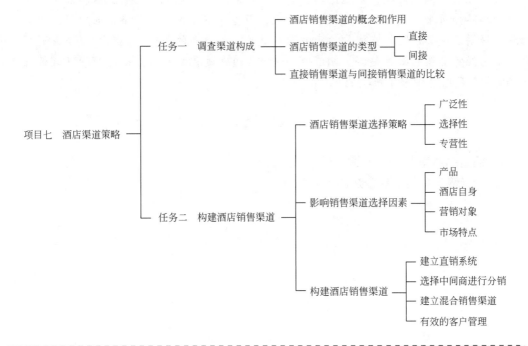

 📖 **学习目标**

1. 了解销售渠道的概念,理解销售渠道的作用,能够通过市场调查掌握目标酒店的基本销售渠道构成情况。

2. 理解酒店销售渠道的选择策略,能够辨析酒店进行销售渠道选择的考虑因素。

3. 掌握酒店销售渠道构建的方法,能够根据给定的条件撰写较为合理的酒店渠道销售构建方案。

 **案例导入**

互联网时代的酒店营销渠道

互联网时代的来临,改变着人们的消费方式。尤其是移动互联网技术的发展,使智能手机、iPad等移动互联工具彻底走进了人们的生活。5G时代的来临,微信、手机客户端(APP)、在线移动支付、O2O商业模式的接连出现,不可否认,一次新的互联网技术革命已经来临。这种新的技术革命改变的不仅是人们的阅读和社交方式,更重要的是改变着商业的消费方式。就酒店业而言,移动互联网的字眼已时时刻刻在触动着管理者的神经,搅动着管理者的思维。以互联网时代酒店营销为主题的各类论坛、峰会、展会接二连三地举办;大小旅游电子分销商蜂拥而至,就连国外的分销机构也不甘寂寞,漂洋过海来到中国,也希望能分得一杯羹;淘宝、京东等网上商城已经为酒店开设网店、设计好了平台;移动、联通、电信等传统通信行业都开通了自己的酒店订房热线;搜索引擎、社会媒体也为酒店开通了专门的销售通道。微营销、APP营销、大数据、O2O、客户线上体验等新名词更是层出不穷,使酒店的分销渠道变得越来越复杂,边界越来越不清晰,再加上携程、去哪儿、艺龙又时常上演三国大战,荡起尘烟,酒店管理者不知不觉地开始感觉眼花缭乱,变得视觉疲劳和不知所措。诚然,移动互联网时代,新型营销模式和销售渠道的出现,为酒店市场营销提供了更加广阔的空间,为产品的销售构建了更多的平台,总体来说是件好事,这也是市场经济发展的必然趋势。相应地,这个渠道多元化的时代在给酒店管理者带来更多选择空间的同时也带来了严峻的挑战。

思考与分析

1. 酒店的销售渠道有哪些?
2. 酒店应该如何选择合适的销售渠道?

任务一　调查渠道构成

一、酒店销售渠道的概念和作用

酒店的销售渠道是指酒店产品和服务从酒店向顾客转移时取得这种产品和服务的所有权或使用权,或者是帮助转移其所有权或使用权的所有企业和个人。它主要包括中间商、代理中间商以及处于渠道起点和终点的酒店与顾客。简言之,酒店的销售渠道是指酒店把产品销售给消费者的途径。其作用主要有:

(1) 缩短酒店与消费者在空间上的距离,便于消费者购买;
(2) 保证及时向消费者提供他们所需要的产品和服务;
(3) 向消费者提供信息,使顾客了解酒店的产品和服务。

【营销实训】

酒店销售渠道调查与分析

任务:对不同级别酒店进行销售渠道调查对比分析。

要求:

(1) 在民宿、经济型酒店 (2~3星)、高级型酒店 (5星) 三个等级的酒店中各选择一家酒店作为调查对象;
(2) 收集所调查酒店的全部渠道信息,进行分类整理;
(3) 对不同级别酒店的销售渠道进行对比分析,形成报告;
(4) 制作PPT进行调查结果展示。

【营销提示】

顾客有多种来源:OTA(在线旅行社)渠道、协议客户渠道、直销会员渠道、会议渠道、旅行社渠道、门店散客。

二、酒店销售渠道的类型(图7-1)

(一)酒店直接销售渠道

直接销售渠道是指酒店将产品和服务直接供应给顾客,没有中间商介入。

直接销售渠道的方式有如下几种。

(1) 预订销售。预订销售是指酒店通过互联网、电话、传真或接受客人亲自上门的方式,将产品和服务销售给顾客。

(2) 自开销售网点。自开销售网点是指酒店通常将销售网点设立在用户比较集中的地方或商业区。

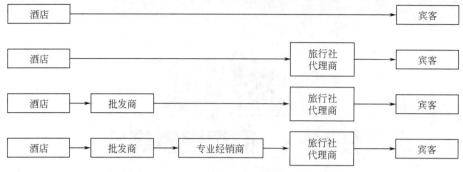

图7-1　酒店销售渠道类型

（二）酒店的间接销售渠道

间接销售渠道是指酒店利用中间商将产品供应给顾客，中间商介入交换活动。间接销售渠道的种类如下。

1. 全球分销系统

全球分销系统（Global Distribution System，GDS）是应用于民用航空运输及整个旅游业的大型计算机信息服务系统。通过GDS，遍及全球的旅游销售机构可以及时地从航空公司、旅馆、租车公司、旅游公司获取大量的与旅游相关的信息，从而为顾客提供快捷、便利、可靠的服务。

2. 酒店预订系统

预订系统为酒店提供预订服务，如路易斯国际代理、斯坦伯格预订系统等，它们经常为酒店提供海外预订服务。

3. 酒店代理商

这是一些专门替酒店进行推销并接受客人预订的中间商。酒店代理商同时充当许多酒店业务销售代理人的角色，为酒店提供经济而又有效的推销服务。作为委托酒店外地客源市场上的销售代理人，其主要职责是为酒店推销产品和服务以吸引顾客。

4. 旅游中间商或旅游代理商

包括旅游批发商和旅游零售商。二者的区别主要是在业务经营上有所不同，但二者之间并无严格的界限，许多旅行社、旅游公司，既经营批发又兼营零售。

旅行社作为酒店的最大销售渠道，一般来说，具有订房数量大、订房价格低、订房时间集中、订房取消率高和订房连续性强等特点。其订房情况直接影响着酒店的经营管理与利润水平。

知识链接

如何与旅行社建立良好关系

1. 积极推行佣金制

在我国，旅行社主要是按其是否经营国际业务分类，且目前还没有形成规模经营的旅游批发商，大多数旅行社是直接面对顾客销售。国内旅行社一般能获得远低于门市价的批发价，很少采用佣金制，这就是使酒店与旅行社利益对立。旅行社拼命压价，而酒店又想尽量保价，双方的很多精力都放在讨价还价上了，不利于两者融洽关系的形成。

2. 加强信息沟通

酒店应向旅行社提供足够的、及时的信息，使之对本饭店的产品和服务尤其是新产品有足够的了解，为其推销本酒店创造条件。酒店应积极征询旅行社对产品的意见并鼓励其定期反馈需求信息，包括产品分类销售状况、顾客偏好与习惯、新的需求动向等，为酒店改进产品和营销策略提供参考。

3. 做好接待工作

酒店提供优质的产品和服务，达到顾客满意是保证与旅行社良好关系最本质的内容，在客人住店期间为其提供优质的产品和周到的服务可以为酒店在客源市场赢得良好的口碑，也可以为酒店在与任何旅行社的合作中都赢得主动，如果没有意识到一点，在具体工作中难免舍本逐末。

4. 采取激励措施

酒店可采用多种激励措施提高旅行社积极性，如提高佣金比率，对淡季销售给予奖励并及时支付佣金；给予通过旅行社订房的顾客以更大折扣，鼓励他们通过旅行社订房；负责为旅行社司陪人员提供住宿；开展销售竞赛，对业绩好的给予额外奖励等。

5. 重视账款清算

送走旅行团不是酒店一笔业务的结束，收回账款后才能算是一个完整的过程，酒店应在扩大销售额与保证资金流转、资金安全之间找到一个平衡点，并据此制定应收账款政策。信任和可靠性是两者相互合作最重要的特征，有了它们才能产生双赢的局面。

5. 旅游促销机构

它在促进酒店销售方面发挥着重要的作用。酒店应经常参加促销机构举办的会议和其他活动，通过与促销机构合作以及与该机构其他成员（如航空公司、铁路公司、观光游览公司等）的相互帮助促销，来销售酒店的产品。

6. 会议促销机构

这是一种代理机构和销售组织，主要任务是为其代理的地区、城市招揽各种会议、研讨班，吸引会议旅游者，并为会议做好各方面的服务工作。

7. 航空公司

许多航空公司除了向客人提供交通运输服务外，还普遍以中间商的身份向客人介绍酒店，代酒店接受订房。

8. 行业协会

行业协会是酒店业为了共同利益而联合成立的组织。扩大市场往往是组成行业协会的初衷。随着市场需求的多变性和多样化，单体酒店很难满足顾客的全部需求，这使得酒店企业竞争中也存在着大量合作的可能，行业协会能够起到居中协调，整体营销、推广的作用。

三、直接销售渠道与间接销售渠道的比较

1. 直接销售渠道的优、缺点

优点：

（1）有利于酒店、顾客双方沟通信息，可以按需定制，更好地满足目标顾客的需要；

（2）有利于酒店和顾客双方在营销上相对稳定；

（3）可以在销售过程中直接进行促销。

缺点：

（1）自建渠道需要一定的时间，难以在短期内对酒店产品进行广泛分销，很难迅速占领或巩固市场；

（2）加重了酒店工作的负担，增加了酒店管理难度，分散了酒店的精力；

（3）渠道单调，难满足大众化的需求。

2. 间接销售渠道的优、缺点

优点：

（1）有助于产品广泛分销。中间商因处于酒店与顾客之间，从而有利于调节酒店与顾客在品种、数量、时间与空间等方面的矛盾。

（2）缓解酒店人、财、物等力量的不足。中间商可承担一部分分销成本压力，甚至可从部分中间商提取部分甚至全部货款，提高资金流动率。

（3）间接促销。中间商通常销售众多酒店的产品，因此可以吸引更多的客户关注到本酒店的产品。

缺点：

（1）不能及时了解或满足顾客的需求。中间商购买了产品，并不意味着产品就从中间商手中销售出去了，有可能销售受阻。对于酒店而言，一旦多数中间商的销售受阻，就形成了"需求滞后差"。

（2）可能加重顾客的负担。中间环节的增多会增加顾客的负担。

（3）不便于直接沟通信息。中间商以产品销售为主要目的，在塑造酒店形象、建立与顾客和公众的关系上并无太多帮助。

营销案例

Airbnb、Google等新兴渠道何以颠覆酒店分销格局？

多年来，Google和亚马逊等互联网巨头的扩张雄心一直是业界担忧之一。Google（谷歌）的Hotel Finder功能逐渐齐全、甚至连Expedia也将其视为其主要竞争对手。2018年，Airbnb（爱彼迎）也和OTA形成了全面竞争的局势。

1. Amazon for Hospitality

自2013年推出的旅游品牌Amazon Local夭折之后，亚马逊并未在旅行领域做过更多实质的尝试，但是酒店服务显然是其关注的领域。2018年，亚马逊推出了Alexa for Hospitality，将Alexa语音技术引入了全球酒店客房。

2. Alexa for Hospitality

通过帮助酒店提供语音智能服务，亚马逊已经融入到了酒店的运营结构中，因此有助于亚马逊在未来扩展其产品服务。无论是向亚马逊Prime会员提供独家的旅游忠诚度计划、还是提供语音预订引擎或其他的各种可能性，亚马逊都可以将Alexa for Hospitality的经验应用于旅游和酒店业的更多领域。

3. 新兴分销渠道拉低佣金

在需求方面，新渠道可以为酒店带来优势，当然也存在风险。即便如此，新渠道的加入会改变行业格局，尤其当某些渠道能够提供更低的分销成本时，原有分销商则更会受到挑战。

例如：Airbnb的精品住宿预订平台Airbnb Plus每笔订单的佣金率仅为3%~5%，而很多OTA渠道的佣金则超过15%。

Airbnb为住宿供应商提供了较低成本的分销渠道，这种佣金模式是否能够在全球推广尚且有待验证，但如此低的佣金肯定足以吸引单体酒店。为了吸引酒店加入其平台，Airbnb首席执行官Brian Chesky强调了酒店的高昂佣金之苦："我们对精品酒店进行了大量调查，其中许多并不满意目前支付的佣金比例，他们因此在寻找其他方案。而我们非常乐意能为他们服务。"

这种尝试也获得了行业观察人士的支持。旅游技术专家Robert Cole表示，酒店行业可能已经达到一个临界点："首先，酒店需要支付品牌加盟费，美国平均水平为12%；然后需要向专业管理公司支付总收入的3%，向第三方交易平台支付所有订单的2%~4%；如果通过OTA分销，酒店还需要支付另外的15%佣金，因此支出就会超过总收入的三分之一。对于酒店业主而言，这并不是长久之计。"

OTA Insight的CCO（即"首席知识官"）Gino Engels表示，Airbnb可以为酒店实现更有利的费用成本结构。

"Airbnb已经加入和Booking、Expedia以及Google的竞争，通过为精品酒店提供低于行业平均水平的佣金提供了突破的机会。他们有运营实力，也有营销预算，因此是个不错的选择。"

总体来说，酒店面临的佣金压力是真实存在的。许多酒店正在寻求其他分销渠道，希望通过更低的佣金或更有效的需求挖掘，实现更大的价值。这一趋势也在一定程度上反映了Expedia等OTA加注技术和旅游平台可以更好地支持其酒店合作伙伴的原因。

4. 共享客户，而不是拥有客户

在讨论第三方预订时，客户信息所有权是酒店的主要关注点之一。OTA很少和酒店共享客户的联系方式，阻碍了酒店与用户建立直接的关系。

正如Gino所说，尽管进展缓慢，但上述情况已逐渐得到改善。"OTA开始愿意分享更多数据，但仍在争夺酒店客源，因为当客人直接预订时OTA并不会有佣金收入。如果想要达成真正的合作关系，OTA需要将更多客户信息分享给酒店。"

愿意分享的平台将会获得更多的酒店库存。在这种情况下，元搜索会发挥更大的作用，因为渠道只有将更多客人数据给到酒店，才能得到更多的广告收入。

Airbnb等新平台的增长应该成为传统分销渠道的制衡力量。Gino认为，平衡是最好的选择，许多酒店在佣金方面已经付出了惨重的成本："酒店越是依赖OTA平台，就越是难以拒绝。OTA非常善于有效转化消费者，也很擅长通过帮助酒店促销加强酒店的黏性并加入其忠诚度计划。OTA平台知道如何吸引消费者和酒店经营者。"

5. 竞争目标是广告收入，而不是客源

与OTA和酒店不同，Airbnb等新平台竞争的目标是广告收入而不是客源。Google Hotel Finder的收入来源不是佣金，而是广告；同样，亚马逊增长最快的收入是其广告业务。而Airbnb探索广告收入也只是早晚的问题，毕竟，佣金收入呈线性增长，而广告收入则呈指数级增长。

6. Google Hotel Finder

这种趋势极大地影响了在线平台与酒店行业的互动方式，因为它放松了对客户信息所有权的控制。这对酒店来说是件好事，意味着平台更愿意提供有价值的访客信息。

即便如此，基于预订的佣金至少是可以预测的，酒店知道需要向某个渠道支付多少费用，这不同于让酒店相互竞争以获得最高出价的竞价式系统。对于营销预算较低的单体酒店来说，这种系统是不公平的，Expedia和Booking已经在Google和Facebook平台上投入了很高的广告支出。

而且，随着技术供应商开始将Google Hotel Ads整合到营销平台，酒店用于推动直接预订的广告支出可能会超过佣金费用，这会迫使酒店重新在直订推广成本和分销成本之间进行量化权衡。

7. 酒店业的未来在于客户关系

由于OTA的服务涵盖度假租赁以及其他住宿产品，一些酒店经营者担心OTA为用户提供的更多选择会让酒店失去竞争优势。而实际上，传统OTA和Airbnb等新平台很快都会融合所有的住宿选择。

最终，差异化不会体现在分销层面，而在客户体验层面。Airbnb的首席执行官Brian Chesky认为，注重服务的旅游业，其实尚未做到真正的"客户第一"。创新带来了变革，也带来了机遇，在新一年或将改变行业现状。（资料来源：Xenia编译．华德酒店顾问，2019-01-23.）

思考与分析

1. OTA渠道分销的利弊？
2. Airbnb是怎样帮助酒店进行产品分销的？
3. Airbnb作为新兴的酒店分销渠道，它对于酒店能有哪些帮助？

任务二 构建酒店销售渠道

营销案例

挑战OTA 真正的酒店营销渠道是"无中介"

品牌网站、OTA、电话及预订中心、全球分销系统、直销系统……酒店营销已经呈现出多元化渠道之争的态势。尽管渠道多元化,大部分酒店仍然没有完全摆脱OTA,酒店既得益于OTA又明显地感觉到自己受制于日渐垄断的OTA。既然利益捆绑,那么有没有可能把OTA这个渠道变成酒店人理想中的样子呢?

"这个世界上没有绝对的垄断,只是没有找到正确的解决方法。在在线预订已经被OTA垄断的后互联网时代,我们还可以拥有自己的预订平台!"曾经的酒店人、ABC旅行预订创始人、CEO时李铭带着情怀和理想,向传统OTA发起了挑战。

挑战者——ABC旅行预订来了

Air booking center,简称ABC旅行预订。这是时李铭情怀落地的产品,也是他梦想启航的开始。

这是ABC旅行预订的第二场发布会,相较于首场——3月20日在广州富力丽思卡尔顿酒店的发布会,这次发布会的时间和地点都非常"拉风"。 3月份本是一个频繁"开会"的月份,各行各业都沉浸在各种主题峰会中。对于旅游行业来说,3月28号这一天,有着行业大展同时启幕——广交会和博华展,多数酒店企业都会率队前往。ABC旅行预订将发布会定在这一天,定在了上海喜马拉雅艺术中心,在一个大剧院开局,无疑是在跟两大会展抢"人流"。

然而,记者在现场看到的,却是这样的场面:

"这就是痛点。"时李铭对于"爆满"的会场就两个字。

挑战传统OTA,他凭什么打破酒店现有营销布局

"既然客人需要的是一个线上预订平台,只要我们每一个酒店出一点儿钱,建立一个我们自己的预订平台,这样不就不用受制于OTA了吗?"这样一个简单的想法在时李铭的脑海中挥之不去,带领整个团队18个月的创造研发。他终于有了挑战的底气:

(1)把预订交给酒店自主管理,不必为了客源付出高额的佣金去讨好OTA。

(2)成本低廉:不收佣金、不占用现金,未来获客成本低于1%。

(3)成本固定:使用费3750元/年,注册费350元,只需要"3间免费客房+2000元折扣额度"营销资源。

(4)不截流客源:平台上的每一个客户都是酒店直接的客人。

（5）创造一个属于酒店和客人共有的"酒店空间"，自有展示、自主消费，赋予预订"社交"功能。

（6）真实与公平：真实的位置排名、价格、评价。

（7）建立并共享客人档案，关注"特殊"客人"特殊"需求。

（8）增值服务：专业拍摄教程加专业美工，打造"高颜值"酒店，让预订更加赏心悦目。

（9）更高效的传播策略：价值+体验+乐趣。

"我们只是改良了商业模式，让酒店和客人都释放出了价值，我们希望能够通过整个这个工具化的平台，唤醒大家对于渠道管理和收益管理的意识。"时李铭说自己是一个不太会做生意的理想主义者。在酒店营销变革的漫漫长路中，每一个小的突破，都有可能带来巨大的变化。（资料来源：HIGH．挑战OTA，真正的酒店营销渠道是"无中介"．研究与探索工作室，2017-03-30．）

思考与分析

1. 调查了解ABC.app，谈谈该销售渠道的优、缺点。
2. 酒店销售渠道建设面临的问题有哪些？

一、酒店销售渠道选择策略

酒店销售渠道是决定酒店产品销量的关键。在实际经营过程中，仅依靠酒店自身的有限力量是难以取得良好销售效果的。酒店通过合理选择销售渠道，联合中间商的分销力量，不仅能使销售渠道的职能得到有效实现，而且保证酒店在激烈市场竞争中始终处于不败之地。一般来说，酒店销售渠道的选择策略主要有以下3种。

（一）广泛性销售渠道策略

广泛性销售渠道策略，就是通过旅行批发商把酒店产品广泛地分配到各个零售商，以便及时满足消费者需求的一种渠道策略。大量存在的零售商会使消费者感到方便；同时，由于销售渠道广泛，便于联系广大消费者和潜在消费者。在酒店产品向某一客源市场开始推销时，采用这种策略有利于发现最佳中间商。

这种策略的优点是可以扩大酒店产品的营销面和营销量；缺点是销售费用太高，并且容易对产品失去控制，同时可能会因某一渠道成员服务质量的失误给客房产品整体形象带来负面的影响。

（二）选择性销售渠道策略

选择性销售渠道策略是酒店只在一定的市场中选择几个采用广泛性销售渠道策略的中间商，在经过一定的时间后，往往根据中间商在酒店产品销售中的作用、获利大小以及销量变化情况进行调整，选择其中有利于酒店客房产品推销的几家中间商。这种策略的优点是可以有目的地集中少数产品推销能力较强的几家中间商，管理简单、节约费用；缺点是如在一个或若干个市场上选择中间商不当，会影响酒店产品整体销量。

（三）专营性销售渠道策略

专营性销售渠道策略又称独家销售渠道。它是指在一定时间、地区内只选择一家信誉好、营销实力强的中间商推销本酒店的产品。专营性销售渠道的优点是：可以提高中间商的积极性和推销效率,更好地为顾客服务;可以排斥类似的酒店产品进入同一市场,也可以防止竞争者的排斥;与中间商联系单一,可降低销售成本;产销双方由于利害关系紧密,能更好地相互支援与合作。其缺点是,如该中间商发生变故,就可能对酒店客房产品的营销市场产生极大的消极影响,从而在该地区失去部分市场或完全失去市场。

二、影响销售渠道选择的因素

酒店在选择销售渠道时,应着重考虑以下4方面的因素。

(一)产品因素

产品因素主要指产品的质量和性质。质高价优的产品由于往往被少数富有的购买者重复购买,因此宜采用直接营销渠道或窄短的营销渠道。

(二)酒店自身因素

酒店的经济实力、营销管理能力等都是应该考虑的因素,若是实力雄厚的酒店,则完全可以自己组建销售队伍,或是用较高的佣金来组织更多、更好的中间商队伍。若酒店的营销管理能力较强,也可以利用自己熟练的营销队伍来打开市场。反之,营销必须以中间商为渠道。

(三)营销对象因素

营销对象的人数、分布情况、购买习惯等都会影响酒店营销渠道的选择。若酒店的营销对象数量大且分布广,酒店宜采用长且宽的营销渠道,反之则利用直接营销较适合。

(四)市场特点

外部市场特点是酒店进行销售渠道设计时需要考虑的重要因素。市场的容量、供需状况、各细分市场的购买习惯及地理分布等特点都影响着酒店营销渠道模式的选择。如果目标市场规模较大,为方便顾客预订,酒店一般倾向于使用较多的中间商来覆盖市场。如果小量多次的零散预订较普遍,酒店常常依赖旅行社代为预订;大批量的预订往往越过中间商,由主办者直接向酒店订房。

知识链接

如何来选择合适的销售渠道以适应酒店运营的需求

酒店产品的资源是有限的,渠道选择不足,会限制产品的售卖;渠道选择过多,会增加成本支出;渠道选择不当,既限制了产品的售卖,又会增加成本。那么,如何来选择合适的销售渠道以适应酒店运营的需求呢?

应考虑以下几个关键要素。

一、细分市场要素

每一家酒店因其所处的地理区位与出售的产品不同,其细分市场结构也不相同,而不同的细分市场客源又来自不同的渠道。例如:商旅散客主要来自酒店官网、集团中央预订系统、酒店预订部、OTA或手机APP等;旅行团体主要来自旅行社、旅游批发商和全球旅游分销商(如:GDS)等;会议团体主要来自于政府、公司和学校等。就内、外宾这两个细分市场来讲,内宾订房更倾向于国内的携程、去哪儿、艺龙等OTA网站;而外宾则倾向于Booking.com和Agoda.com等网站。因此,酒店在选择销售渠道中首先要考虑细分市场要素,使不同的销售渠道对应每个合适的细分市场,并在此基础上进行筛选和取舍,将会对提高产品售卖效能,有的放矢,增加销售收入起到关键作用。

二、顾客消费行为要素

如今,在酒店产品销售渠道多元化的同时也带来顾客消费行为的多样化。不同类型销售渠道或同类型不同商家的销售渠道都具有其独自的特性和相应区域的客户群体,这些客户群体即便是同一细分市场的客人,也会因消费习惯或兴趣偏好不同而始终选择他们信赖的渠道商。如果酒店平时善于积累和分析住店客人的消费行为和住客选择渠道商的兴趣偏好,认识和了解不同渠道商特性,那么在选择销售渠道时就能筛选出与酒店客源类型相适应的渠道商,将会收到较好的效果,自然也就容易对同类型的销售渠道进行取舍和选择,实现渠道的再优化。例如:旅游度假散客可能更倾向于在同程网订房,因为他们在订酒店的同时可以享受更多景点门票的网上预订,对位于景区的旅游度假酒店来说,同程网与其他OTA网站相比可能是首选的销售渠道,因为该渠道商的客源群体与度假酒店的客源市场更相适应。

三、管理成本要素

酒店每一销售渠道都需要有专人进行沟通和管理,如今不少酒店都设置了专门的渠道经理来负责此项工作,需要付出相应的管理成本。酒店选择的销售渠道越多,付出的管理成本越高,因为每一位经理管理渠道的精力是有限的。除此之外,还要考虑佣金和折扣优惠的因素。除了酒店的直销售渠道外,每一间接销售渠道都是要支付佣金或给予折扣优惠的。就拿OTA来讲,不同的OTA收取的佣金不尽相同。例如:就同一地区而言,有的OTA佣金收取售价的10%,而有的则收取12%乃至15%。因此,在渠道选择时应充分考虑管理成本要素,以保证酒店的收益不被侵蚀。

四、同类型渠道的转换率要素

对酒店而言,转换率是衡量OTA对客源供给能力的一项主要指标。转换率是指在规定时间内最终订房的人数与浏览人数的百分比。转换率越高,意味着酒店在该渠道的产品售卖能力越强;相应地,转换率越低,意味着产品售卖能力越弱。例如:一般来讲,转换率为4.5%的销售渠道要比2.5%的销售渠道对酒店来说更为有效。因此,酒店在销售渠道的选择中还应考虑转换率这一指标要素,尽量选择转换率较高的销售渠道,鉴于影响转换率指标的因素较多,所以需要分析比较和综合考虑。

五、数量控制要素

从产品角度讲,任何一家酒店产品资源都是有限的。因此,在选择销售渠道数量上应考虑与酒店产品供应量相适应,尽量保证在酒店满负荷供应量的前提下通过减少销售渠道数量来降低管理成本和确保有效的沟通。笔者曾遇到过不少酒店在选择销售渠道时不进行分析和筛选,也不考虑数量要素,建立合同关系的渠道商少则十几家、多则几十家;只要有新型渠道出现,不管效果如何,一股脑地上,结果搞得管理者很累,而且管理成本也大幅度上升,最终能有效输送客人的只有那么几家,结果是事倍功半。当然,这并不意味着不去关注和选择新型销售渠道,而是要因地制宜,分析和选择适合自己的有效渠道,控制渠道数量,降低管理成本,以实现收益的增长。

综上所述,酒店销售渠道的选择是一项系统工程,不是单一的,很多时候需要综合考虑,对要素加以组合、分析和权衡。在充分满足酒店客源供给量的前提下,通过有效的市场细分,提高订房转换率,控制渠道数量和降低管理成本来选择适合的销售渠道。(资料来源:祖长生. 如何选择酒店合适的销售渠道. 饭店收益管理,2015-09-16.)

三、构建酒店销售渠道

（一）建立直销系统

直销渠道指酒店通过自建渠道直接与客户联系，不经过中间商而直接招徕客人的销售模式。它包括自建网站、手机客户端、电话预定系统、会员中心等。酒店网站渠道建设包括网站设计优化、搜索引擎优化、付费搜索以及电子邮件营销（客户自愿订阅等）等内容。如锦江国际酒店集团，创建了 Wehotel 平台，充分利用手机客户端、微信、智能客服等一站式移动互联网预定体系扩大直销。

随着互联网和通信技术的发展，酒店顾客更愿意在网上选购产品，酒店争相搭载各类 OTA "大船"，以期能够获得更高的分销效果，但实际效果却是：有了慢慢失去对市场掌控的无奈，直销渠道是酒店运营是根本，自建渠道是酒店的迫切需求。

（二）选择中间商进行分销

能够帮助酒店进行分销的中间商有旅行社、OTA、航空公司、行业协会、全球分销系统、电话分销系统等。目前，OTA 企业是酒店的最主要分销商。

选择中间商的评估标准有三个，即经济效益、控制性和适应性。

1．经济效益

比较每个中间商的投入产出比，哪个中间商能获得相对较多的销量，同时花费相对较低的渠道运行和维护成本，则其经济效益较高，是一个理想的渠道方案。

2．控制性

相对于直接渠道，使用中间商无疑会使酒店销售渠道难以控制，因为中间商往往关注的是最大限度增加自己的利润，很少考虑酒店利益以及整个渠道系统的平衡。因此酒店对其精心选择的渠道商要有足够的控制能力，渠道的稳定性对任何一个酒店来说至关重要，如果渠道失控，那么对酒店的影响将是巨大的。

3．适应性

无论使用哪种间接渠道模式，酒店在一定时期内都需要承担一定的义务，这会使酒店在渠道策略上失去一定程度的灵活性。但是市场变化多端，酒店需及时调整渠道策略，这就要求渠道方案具有一定的适应性，酒店在中间商协定渠道方案时应注意这一点，一方面增加渠道本身的适应性，另一方面减少渠道方案本身对酒店的制约。

（三）加强客户互动，建立混合销售渠道

旅行者的准备时间越来越长——人们在进行预订之前平均要搜索22个旅游网站（Google 数据），用 Facebook 与朋友和家人进行交流，还要使用手机搜索等。这意味着，你的推广信息会通过各种不同的渠道投递给旅行者。如今，越来越多人使用互动性和线下相结合的营销渠道组合——包括社区媒体加平面媒体，酒店网站加社区媒体方案以及手机加邮件等方式。

（四）有效的客户管理

1．建立客户数据库

通过上门推销、举办会展、回收答卷、利用优惠券和抽奖活动、不同行业间的名单交换、客户之间互相推荐、向专业公司购买等方式和方法，让所有接触过的客户留下关键性资料。

2．实现客户细分

酒店营销人员首先需要分析客户信息，包括静态数据、动态数据、客户行为特征、客

户满意度、客户忠诚度、客户对客房产品与服务的偏好或态度等,这些是客户分析的核心目标。从目的上看,客户细分有两种,一种是实现常规的直接营销中一对一沟通,另外一种是酒店企业临时的营销活动。其次找出贡献80%利润的那20%客户,并区别对待。

3. 把握制作与客户友好沟通的技巧

衡量酒店产品直接销售水平有一个重要的标准,即客户是否愿意看酒店营销人员发给他的内容。若愿意看,营销人员就有可能进入下一步,与客户建立一对一的沟通关系;若不愿意看,那些发过去的信息对客户来说就是垃圾。因此,客户感兴趣的内容对酒店产品直接来讲是一个重要步骤。包括:一是个性化的内容和客户关注的内容;二是客户喜欢和嗜好的内容。

4. 发送与回复管理

通常酒店营销人员在发送的信息中会告诉顾客几种可以使用的回复信息的方式,如电话、传真、电子邮箱、回复信函或明信片等。

营销案例

酒店预订和营销的新趋势

2016年,欧洲酒店预订系统服务商Profitroom根据系统统计数据,提出了酒店业销售与预订的16个关键趋势。其中关键的8个趋势如下。

1. 客户评价

随着移动互联的普及,客户评价越来越便利和普遍,对于酒店形象和其他客户作选择的影响也越来越大。

Trip Advisor的数据显示,八成的用户会在预订酒店前浏览6~12个评论,51%的顾客会依据他们行程的感受发表评论。有客人评论的酒店预订页面,比其他页面多40%的点击量。

2. 社交媒体

随着社交媒体用户的不断增长以及多样化的广告形式,酒店也更加重视这个营销战场,通过有吸引力的广告,直接影响精准的目标客户群体,而且相较于在搜索引擎上投放广告,社交媒体显得更高效、性价比更好。

说到营销,图片显然比文字更有吸引力,而且动态的媒体内容比普通的静态广告更直观,比如,视频广告。

3. 共享经济

与陌生人一起住,一起聊天,深入感受当地的风土人情,这在旅行群体中已经非常普遍。在Airbnb上预订十分简单,有些比青年旅馆还便宜。

这种方式在中国内地旅行市场还不是主流,出行者更多选择酒店宾馆。但是,不排除这也会渐成趋势,毕竟年轻出游者越来越多,他们更希望"有生活体验的住宿"。

4. 虚拟现实

店铺经营服务商铺铺旺分享过,有些酒店通过应用VR(虚拟现实)技术,让客户如临其境360°地观看、体验酒店环境。当然,更加简单的全景视频也日益流行,希尔顿酒店集团也推出过。

5. 数据价值

"互联网+"时代不能不说大数据,不管酒店与互联网的融合程度如何,更全面地获得用户的数据、更精准地分析顾客的消费行为,已经成为酒店及OTA平台的关注要点。

有了数据的支撑，酒店才能更详细、准确地了解用户的兴趣、需求和消费意向，以此进行正确的品牌营销和服务优化。

6. 定制体验

获取到用户数据后，我们通常会对用户按照不同的特点进行分类，可是人嘛，总是善变。今天想要高大上的，明天兴许要原生态的了。所以满足客户需求，严格说来是满足客户每一次的个性需求。

也许你会觉得太奢侈，实现起来很麻烦，但是数据显示，有七成的客户期望有更多个性化定制。如四季酒店推出"软、中、硬"三种床垫供客户选择。

除了服务，在营销上也要个性化。雅虎的广告研究数据，个性化动态的广告可以提高54%的用户转化率。

7. 客户关系

有数据表明，深化客户关系，提高客户满意度，将使酒店的平均销售额增长67%。这就对酒店品牌渗入提出了高要求。从预订、入住到离开，每个细节都要尽可能地感动客户，让客户相信，选择你是正确的，而且愿意把你推荐给亲朋。

8. 社会责任

企业不单要盈利，也要考虑对社会造成的影响，比如对客户、当地社区和自然环境的影响。如济南喜来登，在"七夕"之际给当地社区老人免费拍婚纱。这种公益活动传播了企业价值观，也提升了品牌的美誉度。（资料来源：铺铺旺. 酒店预订和营销的新趋势. 店铺经营服务商，2016-08-10.）

思考与分析

1. 谈谈你对这8个新趋势的看法？
2. 在互联网上收集与这8个趋势相关的案例，并进行课堂展示。

项目训练

一、基础练习

1. 选择题

（1）以下属于酒店直接销售渠道优点的是（　　）。

A.有助于产品广泛分销　　　　B.便于与顾客进行直接沟通
C.有助于缓解人、财、物的不足　D.有助于迅速占领市场

（2）具有可以扩大酒店产品的营销面和营销量的优点的销售渠道选择策略是（　　）。

A.广泛性销售渠道策略　　　　B.选择性销售渠道策略
C.专营性销售渠道策略　　　　D.都可以

（3）质高价优的产品由于往往被少数富有的购买者重复购买，因此宜采用（　　）销售渠道。

A.间接性　　B.直接性　　C.广泛性　　D.选择性

（4）目前，国内酒店企业最主要的分销商是（　　）。

A.航空公司　　B.行业协会　　C.全球分销系统　　D.OTA

（5）酒店在建立间接分销渠道时，选择中间商的评估标准不包括（　　）。
A.经济性　　　　B.时效性　　　　C.控制性　　　　D.适用性

2．简答题

（1）什么是酒店销售渠道？简述酒店销售渠道的类型。

（2）简述销售渠道的优、缺点。

（3）酒店销售渠道的主要中介机构有哪些？

（4）简述影响酒店销售渠道选择的因素。

（5）如何构建酒店销售渠道？

3．思考题

（1）对于经济实力不强、规模不大的单体酒店，应该如何构建营销渠道？

（2）旅行社作为酒店销售产品的主要渠道，其在订房上有哪些特点？

二、实践练习

情境：家住天津蓟州区的李明，拥有一栋二层小楼和近500平方米的院子，交通方便，依山傍水，风景秀丽。大学毕业后，他决定回家创业，将自家经营成农家院，经过前期装修后，现拥有客房（标准间）10间、套房2间、KT室1间以及70平方米的室内餐厅。一切准备完成，李明应该如何建立销售渠道？

任务：撰写销售渠道方案。

要求：

（1）制定具有可行性的销售渠道方案。

（2）分组（3～4人）完成，制作PPT进行汇报。

三、案例

酒店业真正想从中央预订系统中得到什么

纳珀利H2C酒店的一份新的研究报告表明，随着中央预订系统服务的不断增长，以客人为中心是酒店业经营者的首要任务，而酒店和IT供应商则必须紧密合作，填补目前的空白。

服务和变革创新背后的主要动力是对现有中央预订系统的不满。我们认为供应商需要了解的是连锁酒店的要求和市场细节的差异，以帮助确定需要改进的领域。

一、缺乏直接预订

许多中央预订系统都缺乏增加直接预订的关键特征。尽管连锁酒店经常能够识别这些不足之处，但仍然在苦苦挣扎，因为他们不是IT专家，所以要对他们确切地说明一下需要改进的地方。

在关键的中央预订系统特征缺失情况下，大约一半的酒店经营者认为实时打折和包价功能是最重要的，其次是与现有系统和旅行社等合作伙伴进行的无缝整合。

整合客户关系管理（CRM）的需求也很强劲，但是整合第三方系统和合作伙伴渠道仍然给连锁酒店带来了巨大的挑战。

由于连锁酒店没有进行客户关系管理整合，因此如集成了客户关系管理模块的网络预订引擎的独立供应商正在进入该领域。

二、影响直接预订

在线直接预订也需要改进。许多连锁酒店缺乏OTA的技术和速度，在全球范围内所调查的所有连锁店中，OTA预订占其在线总收入的近四分之三。

然而，欧洲酒店业经营者对未来三年的直接预订有着更高的期望。

三、转移客户档案

连锁酒店也预见未来其对档案管理系统（PMSs）的依赖将有所下降，三分之二的酒店希望客户档案管理能够转移到另一个系统。尽管预计客户关系管理系统的使用会有所增加，但很多连锁企业还不确定将在三年后最终使用哪个系统。

无论分销解决方案是什么，连锁酒店都在寻求定制。具有增强技术的创新供应商、酒店管理者影响产品开发的能力以及支持和咨询服务的水平都是影响决策的重要因素。

有趣的是，酒店对采购一站式服务商的需求参差不齐，69%的客户在购买分销解决方案时并不关心商业方面的运营成本。

小型连锁企业和独立集团更有可能寻求一体化供应商，而大多数连锁酒店则选择"最佳"解决方案，要求最佳的单一系统选择、定制和广泛整合。

另一种选择就是酒店平台解决方案（CRS、PMS和其他应用程序在一个系统上运行），虽然目前它还没有在业界全面提供，但这个主意还是有前途的。

最终，酒店中央预订系统解决方案的预期结果不仅取决于理解缺失的功能。酒店和IT提供商同样也需要使用这些信息来定义最适合的分销技术的需求。（资料来源：一起飞巴. 酒店业真正想从中央预订系统中得到什么. 飞巴商旅，2018-02-06.）

思考与分析

1. 酒店加入中央预订系统的利弊各有哪些？
2. 酒店平台解决方案是否适合所有酒店？谈谈你的看法。

项目八
酒店促销策略

【项目导览】

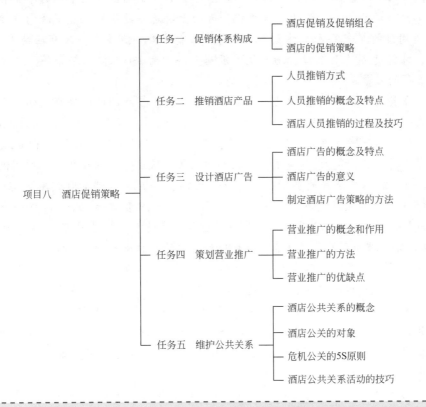

> 📖 **学习目标**
>
> 1. 了解促销体系构成，能够采用恰当的促销策略开展促销活动。
> 2. 理解人员推销过程，掌握推销技巧，能够独立地开展客户拜访、电话销售、网络销售等销售活动。
> 3. 理解酒店广告的意义，掌握酒店广告设计要点，能够对目标酒店广告应用

情况进行评述。
    4. 掌握营业推广的方法，能够策划并开展酒店营业推广活动。
    5. 理解酒店公关对酒店的意义，熟悉危机公关的5S原则，掌握酒店公共关系活动的技巧。

 案例导入

希尔顿酒店的周日早午餐促销

美国马萨诸塞州的匹兹菲尔德市及其周边地区拥有6万人口。约翰·埃尔德是该市希尔顿酒店的销售总监，他沮丧地看着就餐人数的统计数据。在过去的两年里，酒店内1751间客房的顾客中享用周日早午餐的人数在不断地下降，从最初的5012人下降到4574人，随后又降至3935人，降低幅度为21.5%。约翰认为应该采取一些必要措施了。

近来，在匹兹菲尔德，有许多新餐馆开张，它们开始割占利润丰厚的早午餐市场。酒店的餐饮部总监汤姆·哈丁认为，这些竞争者的出现是导致就餐人数下降的主要原因。在过去，酒店周日的早午餐人数达到150人是很正常的事。但现在，只有在特殊的日子里，如母亲节，才能达到这个数目。汤姆认为酒店有潜力为250人提供早午餐，这个数目大约是早午餐餐厅的容量。

周日早午餐在希尔顿酒店14层的绿宝石餐厅供应。餐厅的四面环绕着伯克郡山脉，客人无论坐在哪里都能够欣赏到壮观的景色。丰盛的自助餐是按传统方式陈列的，包括沙拉、早餐食品、烤牛肉和烤火鸡，而且还精心布置了冰雕并采用了其他引人注目的摆放方式。

周日早午餐的售价是16.95美元，利润空间微薄。从现阶段的销售看，利润仅为售价的10%左右。但是酒精类饮料使每单平均消费升至19.50美元，饮料的利润率为65%。汤姆计算过他能够在劳动力及固定成本不变的情况下，使就餐人数增加1倍，并使得增加部分的利润率（包括饮料在内）达到50%。他还计算过如果就餐人数超过现有的1倍达到最大容量250人的话，那么增加额外劳动力后，包括饮料在内的利润率大约是40%。

周日早午餐将酒店内的顾客及当地的消费者作为目标市场。通过调查发现，那些居住在10千米半径范围内的本地顾客，家庭年收入超过4万美元，平均年龄为45岁。许多年轻的夫妻经常享用早午餐。而餐厅并未将有孩子的中年消费者作为目标市场。

酒店的执行委员会决定再次向当地的居民宣传推广周日早午餐。它们认为许多享用过早午餐的顾客只是想尝试一下其他的餐厅。于是酒店决定开展一项历时半年的促销活动以吸引新顾客，留住老顾客。

约翰和汤姆决定分发给每位顾客价值2美元的抽奖券，并有机会获得大奖，但设定了顾客每周的最低消费额。酒店还调查了此次促销是否合法，结果证明法律上是允许的。

促销活动即将运作，这使得约翰·埃尔德和汤姆·哈丁感到很欣慰。说服执行委员会采纳促销方案后，他们的任务便是拟定细节问题。（资料来源：罗伯特·C. 刘易斯著. 饭店业营销案例. 谢彦君等译. 大连：东北财经大学出版社.）

思考与分析

1. 案例中的希尔顿酒店为什么要对周日早午餐进行促销?
2. 约翰和汤姆计划采用何种促销手段?还需要考虑哪些细节问题?
3. 如果你是希尔顿的销售总监,你会提出何种促销方案?

任务一　促销体系构成

在酒店市场中,营销的作用越来越重要,促销作为营销的一个组成部分,所包含的内容越来越多,分工越来越细。因此,各种促销手段的使用,将直接影响营销活动的效果。

一、酒店促销及促销组合

(一)概念

酒店促销是指酒店通过各种营销宣传手段,与市场进行信息沟通,来赢得饭店顾客的注意、了解和购买兴趣,树立酒店企业及其产品的良好形象,从而促进酒店产品的销售。从本质上来讲,酒店促销实际上是就是酒店与顾客之间信息沟通的过程。

酒店促销组合就是酒店根据产品的特点和营销目标,综合各种影响因素,对各种促销方式的选择、编配和运用。酒店促销组合是酒店营销策略组合中重要的组成部分,其目的在于扩大酒店在公众和目标市场中的声誉和影响,促进酒店产品销售。

传统的酒店促销手段包括人员推销、销售促进、广告和公共关系这4种,近年来网络营销也已成为酒店促销手段(除传统促销手段之外)中不可或缺的一部分,有效的酒店促销策略就是这5种手段的多元化整合。

(二)功能

酒店促销的功能主要体现在以下几个方面。

(1)传播信息。通过酒店促销活动使顾客了解酒店产品与服务的有关信息。

(2)刺激需求。通过促销活动加深顾客对相关酒店产品的认识,唤起旅游者的消费意识,通过劝说和提示消费者购买有关旅游产品,扩大产品销售。

(3)强化竞争优势。酒店促销通过对同类酒店产品某些差别信息的强化传播,使顾客意识到该产品的特殊效用和优势。

(4)树立良好的形象。在扩大产品销量的同时,树立酒店和产品在公众心目中的良好形象,从而为酒店的长远发展创造有利条件。

二、酒店的促销策略

(一)"推"的策略

强调产品沿着分销渠道垂直地向下推销,即以中间商为主要促销对象,再由中间商转售给最终顾客。

1. 常见形式

派出酒店推销人员登门推销产品;设立酒店销售门市部;服务性酒店促销;举办酒店产品推介会等。

2. 适用条件

结合酒店促销工作的特点,当酒店产品及其相关因素满足以下条件时,酒店需采取"推"的策略,其适用条件如表8-1所示。

表8-1 酒店"推"策略适用条件

从酒店本身看	有很强的酒店产品销售队伍和销售能力,且管理水平较高
从酒店产品看	一般是单位价值比较高的酒店产品,根据顾客需求特点设计制造的酒店产品以及某些当地生产当地销售的饭店产品
从酒店渠道看	酒店产品一般经过直接渠道或短渠道
从酒店市场看	酒店产品的市场比较集中
从酒店公关看	酒店与目标市场顾客之间的关系亟待解决

(二)"拉"的策略

"拉"的策略是酒店花费大量的钱做广告对最终顾客推销,使顾客对酒店产品产生需求,从而向旅行社、会议组织机构要求预订客房和餐饮。

1. 常见形式

酒店价格促销;酒店广告促销;组织酒店产品展销会;通过试销方式促进销售;酒店公关活动等。

2. 适用条件

(1)酒店的销售人员、酒店销售经验不足时。

(2)酒店的市场范围大。

(3)酒店产品必须以最快的速度告知广大的用户和消费者。

(4)酒店产品已经在市场上有了一定的销路,且酒店市场需求呈现日益增长趋势。

(5)酒店产品的差异性明显,并富有特色。

(6)酒店产品能够激发消费者的感情购买动机,经过宣传酒店形象,顾客会迅速采取购买行动。

营销案例

酒店淡季促销方案

灰色3月,这是大多数酒店的状态。李老板的店,属于快捷型酒店,在当地价位中等,其主要产品标准双床房的价位如下:

房型	门市价/元	前台价/元	会员价/元	协议/OTA/元
标准双床房	380	268	160	180

100间房,出租率不到30%。眼瞅着那么多房空着,大姐们都窝在休息室唠家常,前台妹妹也无所事事,李老板那个心痛啊。一咬牙,空着反正也是空着,不如低价卖了!

噼里啪啦,前厅经理上通下达,马上搞了一个促销活动,张贴在酒店大门口,如下:

××酒店降价大促
本酒店自3月10日—4月15日期间
隆重推出预订标准双床房

均享受超低价120元/间的特惠活动
您只需拿起您的手机
任意拍我们九张酒店图片
发布在您的朋友圈,
并附文"××酒店,标准房价格120元/晚"
就可享受活动价格

第二天,酒店的老客户王先生来到该酒店,正拿出手机准备扫码支付160元房价时,一眼看到前台的促销活动。

"这个好划算啊,发个朋友圈就减40元",于是马上拍照,发了朋友圈,减了40元。

如同王先生一样,酒店的客人都反映促销活动不错。

前厅经理也十分高兴,因为他按照预期完成了"每天扩散20人"的目标,这个月的奖金又有得拿了。

而李老板却越发愁了,自活动开展10天以来,酒店收益不增反降了!

相较于去年3月,出租率虽然上涨了8个点,但客房收益下降16680元,单房收益下降11.12元。

为什么,淡季不是要做促销吗?怎么越销越少了呢?(资料来源:魏云豪.酒店淡季搞促销,老司机都这么玩.)

思考与分析

1. 酒店促销后为什么收益变少了?
2. 你如何看待这份促销方案?找出其中的问题并提出你的建议。

任务二　推销酒店产品

营销案例

酒店处理顾客投诉

星期天，王女士带着她的儿子小宝和侄儿亮亮来到某酒店吃饭。吃完饭王女士到收银台去交款，这时，小宝和亮亮嬉闹玩耍抢一件玩具，小宝个头没有亮亮高，但却并不示弱，亮亮在没有喊停的情况下，突然撒手，致使小宝在惯性作用下，猛的后仰跌倒，头磕到桌子，顿时，鲜血从伤口处流了出来，撕心裂肺的哭喊声顿时响彻酒店。小宝的母亲闻声跑来，惊慌失措地将儿子抱起，疼惜的泪水充满了双眼。经医院检查证实：小宝磕得并不太严重，花去医药费1800元。

第二天，王女士来到酒店，强烈投诉员工服务质量糟糕，原因有二：

（1）当员工看到无人监护的两个小孩在酒店打闹时，无人加以劝告和制止，对惨剧的发生负有不可推卸的责任；

（2）孩子摔伤后，竟没有一位员工说一句安慰的话，更没有人伸手帮一把，让顾客感到非常心寒。

思考与分析

1. 假如你是该酒店服务中心总经理，你将如何处理？
2. 如何规避案例中出现的情况，提高酒店服务质量？

一、人员推销的概念及特点

（一）概念

人员推销又称派员推销，是企业通过派出推销人员或委托推销人员亲自向顾客介绍、推广、宣传，以促进产品的销售。可以是面对面交谈，也可以通过电话、信函交流。推销人员的任务除了完成一定的销售量以外，还必须及时发现顾客的需求，开拓新的市场，并创造新需求。

（二）特点

1. 人员推销的优点

（1）人员推销具有很大的灵活性。

（2）人员推销具有选择性和针对性。

（3）人员推销具有完整性。

（4）人员推销具有公共关系的作用。
2．人员推销的缺点
（1）单位接触的高成本。
（2）推销效果有限。

想一想

酒店在举办节假日活动时，常用的推销方式有哪些？

二、人员推销方式

酒店人员推销的方式有很多，常用的是陌生拜访、预约拜访、电话销售、网络销售、散发单页，另外还有销售"闪电战"、邀约参观（SHOW HOTEL）等。

（一）陌生拜访

每一个刚刚走入销售岗位的新人，都要经历陌生拜访的过程。顾名思义，"陌生拜访"就是去和陌生人说话，和陌生人或陌生的公司建立联系、认识，进一步签约或有业务来往。

陌生拜访的目的是开拓新的市场，在一片广大的区域内找到自己的目标客户，目前主要方式是"扫街""扫楼"。"扫街"即针对沿街的商铺或商家散发酒店宣传资料，询问有无酒店住宿或餐饮方面的需求，发现目标客户；"扫楼"即针对商务公司比较集中的写字楼从上到下逐层拜访，散发宣传资料，询问需求，发现目标客户。

销售人员在进行陌生拜访的时候，首先要对自己有自信。当你一个人面对陌生的环境、不可预知的未来时，孤独感油然而生；当你面对客户的冷眼和不屑一顾的态度时，挫败感和自尊心会受到打击；当你面对保安的围追堵截和盘问时，会茫然不知所措。所以，首先是对自己有信心，有勇气去面对一切。这个信心的来源在哪里？这样的信心来源于销售人员对客人的热情和服务；这样的信心来源于对自我的一种挑战和自我价值的实现。大家都说销售工作锻炼人，就是在一次次被拒绝中磨炼出来之后，你会发现自己越来越有经验，越来越从容不迫，越来越有自信。当你每一次成功地发现一个目标客户以后，总有一种成就感。

（二）预约拜访

预约拜访是指在陌生拜访的基础上的升级版。首先，你需要对拜访的客户有一定的了解，知道公司的联系人、联系电话、先前有过某种接触和印象。这些都是预约拜访的基础。

拜访前先打电话预约时间，看对方是否有空，并说明来意。如果是第一次拜访，更要注重细节和准备：衣着是否得体，相关资料是否带齐，是否守时；与客户见面后，举止是否规范，是否对自己的酒店产品够了解，对客人提出的问题是否对答如流，而不是模棱两可；是否真正聆听了客户的需求，而不是在那里只顾自己说；不要在客户那里夸夸其谈，会给客户留下轻浮的感觉；承诺客户的事是否能兑现。

预约拜访的签约成功率比较高，客户也能更深入地了解酒店。一般来讲，预约拜访所针对的都是比较有潜力的公司，而且是有目的的拜访，要么签约，要么是洽谈生意信息，而不仅仅是单纯地为了回访而回访，寒暄几句，加深印象而已。

（三）电话销售

电话销售是目前比较流行的行销方式，做得比较多的是保险公司。电话销售的范围广泛，特别针对非本地客户和需要定点突破的目标客户。电话销售在信息量方面要求也不高，比较容易获得，如黄页、网站、客户广告上。

电话销售的注意事项有以下几点。

（1）开场白最重要。一般能获得电话号码，但没有联系人。电话打过去怎么说呢？"您好，先生（小姐）。我是××连锁酒店的，请问您这里是某某公司办公室（行政部）吗？""不是。""我想找一下办公室，请问他们的电话是多少？"知道电话后，道谢，打到办公室去。"您好，请问是办公室吗？""是，你有什么事？""我是××连锁酒店的，我姓杨；我们在你们公司附近开了一家连锁店，希望有机会为你们提供服务。"

（2）找对人最关键。不相关的人对和自己工作没有关系的事不会关心，所以要找到负责人。"我们公司有住酒店的需求，但是我们主任不在。""没关系，请问先生（小姐）贵姓？""我姓张。""张先生，请问你们主任贵姓？我下次再打电话约你们主任。""他姓王。""谢谢你，张先生。改天我和你们主任约好后，给贵公司送份资料过来。"

（3）仔细倾听。注意发现对方的信息，善于提问。不要问选择性问题比如，"我是××连锁酒店的，请问你们需不需要用酒店？"遇到拒绝的时候不要急，转变话题。"我们这里不是办公室，你打错啦。""对不起，今天是第一次打电话到贵公司来，请问办公室电话是多少？我直接打过去。""我们负责人不在。""对不起，耽误你的时间了，请问你们负责人贵姓？我下次和他约好了再过来。"

（4）不要急于求成。电话销售非常方便，不要想一次就成功，要有耐心，有信心。把每次电话中获得的信息记下来，以便下次有用。如，在电话销售登记表中体现出来。

（四）网络销售

2000年以后，随着互联网技术的发展和运用，网络开始为大家熟悉，电子商务应运而生。现在的电子商务做得比较成功如阿里巴巴、携程、艺龙、淘宝网等。订房网站的发展不过10年左右的时间，现在已被酒店业普遍接受，成为一条重要的销售渠道。酒店也建设自己的网站，一方面展示企业形象，另一方面开通订房系统CRS，拓展新的销售渠道。目前经济型酒店中的如家、7天、锦江之星、汉庭等全国连锁品牌都有自己的订房中心。优势之一：为会员服务，自给自足。优势之二：和订房中心输送的客源比较的话，网络销售得到客源不用付佣金。缺点是需要总部建立一个呼叫中心，各项成本会相应增加。

（五）散发单页

散发单页的规范要求如下。

（1）单页的发放工作要形成制度化、长期化和量化；纳入员工的晋升和奖金考核体系，让员工从利益上和心理上真正重视销售工作。

（2）发放单页的人员应全员轮换，通过轮换尽量降低员工发放单页的难度。

（3）发放单页的地点固定化，一般在酒店附近区域，主要针对商家、车站、商业中心、写字楼等人流量大的区域。

（4）发放单页时要保持微笑和目光交流，使用统一用语："您好！酒店介绍"。

（5）发放单页是伸手递给路人，如果路人不接受，不要勉强，寻找下一位客人。

（6）遇到客人询问，把酒店的方位指示给客人，必要的话可以作进一步介绍。

（7）对于遗落在地上的单页要第一时间拾起，注意节约和环保。

（8）加强对目标客人的识别能力，主要针对年轻人和中年人发放，小孩和老人少发放。

（六）邀约参观

在和客户有了第一次拜访的接触后，如果客户对酒店有签约意向的，一般会到酒店来实地考察。这时，就是酒店展示自己形象的关键时刻了。

（1）由销售人员和客户约好见面时间，销售人员须在大堂等候迎接，必要的话可以请总经理出面和客户打招呼，表示欢迎。

（2）提前准备好房间，最好先查看一遍。

（3）在陪同客户参观的过程中，要给客户介绍酒店及连锁店的情况。表现出热情和专业。

（4）注意聆听客人的问题，从中发现客户的需求。从客户的需求入手找到最佳的销售点。

（5）不要为了参观而参观，如果是还没有签约的，争取签约；如果是为了某个会议而来的，争取拿下这个会议。

（6）参观完毕，可以请客人到餐厅一坐，询问客人对酒店的印象，感谢客人的到来，送客人离开。

邀约参观是主场作战，成功率更高。更能够给客人留下直观的印象，所以要特别重视。

三、酒店人员推销的过程及技巧

（一）销售前的准备

酒店销售人员在拜访客户或洽谈业务之前，一定要准备好酒店的简介，如宣传小册子、价目表、酒店设施设备和服务项目图文并茂的介绍、预订单、明信片、销售记录卡、名片及有关酒店产品和服务的各种资料。

（二）拜访客户

确定拜访客户的时间、方法、做好谈话提纲，确定销售的方式。拜访过程如下：

（1）问好。

（2）礼貌和技巧性地客套问话。如"打扰您了"或"没打扰您吧？""能占用您几分钟时间吗？"让对方有所准备，不致产生反感，或回避访问。

（3）开门见山，说明来意。

（三）拜访后的工作

拜访活动结束后，立即填好记录卡，对预订的情况立刻向有关部门如前台部、客房部、餐饮部、宴会部等通报，作好接待安排计划，对贵宾要填贵宾卡，拟定接待规格。对客人的多种要求要尽量满足。对客人的投诉要记录在案，并尽快处理，将书面材料送达相关部门或领导。

（四）销售技巧

销售人员有销售时，要明白一个观点：我们不是在向客人销售房间或餐厅，而是在向客人提供一段舒适、享受、豪华、愉快的经历。对于不同价格的客房，应强调其不同的设施和服务，报价时可以采用先报基本房价，再加服务费、再加税额，不要只报总价格，给人以价格不合理或价格太高的感觉。也可采用"三明治"报价法，即每项服务逐一报价，而不是先报总价。

（五）人员推销过程中应注意的问题

（1）善于察言观色。

（2）充分展示酒店信息。在与客户面谈时应准备好酒店的各种宣传资料、照片、幻灯片甚至电视宣传片，抓住时机向客户展示，以弥补在酒店以外区域有形证据展示不足的缺陷。

（3）强调酒店在举行会议方面的经验。

（4）抓住时机提出成交。

（5）连续促销。在与客户签订合同之后，酒店除认真履行合同的条款之外，还应该继续保持与客户的联系，一方面解决客户提出的新问题，另一方面与客户建立起非业务关系以外的关系，为酒店的关系营销奠定基础。

营销实训

完成一次酒店预订过程中的人员销售活动

要求：以小组为单位派出代表互相扮演买卖方。买卖双方在讲台上现场表演会议服务的宣传与推销。

（1）小组完成，每组不超过6个人，事先小组成员要进行准备和演练。

（2）各组可商议采取哪种营销策略、广告策略，意图能在现场展示出来。

（3）各组销售完毕要求每人写一份实践心得报告，字数500字左右。

【营销提示】

（1）把握预订程序；

（2）受理不同方式预订；

（3）处理预订特殊情况；

（4）灵活推销客房；

（5）做好住宿登记的工作。

任务三 设计酒店广告

营销示例

不要成为一颗"沙发土豆"

☆住酒店的理由除了出差还有什么？旅行？美食？
☆不，你需要运动！

一、酒店广告的概念及特点

酒店广告是指酒店通过各种大众传播媒介，如电视、广播、报纸、杂志等，以支付费用的方式向目标市场传递有关酒店信息，展示酒店的产品和服务。广告是酒店促销组合中重要的手段之一，它的作用是长期的，有时甚至是潜移默化的。

与其他促销方式相比，广告具有以下鲜明的特点：
① 覆盖面广；
② 高度公开性；
③ 属于间接传播方式；
④ 广告效果的滞后性。

广告的效果并不是立竿见影的，它往往需要一个比较长的积累才能将效果充分发挥出来。从一定意义上讲，广告不具备即时性的特点。

想一想

广告媒介类型有哪些？谈谈你所指知道的酒店广告。

广告媒介是广告传播所运用的物质和技术手段，是酒店向公众发布广告的传播载体。随着现代科技的发展，广告媒介也在不断丰富，主要包括报纸广告、杂志广告、广播广告、电视广告、户外广告、邮寄广告、焦点广告、互联网广告、产品广告等。

知识链接

付费渠道

一、网络广告
（1）搜索引擎：百度：百度品专、百度关键、百度华表、百度知心。
特点：用钱换流量，见效快。
（2）广告联盟：百度网盟、搜狗网盟、淘宝网盟等。

特点：PV大，便宜，效果一般。
（3）导航广告：hao123、360导航、UC导航等。
特点：PV大，无干扰，许可式经营，针对性强，转化效果好，品牌效应高。
（4）数据库营销：IM推广、EDM邮件发送、SMS短信发送。
特点：转化率低；但对于挖掘潜在人群、品牌发力等方面作用相对不错。

二、媒体广告
媒体广告有电视广告、报纸广告、杂志广告、广播广告、移动应用广告等。

三、户外广告
户外广告包括射灯广告牌、霓虹灯广告牌、单立柱广告牌、大型灯箱等。

四、社会化广告
（1）易传媒、传漾等。
（2）微信：公众大号、朋友圈、深度合作。
（3）微博：微博大号、粉丝通、话题排行。
（4）社群：各类社群组织（如微信群、QQ群等）。

五、APP广告
（1）应用市场：360、百度、小米、华为、应用宝等。
特点：推广APP的重要渠道。
（2）预装：电脑手机厂商、芯片厂商、分销厂商等。
特点：量大。
（3）超级APP：滴滴、美团、美图秀秀等。
特点：效果一般。

六、BD联盟
（1）协会联盟：各类协会。
特点：群众基础较好，人物画像相似。
（2）校园联盟：学生会、各类学校团体、协会等。
特点：产品校园推广常用。
（3）社群联盟：微社群联盟、营销创新联盟、孤独者联盟。
特点：适合做冷启动。

七、名人广告
（1）明星代言：林某某、范某某等。
特点：聚焦、信任、购买冲动。
（2）领域名人：马云、刘强东、王思聪等。
特点：要求产品新颖，有创新。
（3）意见领袖：网红、大V、学者、律师等。
特点：费用较高，针对性强，转化率较高。

免费渠道

一、官方渠道
（1）站内：自己网站与APP广告位、短信、弹窗等。
特点：无需费用，利用方便。
（2）SEO：排名、百科、知道、贴吧等。

特点：无地域限制；数据统计精准；用户主动查阅。

（3）官方媒体：服务号、订阅号、官方微博、官方社区等。

特点：服务号抓产品需求；订阅号抓信息需求；社群不容易做大，做大了效果好。

（4）新闻自媒体：今日头条、虎嗅网、网易、腾讯等。

特点：冷启动必做。

（5）视频自媒体：优酷、爱奇艺、新浪视频等。

特点：适合做冷启动。

二、社群渠道

（1）综合：QQ空间、贴吧、知乎、天涯等。

特点：活跃用户多。

（2）垂直：携程旅游、搜房、汽车之家等。

特点：用户质量高，营销价值大，监管严格，可以植入营销。

（3）社群：微信群、QQ群、豆瓣小组等。

特点：双向沟通效率高；目标精准；传播快；实效久。

三、自媒体

（1）聊天工具：QQ、微信、陌陌等。

特点：活跃用户多；流量大；传播速度快。

（2）群：QQ群、微信群。

特点：用户画像清楚；目标精准。

（3）个人公众号：微信公众号、头条号等。

特点：用户黏性大；传播影响大；覆盖面广；传播速度快。

（资料来源：小九．酒店营销渠道看这里．酒店精英俱乐部，2018-04-14．）

二、酒店广告的意义

（一）广告对消费者的意义

（1）广告是帮助消费者获得信息、减少风险的有效途径。

（2）广告是消费者学习消费经验的途径。

对事先没有经验可借鉴的消费者而言，广告可以提供给他们经验而获得帮助。

（二）广告对酒店的意义

酒店广告对酒店的意义体现在以下方面：为酒店或酒店集团及产品树立形象；刺激潜在的消费者产生购买动机和行为。在影响购买决策方面，消费者的知觉具有十分强大的威力。但是人们的知觉并不一定基于真实。广告则是企业校正知觉、引导知觉的一项有力工具。

三、制定酒店广告策略的方法

（一）确定目标市场

目标市场是最有希望的消费者组合群体。目标市场的明确既可以避免影响力的浪费，也可以使广告有其针对性。没有目标市场的广告无异于"盲人骑瞎马"。

酒店应该尽可能明确地确定目标市场，对目标顾客作详尽的分析，才能更好地利用这些信息所代表的机会，以便使顾客更加满意，最终增加销售额。常见的细分服务市场有商务细分市场、享乐细分市场、人口统计细分市场、消费者细分市场、社会阶层细分市场等。

（二）树立具有竞争力的市场定位

一个酒店应该确定：以什么样的方式，为什么样的人，提供什么样的服务。只有这样，它才具有竞争优势，才有可能被人记住。在众多的酒店广告千篇一律的情况下，与众不同的市场定位使得宣传酒店特色的广告更有必要。

（三）科学制定广告方案

1. 明确广告的目的

广告目标是指在一个特定时期内，对于某个特定的目标受众所要完成的特定传播任务和所要达到的沟通程度。广告目标可分为通知、说服和提醒。

（1）通知型广告主要用于产品的开拓阶段，其目的在于引导初级需求。

（2）说服型广告在竞争阶段十分重要。目的是向一个特定的细分市场宣传酒店的优势或某一项产品，以中期效应为目标。

（3）提醒型广告在产品的成熟期十分重要，目的是保持顾客对该产品的记忆。

2. 做好广告预算

确定了广告目标后，酒店可以着手制定广告预算。常用的酒店广告预算的方式有量力支出法、按需支出法、按比例支出法。

3. 传送真实可信、打动人心的信息

广告需要突出的竞争优势，可以是别人没有的价格、产品或服务，也可以是从酒店所特有的氛围。广告信息既应具有愿望性，即说明人们所期待的或感兴趣的事；又应具有独占性，即说明有别于其他品牌的特色；此外，广告所传递出的信息还应是真实、可信的。

4. 选择适当媒体

广告只有在被消费者看到、听到并对其心理发生影响时，才能发挥作用。在选择媒体时最为关注的，就是广告如何尽可能地被人们所看见和听见。

酒店业中常用的媒体有：印刷媒体；广播、电视；互联网；户外，交通运输场所招贴画、灯箱；展览会等。选用什么样的媒体最恰当、最有效率是由信息的意图、要传递的信息类型和要传达的市场所决定的。

5. 合理评价广告效果

以下是几种常用的衡量方法。

（1）反馈测量法：如果一则广告的设计是要让受众提出索要信息的要求，或是提供了咨询或预订电话，酒店就可能精确地对照成本对反馈结果进行量化。

（2）沟通效果的市场调查测量法：对于重要的广告活动，可以分别在活动前后对目标客户进行访谈式抽样调查，以此来评估记忆程度和态度的变化。

（3）沟通效果的预先测试：如果广告活动的规模较大，值得花钱预先对沟通效果进行测试，通常可以先在目标受众中对三到四个替代性的广告创意进行抽样调查，以评价它们所引起的反应。

任务四 策划营业推广

> **营销案例**

宜客宜家（星海公园店）的开业推广

2015年的时候，宜客宜家星海公园店，在开业的筹备过程中按照线上带来流量、线下产生口碑、口碑回到线上、带来新的流量的闭环轨迹开展开业推广。

一、线上带来流量

第1步，找到传播定位。酒店毗邻星海公园，靠海很近，所以当时酒店的定位就是大连七大海景酒店之首，目标就是要成为消费者心中的首选。

第2步，管理所有渠道。酒店把所有曝光酒店信息的渠道都梳理了一遍，包括地图纠错、优化酒店图片、监控评论数量和评论质量等多个方面，并做好SEO（即"搜索引擎优化"）的工作，确保消费者在大连找海景房时，能找到该酒店，还能顺利转化到店完成入住。

第3步，线上双微"暴力"推广。当时还处于双微的红利期，所以酒店在微博上联合大连美食、大连生活联合活动等大V，推出了"抽奖免费住"的活动，增加曝光，加大宣传力度，同时在送房活动上，还通过补充开奖、活动提醒等方式调动了粉丝的活跃性。在微信上，也找了《大连晚报》《半岛晨报》等大号作了推广。

二、线下产生口碑

第1步，把点评作为店面绩效考核的关键。当差评超过一定数量时，当月绩效考核归零。这样做的关键点在于督促员工严格看住差评，坚决不让差评上线。

第2步，引入打赏机制。简单说就是用客人打赏的方式去鼓励和侧面评估团队的服务质量。这样做可以督促和激励团队为客人提供更好的服务。

第3步，引导顾客满意后点评。有很多客人没有给好评的习惯，多数是他们不满意的时候会给一个"报复性"的差评，所以我们除了在做好服务，让客人不给好评都不好意思之外，还要努力去争取好评，在每个跟客人接触的机会里，找到合适的时机去完成好评转化。

三、推广效果

按照既定的开业推广方案，运营一年后，酒店的好评率达99%，好评分4.8，在大众点评上大连酒店的排名中位于第22名，商圈排名在携程、艺龙和去哪儿上分别是第3、第4和第7，营收完成超预算近50%。

目前酒店共有65间房，好评分已经做到了4.9分，RevPar在270元左右，应该超过了大连同级所有的经济型连锁酒店。（资料来源：好评率99%的酒店都做了什么．酒店邦成长营，2018-07-23.）

思考与分析

1. 你认为什么是营业推广？
2. 案例中的酒店给你了哪些启发？

一、营业推广的概念和作用

营业推广，又称为"销售促进"，它是对同业（指中间商）或消费者提供短程激励的一种活动，目的在于诱导其购买酒店特定产品。营业推广是临时或短期带有馈赠或奖励性质的促销方法。虽然从长期来看，营业推广并不能使销售状况有很大改观，但在较短的时间内，它往往比广告能更有效地促进销售的增长。

营业推广的作用主要表现在以下几个方面：

（1）促使消费者试用产品；
（2）促使顾客增加消费量；
（3）劝诱顾客再次购买；
（4）对抗竞争对手；
（5）促进本酒店其他产品的销售。

一般情况下，酒店对于某项产品的促销在一定程度上也能带动相关产品的销售。

知识链接

常见营业推广示例

营业推广是酒店促销策略中非常重要、也是实用性最强的一种手段。下面介绍几种在实际工作中出现的典型范例。

（1）最后1分钟促销特惠。如当日晚上10点后，客房以五折销售。
（2）特价房。如标准间98元，双人间128元。
（3）超级团购价。如买10送1，凡当日一次性同时入住11间客房，可减免1间价格最低的客房房费。
（4）延时促销。如如果连续住宿4夜，则1夜的住宿免费。
（5）提前预购价。如提前2个月预订某房型并即时确认，可享受5折疯狂优惠。
（6）常客升级体验价。如在3月内，住宿超过6次，第7次入住时客房类型免费升级。
（7）热点事件促销。如高考期间，所有考生凭准考证入住酒店可享受8折优惠。

二、营业推广的方法

在现实的促销活动中，销售促进是由刺激和强化市场需求的花样繁多的各种促销工具组成的。营业推广可以针对三类对象展开，顾客、中间商及推销人员，这些促销工具又有很多的表现形式，参见表8-2。

表8-2　酒店常用的营业推广方法

顾客	中间商	销售队伍
降价或廉价出售	额外的佣金和超额奖励	资金和其他的
折扣券或优惠券	抽奖	货币或奖励
隐性降价	竞赛	礼品奖励
附赠产品	免费礼品	旅行奖励
免费礼品	社交集会或招待会	抽奖
竞赛		
常客通行证方案		
抽奖		

想一想

谈谈你所知道的营业推广手段？哪一个最打动你？为什么？

在酒店行业中，除以上营业推广手段外，经常还会制订一系列的奖励计划，即根据顾客消费酒店产品的情况，酒店给予一定的奖励，促使顾客继续消费酒店产品，进而成为酒店的忠诚顾客（表8-3）。

表8-3　国际著名酒店集团的奖励计划

香格里拉酒店集团 金环计划	标准级：金环成员楼层、免费配偶入住、免费早餐、免费拨打本地电话、信用卡现金预支。 行政级（每年10晚及以上）：除上述优惠外，还包括延时离店、25%奖励分数、升档。 豪华级（每年25晚及以上）：专用酒廊、提前入住登记、50%奖励分数
希尔顿酒店集团 Honors计划	成员入住希尔顿、Flamingo、Bally's和希尔顿国际饭店可享受积里程或点数可折合为免费房间、免费机票、游船旅行、度假及美国部分地区的赌场筹码

三、营业推广的优缺点

（一）优点

（1）刺激性强，激发需求快。销售促进能产生即刻购买，还能进行大批量的沟通和销售。

（2）快速、及时地反馈。大部分的销售促进都提供了在短期有效的激励因素，比如赠券等，大部分的赠券必须在一个特定日期之前使用，所以消费者必须作出快速反应，而酒店的市场效果也会得到快速反馈。

（3）增加产品的吸引力。一个具有想象力的销售促进能给酒店增添吸引力，激发顾客购买的兴趣。

（4）调节淡旺季需求。这种方法在使用上有较大的弹性空间，一旦需要可以立即被使用，而且在任何时期都能发挥作用。在非高峰期使用尤其能产生显著的效果。

（二）缺点

（1）短期利益。销售促进通常只能在短期内有效，而不能导致长期的销售增长。一旦销售促进活动结束，销售量就会恢复原状，甚至更低。

（2）难以建立顾客忠诚度。销售促进能吸引来自于竞争对手的顾客，但他们并非会对酒店保持较高的忠诚度。一旦竞争对手也采用同样的方法，他们又会转向竞争对手。销售促进在建立品牌忠诚度方面效果并不明显。

任务五 维护公共关系

营销案例

济南全季酒店拿洗脸毛巾擦马桶

2017年，某顾客入住济南全季酒店泉城广场店（华住酒店集团旗下酒店），发现保洁员疑似用客房毛巾清洁卫生。为取证，顾客在自住客房放置拍摄设备，拍下保洁员竟用洗脸毛巾擦马桶和洗脸池。

这条"多功能"洗脸巾蘸着马桶水，从马桶一路擦到洗手池，这样的毛巾，你还敢用吗？

第二天，顾客就此事询问前台，全季酒店前台称：客房毛巾专供客人使用，并非一次性的，保洁须用专用毛巾清洁客房。

顾客进一步追问：有用毛巾擦马桶的现象吗？

前台回应：不会，擦马桶有专用的抹布，保洁人员不允许使用客人的毛巾来清洁房间任何地方。

顾客：我住了几天发现这个问题。

前台：那我明白您的意思了，向您道歉……

8月24日早上，视频被上传到网上。当天晚上，全季酒店针对此事在其官方微博发布回应。（资料来源：海底捞VS全季酒店，危机公关怎么做.恺撒里兹酒店管理大学，2017-08-26.）

思考与分析

1. 收集资料，进一步了解"济南全季酒店拿洗脸毛巾擦马桶"事件，对该酒店的危机处理对策进行评述。
2. 酒店为什么要进行危机处理？
3. 如果你是济南全季酒店的前台工作人员，接到顾客电话会如何做？
4. 如果你是危机处理人员，你会怎么做？

一、酒店公共关系的概念

（一）酒店公共关系的含义

酒店公共关系可以从动态和静态两个角度来理解。从静态角度看，它表现为一种关系状态。这种关系状态反映了酒店内部和外部各种关系的亲疏程度、好坏程度。从动态角度看,公共关系表现为一种活动,即一个酒店为了协调各方面的关系,在社会上树立良好的形象而开展的一系列专题型或日常性公共活动的总和。

酒店公共关系是一门新的管理科学,它要求酒店企业在发展过程中,应具备良好的公关意识,切实开展各类公关活动,以便保持一个良好的公关状态。

(二)酒店公共关系的作用

(1) 良好的公共关系有助于酒店及时了解影响酒店形象的舆论和信息。

(2) 良好的公共关系有助于传播酒店品牌的良好形象。

(3) 良好的公共关系能使酒店产生巨大的竞争力和吸引力,从而更有资本塑造酒店形象。

(4) 良好的公共关系有助于化解酒店危机,维护酒店和酒店品牌的社会声誉和良好形象,在这种情况下采取的公共关系措施称为危机公关。

(三)酒店公共关系的构成

酒店公共关系是一项专业性的行业公关,它由三方面的要素构成,即公关的主体(酒店企业)、手段(桥梁)和客体(公关的对象)。

二、酒店公关的对象

(一)酒店的内部公关活动

酒店的存在价值和整体形象在取得社会的认可之前,首先需要得到自己成员的认可;酒店的经营目标和发展理念在获得社会公众的认可之前,必须要首先赢得自己所有内部成员的配合与支持。因此,良好的员工关系是酒店公关工作的起点。酒店内部的公关工作首先要增强内聚力,将全体成员组合成为一个有机的整体。要达到这一目的,就需要将本酒店的成员视作传播沟通的首要对象,尊重酒店成员分享信息的权利,争取他们的理解与支持,形成信任与和谐的内部气氛。

(二)酒店的外部公关活动

1. 面向顾客公众的公关活动

酒店要获得发展,必须要在目标市场上实现相应的经济效益,能够拥有一定的顾客消费群体。虽然酒店与顾客的沟通并不等同于企业经营中的销售关系,或单纯的买卖关系,但良好的顾客关系却是企业实现经营目标,达到更好的销售成果的重要保障。因此,顾客公众是酒店外部公共关系对象中利益关系最直接、联系最密切的外部公众群体。

2. 针对媒介公众的公关活动

媒介公众也是酒店外部公众群体中的重要组成部分,媒介又称为新闻界,指新闻传播机构及其工作人员,如报纸、电视、广播、杂志等媒介机构及其编辑、记者等媒体人员。媒介公众是酒店公关工作对象中最敏感、最重要的公众关系。酒店要处理好与媒介公众的关系,可以从以下几方面着手:

(1) 熟悉新闻媒介;

(2) 保持媒介渠道的畅通;

(3) 要正视新闻媒体的批评报道;

(4) 掌握正确的交往原则。

3. 面向政府公众的公关活动

政府掌握着制定政策、执行法律、管理社会的权力职能,具有强大的宏观调控力量,代表公众的意志来协调各种社会关系。酒店的政策、行为和服务如果能够得到政府官方的认可和支持，无疑将对社会各个方面产生重大影响，甚至使组织的各种渠道畅通无阻。为此，应该把握一切有利时机，扩大酒店在政府部门中的信誉和影响，使政府了解酒店对社会的贡献和成就。酒店可以利用周年志庆等机会，邀请、安排政府主管部门领导及党政要人出席酒店的重要活动，通过各种现场活动，提高政府部门对酒店的好感和重视程度。

4．面向社区公众的公关活动

社区是酒店扎根的土壤，没有良好的社区关系，酒店就会失去立足之地。社区公众是由特定的活动空间所确定的，区域性、空间性很强。酒店的活动直接受社区公众的制约，社区关系便直接影响着酒店其他各方面的关系，如员工家属关系、本地宾客关系、地方的政府关系和媒介关系等。

5．面向名流公众的公关活动

与社会名流建立良好关系，能充分利用他们的见识、专长为组织的经营管理提供有益的意见咨询。社会名流往往见多识广，或是某一方面的权威，酒店的管理人士能够在与他们交往的过程中获得广泛的社会信息或宝贵的专业信息，无形中使企业增添了一笔知识财富、信息财富。

三、危机公关的5S原则

危机公关5S原则是指根据公关危机事件的规模、影响、性质及危害性，处理公关危机事件的五条原则，即：承担责任原则（Shoulder），真诚沟通原则（Sincerity），速度第一原则（Speed），系统运行原则（System），权威证实原则（Standard）。

（一）承担责任原则

这是指危机事件发生后，作为组织不能推卸责任或拒不承担责任甚至拒不承认有责任。在危机事件发生后，组织必须勇于承担自己该负的责任，否则组织的信誉就会受损，在公众心目中的形象也会大打折扣，情况严重时，甚至会动摇组织的根基，使组织从此一蹶不振。作为组织，一旦遭遇公关危机事件，就应该坦然面对，勇敢地承担起自己的责任，切忌遮遮掩掩、闪烁其词，这样只会引起公众的反感；如能坦然面对，把事实说清楚，相信公众是会理解的。

（二）真诚沟通原则

当危机事件发生后，组织与公众的沟通至关重要，尤其是组织与外部公众的沟通更为紧迫。此时的沟通必须以真诚为前提，如果不是真心实意地同公众、同媒体沟通，是无法平息舆论压力的。俗话说，"真心换真心""将心比心"，组织若能把公众的利益放在第一位，真诚地与公众沟通，相信公众是通情达理的。组织与媒体的沟通同样重要，公众之中信息传播的速度是非常快的，作为媒体，有着高科技的传播手段，瞬间即可把信息传遍四面八方；媒体是舆论引导者，大众媒体的一端连着大众，所以绝不可忽视与媒体的真诚沟通。作为组织，应主动向媒体及时提供相关信息，并通过媒体引导舆论；处理危机事件过程中取得的每一步进展都及时让媒体了解。沟通的形式很多：可以发通告、印制宣传品；可以通过大众传媒发布信息；还可以举行新闻发布会或恳淡会。必要时，个别访问、谈心、调查等方法都可采用。要根据危机事件的性质、规模及影响范围和后果等情况，做到具体情况具体对待。但无论采取什么方式，真诚的态度是沟通成功的前提和保证。

(三)速度第一原则

当危机事件发生时,作为组织所要做的重要工作之一就是及时、准确地把危机事件的真相告诉公众和媒体,以最快的速度作出反应,掌握处理危机事件的主动权,这样才能在第一时间赢得公众的理解和支持;若迟迟不作反应,组织形象会因为一次危机事件而元气大伤,若想再恢复到原有状态,则需付出十倍甚至更多的努力,其效果也往往不如人意。所以危机事件一旦出现,便应火速出击,及时稳定人心,为后面的工作开创有利局面。

(四)系统运行原则

在处理整个危机事件的过程中,组织者要按照应对计划全面、有序地开展工作。处理危机过程是一个完整的系统,环环相扣,若要把危机事件处理得圆满,哪个环节都不能出问题,一个环节出现问题,必然影响到其他环节。所以,一定要坚持系统运行原则,不能顾此失彼,才能保证及时、准确、有效地处理危机事件。

(五)权威证实原则

作为组织,尤其是生产企业和经销企业,产品质量是企业赖以生存发展的保障。产品质量的好坏不是自己说了算的,而要靠广大消费者,即社会公众在使用之后作出评价。当然,企业如果想达到创名牌的目的,那就更需要拿出权威部门的质量鉴定。这是企业信誉的保证,企业应尽力争取政府主管部门、独立的专家或权威机构、媒体及消费者代表的支持,而不要自己去徒劳地自吹自擂,在这里"王婆卖瓜,自卖自夸"是无法取得消费者信赖的,必须用"权威"说法,用"权威"来证明自己,别无捷径可走。

营销案例

"海底捞卫生问题"的危机处理

海底捞可以说是国内餐饮界的一股清流,对很多忠实"粉丝"来说,口味都是其次,重要的是服务水准,堪称业界典范,说它赶超了一大批星级酒店也不为过,诸如感冒送姜汤、失恋送玫瑰、一言不合就送娃娃、生日送蛋糕和礼物等做法在海底捞都不足为奇,只能说:没有做不到,只有你想不到。

然而,就是这样广受好评、天天取号排队的火锅店,却在昨天被卧底记者爆出各种各样的卫生丑闻。

《法制晚报》记者暗访了北京海底捞火锅的劲松店和太阳宫店,发现老鼠在后厨地上乱窜、打扫卫生的簸箕和餐具同池混洗、用顾客使用的火锅漏勺掏下水道……

当然,海底捞的危机公关很及时,下午2点多官微在微博上发出致歉信,而后不久也发布了处理通告。

网上大量谩骂或讨伐的声音在海底捞发布处理通报后不久便实现了网络舆情和公众情绪的彻底反转。当然,针对这次的"海底捞事件",公众褒贬不一,表示愿意原谅的人很多,但声称不再消费的人也不少。不过出事以后,海底捞的危机公关可以说做得极其到位:致歉信及时,态度诚恳,媒体提到的所有负面问题都承认;随后紧跟的事件处理通报更是点线面都做充分,并且落实到了每个责任人,堪称经典的危机公关处理模板教程。(资料来源:海底捞VS全季酒店,危机公关怎么做. 恺撒里兹酒店管理大学,2017-08-26.)

思考与分析

1. 收集资料,进一步了解"海底捞卫生问题"事件,对海底捞的危机处理对策进行评述。
2. 海底捞是如何应用危机处理5S原则的?
3. 如果你是海里捞危机处理人员,你会怎么做?

四、酒店公共关系活动的技巧

(一)巧借媒体造势艺术

借助媒体进行造势,是酒店企业开展公关工作的绝好艺术。酒店一定要充分利用媒体的资源优势,为企业打造良好的品牌和声誉。比如2008年北京奥运赛事期间,对于这项举世关注的国际赛事,各国媒体蜂拥而至,媒体的力量不可忽视。

(二)发挥名人效应的宣传艺术

利用名人影响公众,是酒店公关工作的一大创新技巧。利用名人进行公关,要注意以下工作必须到位:一是收集名人(尤其是已经预订住宿的名人)信息资料并加以整理;二是对名人进行超常服务以获得他(或她)对酒店的最佳印象;三是通过住店吸引新闻媒介大力渲染传播,以影响公众。

(三)利用普通顾客的口碑宣传艺术

酒店通过为普通顾客提供贴心加超常的服务,获得顾客的良好点评,也能全面地提升酒店的美誉度和知名度。对顾客的贴心加超常服务,能迅速获得顾客对酒店的忠诚,同时通过顾客的经历、点评,也提升了酒店在顾客社交圈中的知名度与美誉度。

项目训练

一、基础练习

1. 选择题

(1)以下哪句话是不正确的(   )。

A.通过促销可以使顾客了解酒店产品与服务

B.通过促销可以刺激消费者的需求

C.通过营业推广可以长时间提升酒店销售量

D.营业推广是促销的其中一种手段

(2)酒店促销手段不包括(   )。

A.广告　　　　B.人员推销　　　C.产品组合　　　D.公共关系

(3)从酒店本身看,当酒店产品及其相关因素满足以下条件时,酒店需采取"推"的策略。(   )

A.有很强的酒店产品销售队伍和销售能力,且管理水平较高

B.酒店的市场范围大

C.酒店产品的差异明显,并富有特色

D.酒店产品能够激发消费者的感情购买动机

(4)(   )是企业通过派出推销人员或委托推销人员亲自向顾客介绍、推广、宣传,

以促进产品的销售。

A.公共关系　　　B.营业推广　　　C.广告　　　　　D.人员推销

（5）以下哪项不是传统广告具有的鲜明特点？（　　）

A.覆盖面广　　　B.时效性　　　C.高度公开性　　D.简洁传播方式

（6）凯拉酒店推出如提前2个月预订某房型并即时付款确认，可享受5折疯狂优惠。凯拉酒店采用了（　　）促销策略。

A.人员推销　　　B.营业推广　　　C.广告　　　　　D.公共关系

（7）酒店公关的主体是（　　）。

A.酒店企业　　　B.中间商　　　C.酒店消费者　　D.酒店媒介

2．简答题

（1）简述酒店的促销体系构成。

（2）酒店的人员推销方式有哪些？

（3）酒店有哪些营销推广手段？

（4）如何科学制定广告方案？

（5）简述酒店营业推广的优、缺点。

（6）简述酒店危机公关采用的5S原则。

3．思考题

（1）针对规模较小的民宿，你认为适合哪种促销手段？

（2）你都接触过哪些网络营销手段？谈一谈你对网络营销的看法。

二、实践练习

撰写促销方案

情境：家住天津蓟州区的李明，拥有一栋二层小楼和近五百平米的院子，交通方便，依山傍水，风景秀美。大学毕业后，他决定回家创业，将自家经营成农家院，经过前期装修后，现拥有客房（标准间）10间、套房2间、KT室1间以及70平方米的室内餐厅。一切准备完成，作为新建农家院，李明想要通过促销来增加知名度，获取第一批客户。

要求：

（1）结合情境内容，帮助李明制定具有可行性的促销方案；

（2）分组（3～4人）完成，制作PPT进行汇报。

三、案例

酒店营销三秘诀"hold"住"千禧一代"

随着科技和互联网的高速发展，商业生态急剧变化，消费者的行为习惯也日新月异，酒店总是感觉力不从心，发现越来越不理解当下的主要消费群体，在营销上更是步履维艰，无法有效洞察消费者并进行营销。

事实上，如今"85后""90后""00后"这一批"千禧一代"（指出生于20世纪时未成年，在跨入21世纪以后成年的一代人）已经成为了酒店的消费主体，酒店营销人员正是对于他们的思考、行为和消费模式抓不到脉络，所以才导致营销失效。

也许会有很多酒店人说自己的客群中商旅人士居多，并质疑酒店的消费人群里面会有多少"千禧一代"。但携程今年"七夕"酒店预订的大数据显示，随着"中国情人节"的到来，在消费群体方面，"90后"成为主体，贡献近50%预订量。其中，一线城市用户占比最高，和二线城市用户一起贡献了约65%的预订量。在酒店选择上，艺术酒店和主题酒店大受欢迎，有特色装修的酒店更受青睐，尤其是在社交网络上评价很高的"网红"酒店，成为年轻人的首选。不止于此，数据还显示，"90后"已经成为高星级酒店的消费主力。

可见，消费者是在不断变迁的，当你只关心这一代的时候，你的竞争对手可能在筹谋下一代，当下一代上位的时候，你就出局了。遥想社会热议过的"80后"，再看近几年热议的"90后"，殊不知"00后"已经离社会主流不远了。对于酒店来说，建立品牌是一个持续渗透的过程，影响"千禧一代"要从当下开始着手，才能奠定未来的胜局。

与众多"60后""70后"和"80前"用户不同的是，"千禧一代"用户是伴随互联网成长的一代，其骨血中就天然存在着互联网基因，更不用说移动互联网了。正因如此，"千禧一代"当下的价值除了消费之外，更重要之处在于其口碑发酵能力。很多社会热点往往都是靠"千禧一代"群体进行病毒式传播，在微博等社交网络中形成热点，才被大众媒体争相报道，最后成为社会热议事件的。

对于常常游走于社交网络的"千禧一代"来说，传统媒体的传播只是前菜，社交网络的裂变和穿透才是主菜，如何抓住他们的兴趣点，激发消费者玩起来是酒店需要好好思考的。下面提供三个营销秘诀，希望能带给酒店一些启发。

秘诀一：酒店+IP，为品牌赋能

很多人不理解IP，其实IP的含义不是网络里的"IP"地址。在商业领域，IP是知识产权的缩写，而实际IP的含义更加丰富，是一个在风口上炒起来的概念。IP意味着流量，IP因为独具一格的内容产生吸引力，聚集了大量的关注和"粉丝"，因此带有极强情感属性，产生流量附着力。

例如《盗墓笔记》《鬼吹灯》就是很好的IP，其影视作品很卖座，游戏、周边产品开发等相关领域也都发展得有声有色。《西游记》是好几代人的IP，经过不断地延伸，发展出了《大话西游》《西游伏妖》《悟空传》等新的产品出来。

不同的IP背后带有不同的流量属性。"褚时健"这个IP其背后附着了"60后""70后"的流量，"魔兽世界"则附着着"80后"的流量，而"王者荣耀"是"90后"的流量。相对来说，"千禧一代"更热衷于为自己喜欢的IP买单，这是IP营销的关键。

知名自媒体人阑夕曾说："判断一个内容是不是IP，只看一个标准：它能否凭借自身的吸引力，挣脱单一平台的束缚，在多个平台上获得流量并进行分发"。品牌与用户喜爱的IP结合不仅可以为企业带来可观的流量，更关键的是可以为品牌赋能，形成和粉丝群体的黏性。

亚朵酒店和财经作家吴晓波联手打造的亚朵吴酒店就是酒店业和IP结合的典型代表。吴晓波从传统作家起家，打造自己专属频道和社群，转型成为互联网的意见领袖，并自带流量拥有百万粉丝和近百个全国社群，在财经、商业和文化领域具有超强的号召力，这和亚朵酒店的气质非常匹配，在文化上也是非常好的结合，最终更是给双方带来了1+1>2的效果。

消费者入住到亚朵吴酒店，可以在酒店"竹居"中看"蓝狮子"出版的书籍，还可以选购吴晓波频道电商平台中的产品，房间中摆放的是吴晓波的IP延伸产品——吴酒和巴九灵茶。这种结合不是简单的品牌名称的拼接，而是在产品、服务和体验上的深度结合，是两者价值观和文化理念的结合，这才是IP的精髓。

所以，找到"千禧一代"喜爱的IP并深度绑定，便是掌握了"千禧一代"的营销秘诀。

秘诀二：酒店+二次元俘获你心

"千禧一代"用户喜欢什么？二次元是其中之一。二次元是动漫用语，指ACGN（即漫画、动画、游戏、小说）领域的一系列平面视觉产物，"Kuso恶搞""非主流""颜文字""腐文化"等都属于二次元的范畴。

在艾瑞网发布的《2015年中国二次元用户报告》中提到，中国的二次元消费者已达到2.6亿人，其中97.3%是"90后"和"00后"，二次元产业可谓"钱"途无量。

而在营销领域，因为二次元和"千禧一代"用户的重合度非常高，为了与他们建立更好的连接，诸多大品牌们纷纷撕下原来"高大上"的外衣，频频涉足二次元，其中不乏Louis Vuitton、Nike、GUCCI等诸多世界著名品牌的身影。

品牌和二次元的结合方式也多种多样，有改变原有品牌内容的表达形式，通过漫画来展现的，也有在传播中和知名动漫IP合作的，亦有一些酒店在装修陈设上和二次元深度结合的。在传播渠道上，bilibili等二次元的聚集地则是推广的首选，大量的二次元PGC内容UP主（在视屏网站、论坛、ftp站点上传视频的人）可以在此平台上快速生成大量视频内容，形成话题效应，为营销推波助澜。

既然"千禧一代"用户喜欢二次元动漫，那么酒店能不能发展出自己的二次元形象，赋予品牌以年轻人群喜爱的新的品牌内涵？答案是当然可以。Ala Join酒店就打造了自己的动漫吉祥物形象——一个猫头鹰的漫画形象——Ala，并据此延展和开发了酒店相关的各种周边产品，给"千禧一代"带来与众不同的体验，拓展了经营范围。

除此之外，和二次元进行深度结合开发主题酒店也是一种争取"千禧一代"的有效办法。即便为了在幻想的场景中和各种动漫形象合影拍照，粉丝也会毫不犹豫地掏腰包体验，其中最典型的非迪士尼莫属。迪士尼在自己的园区都设有主题酒店，比如上海玩具总动员酒店、香港迪士尼乐园度假酒店，里面各种迪士尼的卡通形象都让粉丝大呼过瘾，米老鼠、唐老鸭，每一个形象都是伴随"千禧一代"成长的记忆，而和他们合影并一起共进早餐则成为他们共同的期待。二次元主题酒店营销，关键是要创造出激发消费者玩起来的不同场景，通过创造超越预期的体验激发消费者的自传播，形成口碑的扩散，吸引更多消费者的围观。

通过与二次元的结合固然可以有效抓住千禧一代用户的关注点，但也要做好酒店的经营管理。当下酒店品牌和二次元的深入结合更多地发生在民宿和青年旅社中，全国各地也出现了很多单体的二次元主题酒店，虽然通过二次元带来了人气，但也需要一定的经营能力维持其高人气。

秘诀三：给客人吹嘘的资本

如何让消费者在酒店住宿的过程中拿出自己的手机分享到微博和微信等社交网络？Auberge Resorts酒店集团首席执行长马克·哈尔蒙说："需要给客人一种有吹嘘资本的感觉。"所谓"吹嘘资本"，换言之就是要满足消费者的表达诉求，酒店需要为消费者表达自我提供足够的传播物料，也许是突如其来的惊喜、美妙的住宿体验或及时贴心的服务等。

为此，高端酒店想方设法推出了各种与众不同的项目。例如，布拉夫顿的Inn at Palmetto Bluff酒店推出同自然学家一起跟踪鳄鱼的体验项目；阿斯彭的Hotel Jerome酒店，带着旅客黄昏时分去体验狗拉雪橇，随后在酒店享受四道菜的晚餐，并通过这些项目在社交网络上制造话题。

笔者作为常年出差各地的"空中飞人"，曾入住大量不同的酒店，在此过程中发现很多商务酒店都在不同环节推出了媲美五星级酒店的服务来抓住消费者的心，例如热心真诚的礼宾员跑出来帮客人拉行李箱，协助客人利落快速地入住并在登记时奉上热毛巾、精心熬制的饮品和水果，客房中充满爱意的贴心小细节等，甚至还有酒店专门设置了客户体验专员的岗位为消费者创造惊喜。

而这些超越预期的体验会激发消费者拿出自己的手机，发出代表自己"逼格"的评价和照片。事实上，从"60后"消费者到"00后"消费者的横向对比中，"千禧一代"消费者的分享欲望和需求是最强的。只要酒店的服务足够打动他们，为了凸显自己的"逼格"，"千禧一代"甚至会自发制作图文并茂的长文和精心剪辑的短视频来为酒店点赞。

而为了能够让不同的"千禧一代"消费者持续稳定地帮助酒店在社交网络里刷屏，酒店需要找到最大化提升体验感的场景，设计激发消费者参与的方式并引导消费者分享。

总而言之，营销不是酒店的独角戏和自娱自乐，要先和消费者交朋友，站在消费者的角度思考其所需所想所求。针对"千禧一代"营销的关键就是要掌握其兴趣、爱好和习惯，创造惊喜的体验以激发消费者的参与和传播。（资料来源：刘文中. 酒店营销三秘诀hold住千禧一代. 酒店评论，2017-12-12.）

思考与分析

1. 什么是"千禧一代"？为什么案例企业以"千禧一代"的消费者为主要营销对象？
2. 案例中酒店营销的三个秘诀是什么？你是否认同？提出你的看法和建议。

项目九
酒店网络营销

【项目导览】

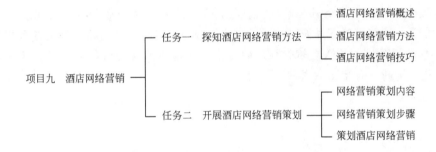

 学习目标

  1. 了解酒店网络营销的概念,熟悉酒店网络营销的方法,能够通过调查与分析明确目标酒店所采用的营销方法,并对其营销方法进行评述。
  2. 掌握酒店网络营销的技巧,能够将多种网络营销方法综合应用于酒店营销过程中。
  3. 理解网络营销策划的内容,掌握网络营销策划的步骤,能够撰写内容全面,具有可行性的网络营销策划案。

案例导入

星巴克营销策划

  随着消费水平的发展,人们的消费观念也有了很大的改变,越来越多的人开始追求生活的品质与情调,咖啡进入都市人的生活,以一种优雅的姿态吸引着都市中追求休闲和时尚的白领以及商务人士。在北京,如果你是一位星巴克店内的发烧友,一定对星巴克店内摇曳的灯光、舒缓的音乐不陌生。

星巴克以其"第三空间"的休闲舒适消费观念在咖啡领域独占鳌头,从一间默默无闻的小咖啡馆发展成如今著名的全球连锁品牌,现在京城的白领没有不知道星巴克的,一杯咖啡或许就代表着他们追求的一种西式的生活方式。星巴克正改变着人们的消费行为。你可以不为吃饭,而只是去那里品尝咖啡和聊天。为营造这种专业、休闲又浪漫的第三生活空间,星巴克对每家店面都特别讲究视觉中的温馨、听觉中音乐的随心所欲、嗅觉的咖啡香等。

一、市场分析

咖啡市场属于垄断竞争市场,在这个市场上,厂商必须深知行业内各相关产品的相互替代性,譬如,茶叶、各式饮料,均是咖啡的替代品。

一样东西能成为一种时尚,那么这样东西应一定含着一种概念,或是由一种概念包装起来。咖啡是星巴克品牌的另一核心要素,但与其说星巴克是用咖啡来服务的,不如说是在服务过程中给人提供了咖啡。都市人生活水平较高,而生活节奏也较快,这样就需要有一个第三空间,即工作和睡眠之外的空间。很多休闲、交往、放松的事情都要在第三空间来完成,星巴克提供了一个静思的环境,提供了一个小小的疗伤绿洲,这里有外界呼吸不到的新鲜空气,这就是除了家庭与公司之外的"第三个好去处"。顾客一走进来就能闻到亲切的咖啡香味,再加上星巴克精心挑选的音乐,心情自然就会好起来。星巴克卖的不只是咖啡,更是心情的一种生活方式。

二、消费者分析

1. 消费者定位

(1) 25～45岁;

(2) 年收入50000元以上;

(3) 受过大学教育;

(4) 集中于发达程度偏中上等城市,特别是东南部、北方地区;

(5) 不会被高昂的价格吓走。

2. 消费对象

(1) 白领;(2) 商旅人士;(3) 外籍人士;(4) 大学生。

3. 消费者利益

(1) 源自美国,文化底蕴浓厚;

(2) 享受完美的咖啡以及各式新鲜烤制的精美点心;

(3) 具有优越感;

(4) 享受闲适轻松的时光;

(5) 无线上网;

(6) 得到与咖啡制作相关的器具和小商品。

三、广告媒体策略

星巴克的品牌传播并不是简单地模仿传统意义上的铺天盖地的广告和巨额促销,而是独辟蹊径,采用了一种卓尔不群的传播策略——口碑营销,以消费者口头传播的方式来推动星巴克目标顾客群的成长。"我们的店就是最好的广告"。迄今为止,星巴克从未在大众媒体上花过一分钱的广告费。因此,应该摒弃传统的信息传播模式,以喷嚏传播为主,也就是以口碑为广告的主流。星巴克通过一系列事件来塑造良好口碑。可采用产品本身广告、杂志平面广告。

　　媒体的地域：集中于发达程度偏中上等城市，特别是东南部、北方地区。
　　媒体的类型：主要以杂志平面广告、产品本身广告、户外广告、网络广告。
　　媒体的选择杂志选择：《瑞丽》《时尚》《三联生活周刊》《花溪》等。
　　产品本身选择：星巴克杯子、店面设计、员工与顾客含有人情味的交流、以口碑为广告的主流。

　　四、广告具体表现
（1）主标题：浓情咖啡。
（2）副标题：我身边的绿色城市图腾。
　　在店面的设计上，星巴克强调每栋建筑物都有自己的风格，而让星巴克融合到原来的建筑物中去，而不去破坏建筑物原来的设计。
（3）企划意图：表现星巴克的文化底蕴和独特的品牌魅力，提升企业形象。

　　五、广告效果测评
　　关于广告刊播后，定期以小问卷的形式做广告效果测定，以随时修正广告策划案，包括广告传播效果评估，广告经济效果评估和广告社会效果评估。其中又以传播效果为主。
（1）杂志广告每周测定一次。测评的内容包括注意分、领悟和联想分、大部分阅读分。
　　注意分＝被调查者中看过某则广告的人数／被调查者总人数
　　领悟和联想分＝被调查者中能准确叙述广告内容的人数／被调查者总人数
　　大部分阅读分＝声称读过广告大部分内容的人数／被调查者总人数
（2）咖啡讲座每周一次。可以事先宣传，事中测定到场人数，测定到场人数中有多少人是对讲座感兴趣的，以此作为广告设立的一项依据。
（3）熟客俱乐部固定通过电子邮件发新闻信，还可以通过手机传简讯，或是在网络上下载游戏，一旦过关可以获得优惠券，很多消费者就将这样的讯息转寄给其他朋友，造成一传十、十传百的效应。（资料来源：张远航．星巴克网络营销策划案．小都市的平凡青年，2018-11-02．）

思考与分析

1. 此星巴克营销策划能否有效，为什么？
2. 如何借助网络营销手段，完善该营销策划案？
3. 结合该案例，思考一下一份完整的营销策划案应该包括哪些内容？

项目九　酒店网络营销

任务一 探知酒店网络营销方法

一、酒店网络营销概述

（一）酒店网络营销的概念

我国互联网络信息中心（CNNIC）在京发布第42次《中国互联网络发展状况统计报告》，截至2018年6月30日，我国网民规模达8.02亿，互联网普及率为57.7%；手机网民规模达7.88亿，网络购物用户达5.69亿，手机网络购物用户达5.57亿。科技技术的发展、消费者价值观的变革及酒店竞争等因素催生了酒店网络营销。

酒店网络营销就是以国际互联网为基础，利用数字化的信息和网络媒体的交互性来辅助营销目的实现的一种新型的市场营销模式，具体来说，酒店网络营销就是酒店借助互联网平台，通过与潜在的购买者在网上直接接触，向购买者提供酒店产品和服务，以达到一定营销目的的营销活动。

酒店网络营销方式较多，包括建立和维护酒店官方网页、微博营销、微信公众号、搜索引擎优化（SEO）、问答营销、论坛营销、搜索引擎营销、软文营销、O2O立体营销等。以互联网为平台，促销方式也更加的灵活，如在携程网上，使用金穗携程旅行信用卡，即可享有"金融账户+银行积分+携程积分+旅行储备金"4个专享账户，可预订全球134个国家和地区的28000余家二至五星级酒店，可实现国内、国际航线机票信息查询；异地出发、本地订票、取票。更可以享受携程独家推出的电子机票服务；可享受携程VIP会员各种优惠礼遇，专享酒店折扣、机票折扣、度假折扣，其中包括千余条度假、旅游优惠线路以及全国3000余家特约商户专享餐饮娱乐高额消费折扣。

（二）酒店网络营销的优势

1. 迅速推广品牌

网络推广的重要任务之一就是在互联网上建立并推广企业的品牌，知名企业的网下品牌可以在网上得以延伸，网络品牌建设是以企业网站建设为基础，通过一系列的推广措施，达到顾客和公众对企业的认知和认可。在一定程度上说，网络品牌的价值甚至高于通过网络获得的直接收益。随着网络化进程的推进，网络推广品牌的速度更是惊人。

2. 节省各项费用

网络推广节省了原来传统市场营销的很多广告费用，而且搜索引擎的大量使用会增强搜索率，一定程度上对于中小企业者来说比广告效果要好。

3. 交互、灵活、多变的网络广告

网络推广没有传统推广模式下的人员促销或者直接接触式的促销，取而代之的是，使用大量的网络广告这种软营销模式来达到促销效果。这种做法对于中小企业来说可以节省大量人力支出、财力支出。通过网络广告的效应可以在更多人员到达不了的地方挖掘潜在消费者，可以通过网络的丰富资源与非竞争对手达成合作的联盟，以此拓宽产品的消费层面。网络推广还可以避免现实中推广的千篇一律，可以根据本企业的文化以及帮助宣传的网站的企业文化相结合来达到最佳的推广效果。

二、酒店网络营销方法

（一）搜索引擎营销

搜索引擎营销是目前最主要的网站推广营销手段之一，尤其基于自然搜索结果的搜索引擎推广，因为是免费的，因此受到众多中小网站的重视，搜索引擎营销方法也成为网络营销方法体系的主要组成部分。

搜索引擎营销主要方法包括竞价排名、分类目录登录、搜索引擎登录、付费搜索引擎广告、关键词广告、搜索引擎优化、地址栏搜索、网站链接策略等。

（二）即时通信营销

即时通信营销又叫 IM 营销，是企业通过即时工具 IM 帮助企业推广产品和品牌的一种手段，常用的主要有以下两种情况。

第一种，网络在线交流。中小企业建立了网店或者企业网站时一般会有即时通信在线，这样潜在的客户如果对产品或者服务感兴趣自然会主动和在线的商家联系。

第二种，广告。中小企业可以通过 IM 营销通信工具，发布一些产品信息、促销信息，或者可以通过图片发布一些网友喜闻乐见的表情包，同时加上企业要宣传的标志。

（三）病毒式营销

病毒式营销是一种常用的网络营销方法，常用于进行网站推广、品牌推广等，病毒式营销利用的是用户口碑传播的原理，在互联网上，这种"口碑传播"更为方便，可以像病毒一样迅速蔓延，因此病毒式营销成为一种高效的信息传播方式，而且，由于这种传播是用户之间自发进行的，因此几乎是不需要费用的网络营销手段。

病毒营销的巨大威力就像一颗小小的石子投入了平静的湖面，一瞬间似乎只是激起了小小的波纹，转眼湖面又恢复了宁静，但是稍候一下，你就会看到波纹在不断进行着层层叠叠的延展，短短几分钟，整个湖面都起了震荡。这种现象生动地展现了病毒营销的魅力。

（四）BBS营销

BBS营销又称论坛营销，就是利用论坛这种网络交流平台，通过文字、图片、视频等方式传播企业品牌、产品和服务的信息，从而让目标客户更加深刻地了解企业的产品和服务。最终达到宣传企业品牌、产品和服务的效果、加深市场认知度的网络营销活动。

BBS营销就是利用论坛的人气，通过专业的论坛帖子策划、撰写、发放、监测、汇报流程，在论坛空间提供高效传播。包括各种置顶帖、普通帖、连环帖、论战帖、多图帖、视频帖等。再利用论坛强大的聚众能力，利用论坛作为平台举办各类踩楼、灌水、贴图、视频等活动，调动网友与品牌之间的互动，而达到企业品牌传播和产品销售的目的。

（五）博客营销

博客营销是通过博客网站或博客论坛接触博客作者和浏览者，利用博客作者个人的知识、兴趣和生活体验等传播商品信息的营销活动。

博客营销本质在于通过原创专业化内容进行知识分享争夺话语权，建立起个人品牌，树立自己"意见领袖"的身份，进而影响读者和消费者的思维和购买行为。

（六）聊天群组营销

聊天群组营销是即时通信工具的延伸，具体是利用各种即时聊天软件中的群功能展开的营销，目前的群有QQ群、MSN群、旺旺群、有啊群等。

聊天群组营销时借用即时通讯工具具有成本低、即时效果和互动效果强的特点，广为企业采用。这种营销方式是通过发布一些文字、图片等方式传播企业品牌、产品和服务的信息，从而让目标客户更加深刻地了解企业的产品和服务。最终达到宣传企业品牌、产品和服务的效果、加深市场认知度的网络营销活动。

（七）网络知识性营销

网络知识性营销是利用百度的"知道""百科"或企业网站自建的疑问解答板块等平台，通过与用户之间提问与解答的方式来传播企业品牌、产品和服务的信息。

网络知识性营销主要是因为扩展了用户的知识层面，让用户体验企业和个人的专业技术水平和高质服务，从而对企业和个人的产生信赖和认可，最终达到了传播企业品牌、产品和服务的目的。

（八）网络事件营销

网络事件营销是企业、组织主要以网络为传播平台，通过精心策划、实施可以让公众直接参与并享受乐趣的事件，并通过这样的事件达到吸引或转移公众注意力，改善、增进与公众的关系，塑造企业、组织良好的形象，以谋求企业的更大效果的营销传播活动。

（九）网络口碑营销

网络口碑营销是把传统的口碑营销与网络技术有机结合起来的新的营销方式，是在应用互联网互动和便利的特点，在互联网上，通过消费者或企业销售人员以文字、图片、视频等口碑信息与目标客户之间而进行的互动沟通，两者对企业的品牌、产品、服务等相关信息进行讨论，从而加深目标客户的影响和印象，最终达到网络营销的目的。

网络口碑营销是WEB2.0时代最有效的网络传播模式。网络口碑营销在国际上已经盛行了很久，美国有专门的机构来对此领域进行专业且权威的探讨。

（十）网络直复营销

网络直复营销是指生产厂家通过网络，直接发展分销渠道或直接面对终端消费者销售产品的营销方式，譬如B2C、B2B等。

网络直复营销是把传统的直销行为和网络有机结合，从而演变成了一种全新的、颠覆性的营销模式。很多中小企业因为分销成本过大和自身实力太小等原因，纷纷采用网络直复营销，想通过其成本小、收入高等特点。达到以小博大的目的。

（十一）网络视频营销

网络视频营销指的是企业将各种视频短片以各种形式放到互联网上，达到宣传企业品牌、产品以及服务信息的目的的营销手段。网络视频广告的形式类似于电视短片，它具有电视短片的各种特征，例如感染力强、形式内容多样、新奇创意等，又具有互联网营销的优势，例如互动性、主动传播性好、传播速度快、成本低廉等。可以说，网络视频营销是将电视广告与互联网营销两者的优点集于一身。

（十二）网络图片营销

网络图片营销就是企业把设计好的有创意的图片，在各大论坛、空间、博客以及即时聊天等工具上进行传播或通过搜索引擎的自动抓取，最终达到传播企业品牌、产品、服务等信息，以实现营销的目的。

（十三）网络软文营销

网络软文营销，又叫网络新闻营销，通过网络上的门户网站、地方或行业网站等平台传播一些具有阐述性、新闻性和宣传性的文章，包括一些网络新闻通稿、深度报道、案例分析等，把企业、品牌、人物、产品、服务、活动项目等相关信息以新闻报道的方式，及时、全面、有效、经济地向社会公众广泛传播的新型营销方式。

（十四）RSS营销

RSS营销，又称网络电子订阅杂志营销。是指利用RSS这一互联网工具传递营销信息的网络营销模式，RSS营销的特点决定了其比其他邮件列表营销具有更多的优势，是对邮件列表的替代和补充。使用RSS的以行业业内人士居多，比如研发人员、财经人员、企业管理人员，他们会在一些专业性很强的科技型、财经型、管理型等专业性的网站，用邮件形式订阅这些网站的杂志和日志信息，而达到了解行业新的信息的目的。

（十五）SNS营销

SNS，全称Social Networking Services，即社会性网络服务，譬如中国人人网、开心网等都是SNS型网站。这些网站旨在帮助人们建立社会性网络的互联网应用服务。SNS营销，随着网络社区化而兴起的营销方式。SNS社区在中国快速发展时间并不长，但是SNS现在已经成为备受广大用户欢迎的一种网络交际模式。SNS营销就是利用SNS网站的分享和共享功能，在六维理论的基础上实现的一种营销。通过病毒式传播的手段，让企业的产品、品牌、服务等信息被更多的人知道。

三、酒店网络营销技巧

（一）关键字

大多数买家都知道用电子商务做生意，他们一般都会在阿里巴巴、百度等上查找他们需要的产品、品牌等搜索关键字的核心，因此设置关键字就很重要。

（二）图片拍摄的技巧

一定要让别人知道图片里是什么，一眼就可以看出这张图片里传达的信息。利用不同角度全方位展示产品。

（三）让信息排名靠前

信息排名是按产品发布的先后顺序来的，要靠前就要进行多次且重复的发布，还要掌握一些技巧，而且在信息发布时使用分段式的先后顺序。

（四）询盘

要想留住买家，咨询的回复时间、回复技巧、跟进技巧以及合理的样品寄送都是很重要的。有咨询的，说明对方是有一定意向的，就要去了解对方，确定本人信息是否真实，公司是否认证以及联系方式等大致信息。

（五）增加你的潜在客户数据库

浏览网站的人多，直接购买的人少，绝大部分网站都是让这些人悄悄地来了，又悄悄地走了，浪费掉了非常多的潜在客户。所以，一定要利用一个技巧，让登录你网站的大部分用户都心甘情愿地先留下联系方式。这样只要你不断地开展让潜在客户乐意接受的数据库营销策略，他们都会逐步成为你的客户的。

（六）利用客户评价影响潜在客户的决策

绝大部分的人都有从众心理，所以购买一个产品的时候，其他购买过的人对产品的评论会对潜在客户的购买决策影响非常大。所以每个产品下面都要合理地放上六七个甚至更多的来自于客户的从各个角度对这个产品的好评价。这些建议几乎是所有的网民看完之后都能马上实施的有效方法，大家都能够立刻体验到依靠网络营销以及用户体验是随时都有可能创造奇迹的。

（七）交换链接

如果说"链接"是互联网站上最实用、最有特色的技术，那么"交换链接"应当是开展网上营销的最经济、最便利的手段，网站之间通过交换图片或文字链接，使本网站访问者很容易到达另一个网站（对新网站尤其重要），这样可以直接提高访问量、扩大知名度，实现信息互通、资源共享。

任务二 开展酒店网络营销策划

一、网络营销策划内容

利用网络传播范围广、传播速度快、交互性强、受众群体多样等的优势。通过搜索引擎排名、网站广告置换及链接交换、网站优化服务、网站访问量分析、主动式网站推广、水印推广以及在各大门户网站进行软文推广，在博客、论坛、同时提问网站等关注高的网民聚集区进行博文宣传、话题炒作；加之一系列网络主题活动等系列网络推广形式的开展，在最大程度上让受众了解到企业的品牌优势，关注企业信息，达到推广品牌、提升知名度、促进销售的目的。

（一）软文推广

软文（指由企业的市场策划人员或广告公司文案人员撰写的产品推广文章，相对于硬性广告而言）具有引导消费、品牌宣传、周期长、价格低等优点。软文可以用较少的投入，吸引潜在消费者的眼球，增强产品的销售力，提高品牌的美誉度，在软文的潜移默化影响下，达到品牌的策略性战术目的，引导消费群的关注及购买。

通过在各大博客发表博文、在各个论坛发精华帖以及在具有影响力的门户网站刊登宣传软文等一系列软文宣传方式，充分发挥软文优势，吸引消费者关注，利用文字的巧妙安排，在无形当中将品牌推广出去，并被大众所接受。

（二）炒作话题

在网络这个无边界的浩瀚市场，具有吸引力的话题，才是能吸引无数网民的关键。所以，抓住大众的好奇心理，充分利用网络舆论的宣传价值，设定一系列的炒作话题，通过在人气高的各大论坛发帖、在各个博客发表博文等形式，将话题炒热，以提高品牌知名度。

（三）网络活动推广

利用网络宣传范围广泛、区域无限制、伸展灵活、受众群体多样等优点。以高关注度的门户网站为活动平台，开展一系列网络主题活动，借由各种活动拉近品牌与消费者之间的距离，提升品牌在消费者心目中的美誉度，从而打响知名度，让更多人记住本企业的品牌优势。

（四）搜索引擎排名

通过确定网站关键词、登陆各大门户网站搜索引擎、注册网络实名、企业实名、行业实名等方法大范围的传播公司信息，参与百度、Google、Yahoo！等著名搜索引擎的搜索排名，利用百度、Google等的强大搜索优势，以最快速度传播品牌信息，提升品牌知名度。

（五）网站广告置换及链接交换

鉴于某些品牌建立后，知名度不够，网站关注度不高，所以与目标网站、媒体的知名度不对称，因此广告置换及链接交换可能需要部分资金，以达到成功与对方交换链接，借势宣传的目的。

（六）网站优化服务

网站优化服务包括网站代码优化、针对搜索引擎的优化和调整。

（七）网站访问量分析

购买专业的流量、访问分析软件，统计网站流量、用户访问区域、时段、网站被集中访问的栏目等信息，从而有针对性地调整网站结构。

（八）主动式网站推广

群发短信、弹出式广告、群发邮件等短期大量的推广手段。花部分费用购买弹出式广告，不失为一个网络推广的好策略，因为它能在更大程度上增加网站被受众点击的概率。

（九）水印推广

在企业的宣传图片、视频、资料、网站上都打上企业的水印，把这些图片和视频发布到其他地方或别的网站，当这些印有水印的图片传播出去时，都无疑是对企业品牌的一种宣传。同时可在企业的一些宣传软文、资料上注明官网网址，并制作一些资料小册子如PDF格式的文件或电子书且在里面都加上企业官网网址。让企业信息和文化更容易推广。

（十）百科类网站推广

在知道、爱问、知识堂等网站上回答问题，通过发布各种专业性问题，解答大家对企业的疑惑。并在无形中留下官网网址以及企业相关信息，利用知识性宣传，增加受众对品牌的好感度，达到品牌宣传的目的。

二、网络营销策划步骤

（一）界定问题，明确目标

策划是一种目的性很强的活动。企业营销活动无不是为了整合和利用资源，以期达到满足消费者需求和盈利的目的。界定问题是策划的第一步，即面对复杂的问题进行深入透彻的分析，找出问题的关键点，从而明确行动的目标，做到有的放矢。只有界定问题，才能明确目标，也才有可能围绕目标去进行方案的策划。这部分的工作主要有两项。

（1）界定问题。问题就是不断发展变化的营销环境中，企业内部资源与外部市场匹配出现的矛盾，也即企业寻求发展所面临的危机和机会。界定问题，就是要分析确定问题的类型、性质、原因，找出问题的关键点。企业网络营销常遇到的主要问题有：如何吸引网民在网上购物；网络营销如何与传统营销整合形成竞争优势；如何在网上推荐产品；网上产品销售的价格如何确定；网上如何实施服务顾客的策略等。

（2）明确目标。问题界定后，就把要解决的问题作为企业网络营销活动的目标和方向，并按这个目标去设计具体的行动方案。

（二）收集信息，分析资料

信息是策划的基础，没有信息，策划思维就无法启动；信息的质量决定了策划方案的可行性和正确性；信息的反馈能及时地修正原来制定的目标和方案，因此营销管理者在策划过程中，必须把信息情报放在重要的位置，做好信息收集、分析和反馈的工作。

分析资料就是指对所收集的信息资料进行分类、整理、比较、筛选的过程。一方面要审查信息的完整性，另一方面要判断信息的真实性。要利用计算机技术，提高信息分类整理的效率和质量，同时更要发挥人脑的作用，分析、提炼出有价值的信息资料，从而为企业制定网络营销目标与策略提供依据。

（三）构思创意，设计方案

策划的目标设定后，就要开始思考具体的策划方案，其中面临的最重要的问题是策划采用什么样的创意或主题。创意就是依据目标和市场环境的变化，思考营销活动的主题和方案。这一阶段的主要工作如下。

（1）构思主题。主题体现了企业营销活动的目标，是策划的核心。创意就是通过创造性的思维，构思实现企业营销目标的行动要点和方案，它包括能应用于策划中的、实际可行的、新的想法以及好的策略。

（2）拟定方案。在对创意进行分析的过程中，选择出可采用的好主意，再对其进行适当延伸，就会形成可行的策划方案。策划方案包括企业网络营销的目标、主题、策略、人员资源、技术支持、财力预算和行动计划等。

（3）论证方案。网络营销的方案设计好后，应对其可行性进行评估、论证，对于涉及面广、规模大的方案，还要在一定的范围内选点试行以避免由于主观性所造成的损失。

（4）撰写策划书。当所设计的方案经过充分的论证或试行认为可行时，就进入方案设计的最后阶段，策划书的撰写阶段。这一阶段的主要任务是将设计好的方案加以充实、编辑，并用文字和图表等形式表达出来，写成具体的、可操作的策划书，以指导策划实施过程的各项工作。

（四）推出策划方案

策划方案编写完成后，要提交给上级主管或委托客户，由其审议通过。这一阶段，主要任务是要向上级或委托人讲解、演示、推介策划的方案。再好的策划方案如果不能被对方理解采纳那就太浪费了。因此推出策划方案也是策划的一个重要环节。

首先要选好策划方案的推介人，条件是推介人熟悉策划方案并有说服力。其次要做好推出方案前的准备工作，包括事先与审议者的沟通，设计推出的方式，进行模拟演练等。最后要讲究说服审议者的技巧，运用各种方法，增强说服力，如用图表、影视、数据、实例、证据等。

（五）方案实施，效果测评

方案一经确定，就应全面贯彻实施，不得随意更改。好的方案要有强有力的行动来落实，否则会由于贯彻不到位而前功尽弃。另外，任何方案在实施过程中都可能出现与现实情况不相适应的地方，因此，方案贯彻的情况必须不断向决策者进行反馈，决策者也应根据反馈的情况及时对方案的不足之处进行调整。这就需要在方案实施后，运用特定的标准及方法对其效果进行检测和评估。通过实施效果的检测和评价，适时充实策划方案或调整策略，使策划活动逐步完善，进入良性运转的状态。

三、策划酒店网络营销

随着21世纪互联网科技和电子商务的迅猛发展。人们的工作、生活已离不开网络。网络提高了人们的工作效率，同时也提高了人们的生活质量。在现代酒店业中网络也逐步成为酒店营销中一个非常重要且非常实用的手段。通过网络，酒店综合运用各种多媒体手段，展示出各种服务设施、设备，使顾客远在千万里之外，就能获得身临其境的感觉。通过网络，客户可以查询到任何目的地酒店经营信息和客房价格，酒店经营设施、客房价格都是透明的，有助于顾客根据自己的需求作出正确的选择。

（一）酒店网络营销的特点及形式

网络营销的特点是顾客具有较强的主动性，因此必须在顾客上网搜寻信息或选购商品之前建立起品牌形象，这样才能让顾客主动地到酒店网址中去搜寻信息，酒店才能够将产品信息有效地传递给顾客。

1. 网上预订

在线预订的方式将大大提高订单接收的效率，缩短处理时间和减少出错可能性。通过电子化方式，订单被迅速转到相应的订单处理点。这将节省时间和费用，同时使营销人员有更多时间从事销售工作。网站通过图像将酒店客房的功能情况告诉顾客，顾客在网上预订时除了填写入住的具体时间和房间的种类外，针对自己所看到的，还可以填写一些具体的、特殊的要求，从而让酒店可以为顾客提供更个性化的服务。这将有利于提高顾客的忠诚度，有利于满足顾客的内在需要。顾客所下订单经过确认后，应有一套允许顾客查询订单处理过程的软件系统，使顾客可以跟踪监督订单的执行情况。对于某些仓促作出决定的顾客，应当允许他们在一段时间内根据自己喜好更换服务以及修改订单。当顾客无异议后，要经常与顾客保持联系，直到顾客入住或来酒店消费。

2. 酒店网站

网站应该能让顾客自己在网络上找到其所需的所有信息，以便自己选择、自己设计、自己组合。酒店为其提供的高度定制化的产品和服务，帮助顾客做出购买决策并能自由地查询自己以前的消费记录。当顾客想与酒店员工进行沟通与交流时，无论采用什么媒介，如电子邮件或BBS论坛等都可以立刻进行。

建立酒店独立的网站。切实进行网络营销，降低对网上预订系统的依赖是酒店不断开拓营销渠道、提高销售和市场营销的管理水平，建立品牌意识、加强客户资源管理和竞争观念的需要，同时也能提高酒店的自主定价和控制权。符合酒店定位和长期发展战略。利用网络方便的通信条件，广泛开展产品使用跟踪服务，及时解决顾客的各种问题，是提高网络站点访问率的一项重要措施。

网站建设应以在互联网创建一个宣传"窗口"，重点突出酒店的特色和优势，实现客户和酒店互动目的为主，网页设计的特色化和实用性为主。在网络订房初见成效、有一定规模和效益之后，再对酒店网站进行后期维护及推广计划投资。网站一方面让顾客事先就可以了解自己所订酒店的位置、价格与类型等，通过虚拟客房，让顾客在入住前就能充分体验酒店的有关产品与服务。另一方面，酒店可以更多地从网上信息平台获取顾客们的兴趣与偏好，针对客人的个性需求和自身能力重新整合酒店产品，全面提升酒店服务和酒店管理，使顾客最大程度的满足。

3. 酒店信息管理系统

营销部要设立营销信息系统管理岗位。酒店要选用先进的计算机管理系统，使营销部与前台部门及后台需要的部门之间联网，共享信息。酒店要利用互联网站向外界宣传酒店，抢占网上市场，接受网上预订，从而保证酒店内外信息的及时收集和传输。酒店各部门之间、岗位之间应该相互配合，共同满足顾客的需要。以顾客为中心来设计和运作的酒店网络，绝不只是与营销部门或对营销策略客服务部门有关，其他任何部门都应该积极配合、改革自己的业务操作流程，以适应以顾客为中心的要求。广泛收集市场信息、确保指挥得当。营销部要有计划、定期、有针对性地对市场进行调研。重点收集酒店市场、客人需求动向及客源动态信息，了解竞争对手的经营状况，促销活动及价格情况，为正确决策提供充分、有效的数据和资料。

4. 网络营销的广告策略

广告的目的不外乎是树立酒店形象及其酒店服务产品的推广，吸引更多的新老顾客。酒店网站可以与其他网站建立链接，增加点击率；也可以利用网络新闻或论坛达到广告的目的。可以在某个组织中单独挑起一个话题，吸引预期的大众对象加入进来，也可以寻找一个与所做广告相关的话题讨论组，巧妙地插入，将自己的广告信息有机地融入其中，还可以选择某个组的适当位置单纯地粘贴广告。酒店也可以把广告信息通过电子邮件直接发送给潜在顾客。

网络广告最大的优势便是互动性、成本低、快捷方便，易于酒店与顾客建立一对一的营销关系。正如人与人之间的交往只有通过相互的交流与沟通才能增进彼此的关系一样，互动方式使广告从顾客角度出发的沟通与交流，大大增加了目标受众对广告的欢迎程度和接受程度。

（二）酒店网络营销实施过程

1. 酒店网络营销的市场定位

网络营销具有双向性的特点。酒店经营者必须了解网络客户的各种情况，同时也必须了解自己的产品是否适合网络客户。酒店可以先通过自己的网站窗口，了解客户群体情况，同时了解客户的需求。如通过网络获取客户的需求信息，由此确定自己哪些客房产品放在网上销售，确定自己在网上的市场目标，为开展网络营销指定方向。

2. 酒店网络营销的主要对象

网络营销对象是针对可能在网络虚拟市场上产生购买行为的客户群体提出来的。根据酒店自身的产品特点情况，确定营销主要对象，通过网站的内容制作，来吸引这些群体访问。对于酒店来说，客户群体大致为年轻客人群体、商务客人群体、休闲度假型客人群体等。在确定网络营销的主要对象时，还必须了解和关注网络用户的群体分布，即通过关注网络上的客户群体，结合自己的产品特点，最后确定网络营销的主要对象群体。

3. 酒店网络营销的整体策划

网络营销的目标是宣传酒店，提高酒店知名度，形成一定的客户群，并在近期能通过网络预订酒店的客房。这个目标是要通过设计具体的信息内容来实现的。客户对一个酒店客房的预订欲望是一个复杂和多阶段的过程，营销内容应当根据客户预订的决策阶段和酒店产品周期的不同阶段来决定。一个客户对酒店的网络订房都经过了解阶段、试用阶段和使用阶段，酒店经营者必须注意每阶段的营销内容，精心培育网络客户群。使酒店的网络订房顺利通过培育期、成长期，并进入良性循环的成熟期。

4. 酒店网络营销的产品组合

网络营销也必须通过产品组合增强营销力度，增强酒店在网络上的知名度。一般网络营销活动主要有网络广告和酒店网站，网络广告和酒店网站主要起宣传、提醒、收集信息的作用。酒店可以用多媒体网络组合产品进行网络营销。根据经营情况以及网络订房的开展情况交叉组合使用这两种方法，使网络促销达到最佳效果。该出击的时候就通过网络广告推出去，以稳定网络客户群体；同样通过精心制作网站的信息内容，把潜在的客户群体牢牢地吸引过来，在网络上树立起良好的酒店形象。

5. 酒店网络营销的渠道

酒店要通过网络营销取得成功，科学地管理营销渠道是非常重要的。酒店不仅要建立自己独立的订房系统和酒店网站，还要寻求并采用更多的渠道开展网络订房和营销。随着互联网经济越来越火热，出现了越来越多的网络推广资源，为潜在顾客商业信息提供了更多的机会。这些有价值的网络推广资源扩展了网络营销信息传递渠道，增加了酒店网络营销的成功机会。酒店为了在网络上树立良好的品牌形象，必须不断地与各营销渠道进行信息沟通和协调，保证酒店在网络上营销的一致性、连续性和统一性。这是保证网络营销取得最佳效果的必不可少的管理内容，也是酒店的网络形象所需要的。

（三）酒店网络营销的发展趋势

1. 博客、微信、网站营销和视频广告的深度发展

前几年，博客营销已经取得了快速发展。但由于微博的局限性，所以未来几年里酒店微博营销的效益可能小于微信营销。微信、网站将成为主流网络营销媒介。微博营销成为酒店网络营销、营销策略的组成部分，酒店微信网络会引领网络营销进入全员营销时代。视频网络广告将成为新的竞争热点，网站视频可以全方位地展现酒店整体形象、客房设施，通过生动的宣传广告吸引更多顾客前来享受。在不久的将来将有大量视频类网站爆发性发展。

2. 规范网站优化策略

酒店网站优化已经成为网络营销经营策略的必然要求，如果在网站建设中没有体现出网站优化的基本思想。在网络营销水平普遍提高的网络营销环境中是很难获得竞争优势的。规范的网站优化思想得到越来越多的酒店认可，即网站优化并不仅仅是针对搜索引擎的优化排名，搜索引擎排名的提升只是体现网站优化必然结果的一个方面。新竞争力网络营销管理网站优化的基本思想是：通过对网站功能、网站结构、网页布局、网站内容等要素的合理设计。为顾客获取信息提供方便。即通过网站更好地向用户传递有价值的网络营销信息，发挥网站最大的网络营销价值。网络使酒店建立诚信经营机制和更高的沟通平台，扩大了知名度，开辟新的市场，促进营销。网络营销将不仅仅是网站建设和网站推广等常规内容，网络营销的关注点也不仅仅是访问量的增长和短期收益，而是关系到酒店营销竞争力的全局性的策略。随着网络用户的迅速膨胀，网络营销已成为目前酒店经营发展的趋势，它代表着酒店业在信息时代生存发展的必然方向。网络营销不是市场营销的简单延续。酒店经营者开展网络营销必须要有战略眼光，有计划、有步骤地制定网络营销方案。

3. 网络营销整合资源

酒店网络营销，不单单是在自己的网站推介自己的产品，也可以与其他商家合作推介产品，利用新型媒介进行网络销售，个人赚的是营业额，平台赚的才是酒店的利润点。

项目训练

一、基础练习

1. 选择题

（1）（　　）营销是利用用户口碑传播的原理来实现的。

A. 搜索引擎　　B. 病毒式　　C. 即时通信　　D. 博客

（2）（　　）营销是通过网络上门户网站、地方或行业网站等平台传播一些具有阐述性、新闻性和宣传性的文章，把企业、品牌、人物、产品、服务、活动项目等相关信息以新闻报道的方式，及时、全面、有效、经济地向社会公众广泛传播的新型营销方式。

A．RSS　　　　B．病毒式　　　C．软文　　　　D．博客

2．简答题

（1）什么是酒店网络营销？简述酒店网络营销的优势。

（2）酒店网络营销的方法有哪些？

（3）简述酒店网络营销的技巧。

（4）简述网络营销策划的内容。

（5）简述网络营销策划的步骤。

3．思考题

（1）在网红经济盛行的时代，酒店真的需要网红进行宣传吗？

（2）谈谈你对酒店利用自媒体平台进行网络营销的看法。你认为什么样的酒店适合利用抖音、快手、小红书等自媒体平台进行网络营销？

二、实践练习

任务：微信公众号平台官网上完成个人微信订阅号注册，发布微信订阅号文章。

要求：

（1）选择微信公众号中的订阅号进行个人订阅号注册。

（2）了解熟悉个人微信订阅号中的功能。

（3）在素材管理中编辑文章，撰写三篇文章（酒店介绍、酒店特色产品、营销软文）。

（4）在手机微信订阅号助手中发布文章。

（5）查阅与点评。

三、案例

策划一套企业网络营销计划方案

一、网络营销环境分析

（略）

二、SWOT分析

（略）

根据以上的分析，我们发现，本公司虽然在业内及国际市场有相当的知名度，但尚未打开国内市场。因此需要通过实施网络营销方案把企业宣传出去。

三、网络营销方案

1．营销目标和战略重点

（1）营销目标。在一个月内建立一个全新的网站并迅速投入使用；用一年的时间将企业网上知名度提高到国内同行业前几名。

（2）战略重点。以网络为重点辅以其他相关媒介进行广告宣传、拓展市场，为产品准确定位，突出企业形象和产品特色，采取差异化的网络营销竞争策略。

2．产品和价格策略

首先，我们需要了解客户需要的是什么样的产品，在产品同质化越来越严重的今天，我们需要为顾客提供有创意、非常有个性的产品，要不停地创新。

在网络营销的平台下我们可以让顾客自己来创意自己喜欢的产品，为顾客量身定制。

在产品包装上采取统一包装，在外形上采用相同的图案、近似的色彩和共同的特征，使顾客容易辨别是本企业的产品，并务必使其看上去精美、有档次，以搞好产品的品牌形象。

3. 渠道和促销策略

在渠道上没有什么大的突破，鉴于在国内网上在线销售并不理想，且在线支付额大，对网络的安全要求高，消费者大都还是喜欢以传统的方式购买的具体情况，我们将策略的重点放在建立一个宣传资讯网站以及网站的推广促销上。

（1）门户网站的建立。本公司面向交易会员的资讯网站，力求将本公司的良好形象、丰富的财经资讯、合理健全的交易程序作全面的展示，并且能够涵盖企业办公管理、在线知识管理、人力资源管理等公司信息。通过及时、有效的资讯提供、客服互动，在所有客户面前树立本公司良好的企业形象，为创造更好的社会效益和经济效益打好基础。

完善的企业网站解决方案其优点在于：它会成为信息发布、信息收集、信息处理及信息共享的最有效工具。通过借助完善的方案策划书，本公司必须充分考虑网站未来信息流量大、信息密度高、信息面广的特点，将信息服务有序、实时、准确地完成。同时，借助网站的互动能力广泛地收集来自企业内外部受众的反馈信息，并加以整理和分析，充分融合，然后以 Intranet/Internet 的形式让信息自外向内、再自内向外有序流动，形成一个闭环的信息系统，真正将信息服务提高一个层次。

① 网站信息资源分析。

a. 公众信息。

公司静态信息包括公司简介、管理层介绍、组织机构图、联系方式、各种关联网站链接等公司的各类比较固定的图文资料。

b. 会员信息。业务运营相关静态信息：查询热线、投诉热线、总经理邮箱、贵金属交易须知、标准交易合同、收费须知、相关工具及常识。

动态资讯：最新市场消息、行业专题、行情分析、专业评论、贵金属报价、图表、人才需求信息等可能需要不定期或者即时更新的图文资料。

企业运营信息：公司通告、客户账目信息、历史合约记录、公司办公信息、人力资源信息、知识文档。

以上信息，要求只能有登录系统权限的人员才能阅读相应的信息。这部分信息需要以会员权限来确定其阅读、交换、共享的范围，具体的体现方式及实现手段需要进一步沟通以确定最佳解决方案。

② 设计原则。

整体效果：应当是简洁美观、功能强大、信息互动性强、界面分明、功能性与可读性相融合，信息量大，具有鲜明的行业特点和时代感。

图文设计标准：以56KMONDEN这一带宽为基本衡量标准，在不影响美观的情况下尽量使各种带宽用户能够尽快获取相关信息。

旗帜设计：网站LOGO、网站名称、主题等力求在企业VI（即企业形象）的基础上表达准确，易于理解与辨析。

内容分类：适合人的阅读习惯，分类清楚、重点突出、简明扼要。

网页设计：色彩过渡平稳和谐，以色块对比突出重点，以线条穿插活跃气氛，适量运用简洁精致的图片和动态元素以吸引用户注意力。

后台系统：以功能完善、使用方便的后台资讯发布、账户管理、在线查询、信息反馈、会员管理等各个子系统来支持网站信息的更新和管理，使网站的操作和维护过程更加方便、快捷。数据库及用户查询界面则尽量以实用为原则来设计开发，同时保证信息传递的快速性与安全性。

③ 网站的内容策划。该网站主要由6个部分组成，分别是公司概况、资讯中心、业务介绍、客服中心、网上营业厅、在线办公。

各栏目所涵盖的具体内容如下。

公司概况——公司简介、管理层介绍、组织机构图、企业文化（企业战略、经营理念、荣誉表彰）、联系方式、各种关联网站链接、招聘与培训（招聘信息、培训、人力资源信箱）。

资讯中心——综合财经、金属市场、时政新闻、网站通告、即时报价/K线图、行业专题、行情分析、专业评论。

业务介绍——贵金属交易须知、标准交易合同、资费标准、相关工具及常识、方案推荐、资费标准、查询热线、投诉热线。

客服中心——用户注册及权限赋予/回音栏（咨询与解答）/投诉与建议/总经理邮箱/联系我们。

网上营业厅——会员可通过网站营业厅登录系统，查询个人账目，包括资金管理、合约查询等。

在线办公——知识（文档、规章）管理库、公告发布、人事管理、公文传递等。

（2）网站推广方案。首先，做好传统营销相结合：

① 将网址印在信纸、相册、名片、宣传册等印刷品上；

② 使用传统媒体广告；

③ 提供免费服务；

④ 发布新闻；

⑤ E-mail策略。有关E-mail策略的具体内容如下：

a. 在发出的邮件中创建一个"签名"，签名要限制在6～8行之内，包括公司名称、地址、电话、网址、Email地址和一句关于企业的描述。

b. 建立邮件列表，每月（或每隔两月）向用户发送新闻邮件（电子通信/杂志）。

c. 向邮件列表用户（客户和访问者）发布产品信息，如优惠券、新产品及其他促销信息。

d. 租用目标客户邮件列表。

（3）广告策略。通过付费广告迅速推广网站。网络广告价格一般有以下3种计算方式：传统CPM方式（每千人次印象成本）；PPC方式，即按点击数付费；按实际订购量付费，还有会员联盟订购方式等。

① E-mail新闻邮件中购买短小文本广告；

② 实施会员制营销；

③ 搜索引擎竞价排名；

④ 将商品提交到比较购物网站和拍卖网。

（4）链接策略：

① 将网站提交到主要的检索目录；

② 将网站登录到行业站点和专业目录中；

③ 请求互换链接；

④ 发表免费文章，附带站点签名。

（5）混合策略：
① 在邮件列表和新闻组中进行促销；
② 运用竞赛；
③ 与互补性的网站交换广告；
④ 创建病毒营销方式。

（6）搜索引擎策略：
① 添加网页标题；
② 添加描述性的META标签；
③ 在网页粗体文字中也填上你的关键词；
④ 确保你在征文第一段就出现关键词；
⑤ 导航设计要易于搜索引擎搜索；
⑥ 针对有些重要的关键词，专门做几个页面；
⑦ 向搜索引擎提交网页；
⑧ 调整重要内容页面以提高排名。

四、客户关系管理策略
（略）

五、实施计划
（略）

（资料来源：马海祥．策划一套企业网络营销计划方案．博客，2017-11-21．）

思考与分析

1. 网络营销计划的构成要素有哪些？
2. 撰写一个具有可执行性的网络营销计划需要掌握哪些技能？
3. 该案例给了你哪些启示？

项目十 塑造酒店品牌

【项目导览】

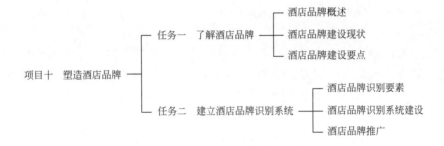

 学习目标

1. 了解酒店品牌的概念和形式,理解酒店品牌建设的作用,清晰地认识到酒店品牌建设是酒店营销过程的重要内容。

2. 理解酒店品牌建设的要点,掌握酒店品牌识别要素,能够对案例企业的酒店品牌构成进行分析。

3. 理解酒店品牌识别系统建设的内容,掌握酒店品牌的推广方法,能够对知名酒店品牌的推广情况进行调查分析。

案例导入

传奇酒店品牌费尔蒙

费尔蒙酒店集团是世界上拥有最多保护建筑的酒店集团,其中最著名的有班芙温泉酒店、伦敦的 Savoy、魁北克市的 Frontenac 城堡酒店、纽约的广场酒店（The Plaza）以及上海的和平饭店。

费尔蒙酒店及度假村（Fairmont）是雅高酒店集团旗下的豪华酒店品牌。1883年，维多利亚女王之女路易丝公主访问百慕大。为向公主表示敬意，身为百慕大商业领袖之一的 Trott 先生决定建造一座奢华酒店。1885年，这座名为"公主酒店（The Princess）"的奢华酒店隆重开业。该酒店是费尔蒙历史最为悠久的一座酒店，现更名为费尔蒙旗下酒店汉密尔顿公主海滩俱乐部酒店。

1907年随着具有里程碑意义的旧金山费尔蒙芳堤娜城堡酒店（The Fairmont San Francisco）隆重开业，第一家冠有费尔蒙品牌名称的酒店就此正式诞生，费尔蒙的传奇品牌故事也徐徐展开。酒店开业后，很快成为当地的华丽舞会、总统造访和历史项目场地的首选——《联合国宪章》在此签署，美国传奇歌手 Tony Bennett 第一次演唱"I left my heart in San Francisco"也是在该酒店著名的夜店——The Venetian Room 里。

同年，费尔蒙旗下酒店纽约广场酒店（The Plaza）开业。该酒店接待过无数名流显要，是美国历史上最具传奇色彩的酒店之一。

曾经有这么一句话，"广场酒店发生的没有不重要的事"。广场酒店一直是各界名流到访纽约时下榻的首选地点，被认为是名流的代名词，见证了纽约的发展，承载了纽约历史的变迁。

1959年经典电影《夺魄惊魂》开启了好莱坞的实地拍摄先河，而这个实地拍摄地就是广场酒店。后来，纽约广场酒店给多部电影提供拍过摄场地，包括《珠光宝气》《斗气夫妻》《妙女郎》《大亨小传》《桃色酒店》《俏郎君》《宝贝智多星续集》《闻香识女人》《缘分的天空》《不日成名》及《大亨小传2013》《了不起的盖茨比》等。

自此之后，历史悠久的老牌酒店、崭露头角的新兴酒店陆续加入费尔蒙品牌，包括班夫费尔蒙温泉城堡酒店（1888）、费尔蒙旗下酒店伦敦萨沃耶酒店（1889）、德尔玛费尔蒙大酒店（2008）和雅加达费尔蒙酒店（2015）。自创立以来，费尔蒙品牌旗下汇集了众多优质酒店，却从未横加干预各酒店的独特文化。不仅如此，品牌还对坐落于旧金山、纽约、伦敦、蒙特卡罗等地的70家酒店发掘各地特有的人文精神有所助益，鼓励它们融入这种精神，将酒店打造为"心仪之所"。可以这样说，几乎每一家费尔蒙，都是传奇。

费尔蒙引以为傲的，不仅仅是历史大事的见证或繁多的派对，更包括其每一天提供给宾客纯粹的、独一无二的、充满意义的旅游体验。它可以是一次在 Whistler 的原始山坡激动人心的滑翔，一个期待已久的在 Scottsdale 蔚柳溪的水疗假期，在高尔夫球运动发源地苏格兰 St.Andrews 的一局高尔夫，在 Fairmont Empress 享受一个安静的下午茶，或是在 Fairmont Kea Lani 体验划船短途游所带来的夏威夷文化。费尔蒙所提供的，远远超出了一间华丽的客房、一个宏伟的大堂或是顶级的餐饮。费尔蒙酒店致力于提供创造珍贵回忆的机会。

费尔蒙酒店集团是可持续旅游业的领导者，同时也是北美第一家通过贯彻自身的绿色合作项目（GreenPartnership program），在日常服务中实施环保理念的大型连锁酒店。该项目注重可持续发展，强调在废物管理、能源和水资源保护等领域进行改进，并通过当地团体和合作计划，在社区推动普及相关理念。所采取的措施包括回收和转化酒店厨房的有机垃圾、安装节能照明、修建屋顶药草花园、购买绿色能源，将可继续使用的物品和食物分发给有需要的人群等。《国家地理旅行者》（National Geographic Traveler）杂志将其誉为"北美酒店史上最全面的环保项目"。费尔蒙酒店也因此获得世界旅游及旅行理事会

（WTCC）颁发的2006年全球旅游商业奖，以表彰其对可持续旅游业作出的贡献。

截止到2018年，费尔蒙集团在全球有74家酒店，29900间客房。预计在2020年，费尔蒙集团将会在全球分布91家酒店，遍布30个国家和地区，拥有36000间客房。这其中，就包括将要开业的贵阳费尔蒙酒店。（资料来源：宏立城. 传奇酒店品牌费尔蒙. 官微，2019-03-11.）

思考与分析

1. 费尔蒙酒店品牌是如何塑造起来的？
2. 良好的酒店品牌能对酒店起到哪些作用？

任务一　了解酒店品牌

一、酒店品牌概述

（一）酒店品牌的概念

酒店品牌是酒店为了使消费者识别其产品和服务，并区别于其他酒店，而所用的具有显著特征的标记，任何一个酒店品牌都必须有名称，通常也称商号，这是合法经营所必须具备的。我国酒店品牌名称一般用中文，也可以用英文或数字表示，品牌名称可以国际、国内通用，发音会略有不同。酒店品牌名称涵盖了酒店产品和文化属性的内容，所以酒店品牌名称是酒店产品及其他特质的识别标志。

半个多世纪以来，在酒店业享有盛誉的假日酒店，其企业品牌几经更换，先是从假日集团到巴斯公司；后来巴斯公司又组建了对口酒店业的六洲集团来接手假日酒店；2003年4月六洲集团也改了名字，成为洲际酒店集团。企业品牌的多次更替，并不影响假日酒店成为世界最大的酒店品牌之一。假日酒店至今仍在众多酒店服务品牌中名列前茅，管理或特许经营的酒店客房达287769间，位居世界第二。

营销示例

世界唯一的一家八星级酒店

走进富丽堂皇的阿拉伯联合酋长国（简称阿联酋）的阿布扎比酒店，仿佛进入《一千零一夜》故事中那座一夜间建成的宫殿。它真如浪漫的阿拉伯民间故事里写的那般，腹中堆满了黄金和珠玉；它由无数个小宫殿组成，有114个大小不同的穹顶，而每一座宫殿都有它自己的故事。8星级的它，让每一位入住者都会享受到《一千零一夜》中国王般的待遇。

这家酒店位于土豪居多的阿联酋首都阿布扎比，是至今最豪华最奢侈的酒店，最初是为了接待各国首脑而建造，而名字也似乎就针对着王室，叫做宫殿酒店。

宫殿酒店耗资30亿美元，相当于210亿人民币，外观和皇宫一般，而这座巨大的皇宫酒店离总统府只有一条街的距离，这家酒店还拥有1000多米的沙滩，让人羡慕。整座酒店的装修用了40吨黄金。另外，这家酒店的圆顶还是世界最大的圆顶，圆顶中间是1000多个水晶形成的吊灯，整个酒店光内部面积就达到了24万平方米，但是客房只有400间还不到，可想而知，房间有多豪华。酒店拥有7000多平方米的礼堂，可以同时容纳3000人的舞厅，12个餐厅，还有8个特色娱乐厅，128间厨房，40个会议室，让人咂舌。高科技应用遍布整个酒店。酒店价格一晚最低也要700美元，还有20%的服务费；最贵的房间一晚需要花费几万美元。

（二）酒店品牌的形式

品牌在酒店业的应用非常广泛，按照使用范围的不同，我们可以把酒店品牌分为企业品牌和服务品牌两种形态。

1．企业品牌

酒店品牌可以是一个企业品牌，酒店的企业品牌往往是以酒店公司或单体酒店的母公司作为整体形象而设计的品牌，如温特姆（原圣达特）集团、雅高集团、万豪国际公司等。

2．服务品牌

一般来说，酒店产品是依托酒店设施的种种服务和产品。对顾客来说，服务品牌是他们更关心的品牌。至于服务品牌后的企业是谁，客人则很少在意。服务品牌是酒店品牌的基础和核心，共享同一服务品牌的酒店具有相同或相似的目标市场、服务设施和服务标准等。因此，宾客入住美国的假日酒店或北京的假日酒店时，整体感觉或许并无二致。

酒店品牌伴随着酒店服务质量和管理水平的提高而逐步出现，它的两种形态是相互依托的。有的酒店公司的服务品牌和企业品牌采用了同一核心名称，如香格里拉酒店集团的豪华酒店品牌仍是"香格里拉酒店"。但是不同形态的酒店品牌分别使用不同名称的现象在发展成熟的国际酒店公司中更普遍一些，如跻身"全球500强"的温特姆集团（原圣达特集团），其旗下的服务品牌有天天客栈、豪生、华美达、速8等，都没有采用企业品牌，但是它的子公司豪生国际酒店集团的主要服务品牌仍是豪生；雅高集团（Accor）的酒店服务品牌中也没有一个以"雅高"为名，全部都是另行确立的，如索菲特（Sofitel）、诺富特（Novotel）、宜必思（ibis）、一级方程式（Formule 1）和6号汽车旅馆（Motel 6）等。

（三）酒店品牌的作用

1．识别作用

品牌可以帮助消费者辨认出品牌的制造商、产地等基本要素，从而区别于同类产品。酒店品牌包含着其所提供的服务产品的功能、质量、特色、文化等丰富的信息，在消费者心目中代表着服务形象和酒店形象。在市场营销中，消费者对品牌产生一种整体感觉，这就是品牌识别。当消费者购买酒店的服务产品时，他们的购买行为首先表现为选择、比较。而品牌在消费者心目中是服务质量的标志，它代表着服务的品质、特色，即识别的感觉，通过这种感觉确定是否购买这种产品。

2．促销作用

由于酒店品牌代表着不同的服务特色和品质，消费者常常按照品牌选择产品，因此品牌有利于引起消费者注意、满足消费者需求、实现扩大产品销售的目的。加上消费者往往依照品牌选择产品或服务，促使酒店会更加关心品牌的声誉，不断创新服务产品，加强质量管理，树立良好的酒店形象，使品牌经营走上良性循环的轨道。

3．增值作用

品牌是酒店的无形资产，它本身就可以作为商品被买卖，具有很大的价值。品牌的价值对于拥有它的酒店来说，要通过产品的销售才能体现出来。产品中包含的品牌价值不同，产品的价值也会有很大不同。如假日酒店等品牌形象价值达上百亿美元，品牌已成为假日集团核心竞争力的外在体现。

4．宣传作用

品牌特别是名牌形成后，就可以利用名牌的知名度、美誉度传播酒店名声，宣传地区形象，甚至宣传国家形象。

5. 内敛效应作用

譬如在假日酒店、四季酒店、希尔顿酒店、凯悦酒店、香格里拉酒店，它们的良好形象及生活、工作气氛，使员工在日常工作中会产生自豪感和荣誉感，并能形成一种酒店文化，给每一位员工以士气、志气上的鼓舞，使员工精神力量得到激发，从而更加努力、认真地经营。名牌的内敛效应聚合了员工的精力、才力、智力、体力甚至财力，使酒店得到提升。

二、酒店品牌建设现状

20世纪90年代前，中国属于非流动性社会，虽然开始了改革开放，但整个社会的流动性并没有成为常态。出行、住宿有严格的标准和规则，这个时候，拥有特定资质和背景的招待所、涉外酒店是唯一的酒店形式，没有什么竞争，但随着开放的扩大，国外酒店品牌开始进入。

整个90年代，市场经济体制推动了企业商务的活跃，也富裕了一部分人群。这时候，旅游、出差基本还属于有身份人的特权，星级酒店获得了大规模发展，国外豪华酒店品牌也在这期间陆续进入中国。

进入21世纪，小康目标完成，居民生活被大大激活，中国民营经济和各种经济形态大规模发展，商务、旅游成为人人都可享用的基本生活状态。于是，经济连锁酒店掀起发展的高潮。如家、七天、锦江之星等开创了这个时代。

2014年后，消费升级成为中国整个社会的主流形态，供给侧改革成为国家战略，中国的消费正式从单一的温饱、小康向中产消费升级，从单一的物质追求向精神消费升级。如家等快捷型酒店为应对市场需求的变化迅速转型，与首旅合作，转型中高端市场，推出首旅如家、如家优选等。

三、酒店品牌建设要点

（一）标准是基础

品牌一定需要标准，没有标准，品牌就构建不起来。越是大集团，它的品牌化发展越要靠标准来支撑。

那什么是标准？标准就是对重复事物的统一规定。包括管理标准、服务标准、人员培训标准等。标准是对结果的规定，规范是对过程的规定，两者是相辅相成的关系。各岗位、各部门是否有制度保证与流程衔接？制定标准要从顾客的角度出发，在不增加酒店成本的情况下，尽量把权力交给顾客。

标准是死的，人是活的。标准的第一目地是让顾客满意，标准化只是手段，在执行时要学会变通。标准化转为个性化，标准化与个性化之间需要制度化的渠道，需要新技术作为手段。要让员工知其然，知其所以然。其最终目的是让顾客满意。

（二）质量是根本

针对质量所做工作应该比推广还要重要。酒店产品的质量分为硬件与软件。软件质量就是指服务质量。这也是酒店之间比拼的内功，就是比较谁能给顾客提供最优质的服务。如果把服务分为标准化服务、个性化服务、情感化服务三个档次来讲，最优质的服务无疑就是情感化服务。让顾客从感动转变为忠诚。

（三）特色是导向

酒店产品同质化高，只能依靠自己独特的经营，来培育自己酒店的特色。培育特色非常不容易，但是一旦具有了特色，将会对顾客形成特殊的吸引力，形成一种忠诚度。

（四）营销是龙头

品牌是靠营销来做。靠多种营销方式来塑造自己的品牌形象。营销关键是需要敢于创新与突破的思维，赢在想法。

（五）集团是保障

单个酒店品牌形成确有难度。品牌运作最好采用集团型的运作方式。酒店集团是酒店企业生产要素（资金、土地、人才、技术）与发展要素（制度、品牌、市场、环境）构成的有机结合体。沟通生产要素与发展要素的核心就是管理模式，是以酒店特有的技术、资源、人才形成的一套完整的管理制度、管理体系。这个模式就是酒店集团的知识产权、核心资产，更是核心竞争力。

（六）网络是方向

利用移动互联网加速品牌的推广："工欲善其事，必先利其器"。互联网就是酒店品牌化发展的神兵利器。随着互联网技术的发展，云计算、小程序、大数据以及各种自媒体、自频道等的广泛应用，酒店业已经与互联网应用实现了完美融合。

值得注意的是：酒店借助网络只是手段，并非目的，我们的目的是通过网络扩大酒店的营销渠道招揽更多的顾客。最终要通过顾客对酒店的消费体验以及酒店的细心经营，把"头回客"转变成为"回头客"（忠诚会员），完成量的积累。

任务二 建立酒店品牌识别系统

一、酒店品牌识别要素

品牌的形象是存在于人们的意识当中的,是相关人群对品牌的一个整体认知,而不是一个LOGO或者口号就可以完全代表的。所以品牌的形象又具有两面性,一面是品牌在其所有者心目中的样子,另一面是品牌在消费者心目中的样子,这两面从趋势上来看是无限接近的,但是又不可能完全一致。

营销示例

喜来登酒店品牌形象VI(即企业形象策划)设计升级

喜来登酒店创办于1937年,是万豪国际集团旗下最重要的酒店品牌。喜来登在全球70多个国家和地区拥有近450家酒店,可以让客人可以轻松探索、放松并享受洲际旅行。

喜来登通过创新的客户体验、差异化设计、多渠道营销及对专注的服务来提升品牌价值。

"标志的演变反映了我们对业主和客人激越的能量和坚定的承诺,这不仅仅是一个标志,这是喜来登对我们创新客户体验愿景的象征性陈述,"全球品牌营销副总裁Mara Hannula说。

"这次重新设计的难点在于,这个新标志在保持旧标志的均衡性和认识度的同时,传递了现代化的外观和感觉,从而与重新设想的空间相匹配。"

作为进入中国的第一个西方品牌以及第一个在东欧和俄罗斯开展业务的美国品牌,喜来登的标志性桂冠是世界上最知名的品牌标志之一。

作为品牌悠久历史的记号,标志性的喜来登"S"仍然位于新标志的中心。桂冠图形经过重新设计,四周的线条指向中间的"S",代表着来自世界的运动和聚会的能量。(资料来源:梵艺品牌设计.)

(一)物理形象

名字、VI系统(LOGO、标准色、标准字体及使用标准)、建筑物、设备、设施、工具、用具、菜品、香氛、背景音乐等都是可以通过视觉、嗅觉、味觉和触觉感知到的物理特点。这些特点构成了客人对品牌的直观基础印象。

1. 酒店品牌名称

任何一个酒店品牌都必须有名称,通常也称商号,这是合法经营所必须具备的。我国酒店品牌名称一般用中文,也可以用英文或数字表示,品牌名称可以国际国内通用,发音会略有不同。酒店品牌名称涵盖了酒店产品和文化属性的内容，所以酒店品牌名称是酒店产品及其他特质的识别标志，能使人联想起该品牌的产品、服务、价格、文化理念等。好的品牌名称首先就为酒店树立产品的品牌形象建立了良好的传播基础，有利于品牌的宣传和产品的销售。

2. 酒店品牌标志

酒店品牌标志即酒店品牌的形象符号，它是品牌形象化的标识符，可以形成内容丰富又高度抽象的概念，主要起速记、识别和传播的作用。形象符号可以唤起人们对该品牌的联想，有利于形成品牌的个性，便于识别和记忆。例如，假日集团的字体被设计为绿色和红环，色彩鲜明，令人印象深刻。

3. 商标

商标是从法律上来保护酒店品牌的。商标作为品牌的法定标记，可区分经营者的身份，涉及酒店品牌在什么区域及什么样的产品范围内受到保护。商标的设计要符合《中华人民共和国商标法》（以下简称《商标法》），注册后受《商标法》保护，是知识产权中的一个类别，在市场上是区别和验证商品和服务的标志，是整个品牌战略运作的依据和关键。

（资料来源：酒店品牌是如何炼成的？周劲斌．EZ的酒店管理心得，2018-09-23.）

知识链接

全方位立体打造酒店品牌LOGO

首先，什么是LOGO？

LOGO是标志、商标、徽标的意思，LOGO的作用是起到对其拥有的企业推广和识别，LOGO可以让消费者记住企业品牌文化和主题。LOGO可以传递企业信息。是企业形象传递过程中出现频率最高、应用最广泛，同时也是最关键的元素。企业强大的实力、优质的服务、完善的机制都蕴涵于LOGO中，通过反复刺激和刻画，深刻地印在客户的脑海里。

如何全方位立体打造酒店品牌LOGO？

那就是充分利用人体的三大感官系统"看、听、闻"来打造自己的品牌LOGO，更详细的阐述就是由视觉、听觉和嗅觉来组成全方位立体的品牌LOGO系统，让看过、听过、闻过的人念念不忘。

一、视觉LOGO

所谓的视觉LOGO，也就是我们常见的企业标志，比如我们见到"S"加麦穗，就明白这是喜来登酒店；看到一个长方形中间一个"7"字，就知道这是国内知名经济型酒店品牌7天连锁酒店；看见一头蹲着的狮子，就晓得这是美国赌城拉斯维加斯著名的米高梅酒店。等等足以证明这些酒店在视觉LOGO的打造上是非常成功的。

一般，视觉LOGO都是通过专业的VI形象视觉识别设计公司根据企业要求、文化、特性等因素来进行设计。

要打造一款成功的视觉LOGO，首先从图形上要简洁、明了，从视觉的冲击力达到过目不忘的效果。一个好的视觉LOGO标识必须具有9个特点：真、善、美、奇、特、时、通、整、合。所谓"真"，即清晰、直接、信息准确。在一个高效运转的社会，瞬间抓住有效信息的重要性日益凸显。"善"指的是亲和、动人。"美"是视觉设计上体现的美感，不同的城市与文化环境下的设计的美学特征和与此相关的风格能体现这一点。"奇"讲的是与众不同、出奇制胜。"特"就是特色与特别。"时"突出的是时效、时代感，能够体现现代社会生活的变化与发展。"通"即通用、适用，在不同空间中能够普遍地有效地传达公共信息。"整"就是整体性与整合。"合"即和谐性。

二、听觉LOGO

笔者在一次与国内歌手交谈时，其提出了听觉LOGO这一名词。

听觉艺术对人的一生影响至深。人们对一个好的听觉艺术作品的记忆可以达到刻骨铭心的地步，以至于影响到人的生命轨迹。一些本来平凡的视觉艺术作品因为衬托好的听觉艺术，也会成为人们心目中的经典。一些城市和企业不经意打造的形象歌曲由于流传甚广，结果变成一个城市和企业的代名词。这样的例子不胜枚举，你看，一首《康定情歌》把康定这个原来默默无闻的小城推向全世界，飞向外太空；一首《太阳岛上》曾经让全国人民个个向往美丽的哈尔滨；一首《我的眼里只有你》帮助一个企业由平凡走向辉煌，足见听觉艺术对城市和企业形象的巨大影响。这一类的听觉艺术作品提出了一个在品牌推广中可以起到重要作用的名词：听觉LOGO。品牌推广听觉塑造是一种语言的传播，随着听觉LOGO概念的提出，企业品牌文化将迎来莫大的发展机遇。

目前在酒店业还找不到一个较为成功的听觉LOGO与大家分享，但相信不久的将来，酒店业在视觉LOGO的打造上会跃然上榜。

三、嗅觉LOGO

所谓的嗅觉LOGO即香氛服务。让我们看看如下成功案例。

福朋喜来登酒店的香味有个挺好听的名字，"Pinwheels in the Breeze"，中文翻译为"风车味"，"那种感觉就如同春日里清新舒爽的户外气息。""风车味"是福朋喜来登酒店的特有气味。喜来登酒店集团旗下有瑞吉、豪华精选、W酒店、威斯汀、艾美国际、喜来登、福朋喜来登等多个品牌，每个酒店都有自己的特有味道，根据酒店的风格、定位专属定制。

当你步入英国航空公司（简称"英航"）航班的头等舱及头等舱候机室，最先引起你注意的就是独特的气味，这是一种叫做牧草的芳香剂。英航定期在航班上喷洒这种芳香剂，以加深公司在其最有价值顾客群中的品牌印象。这种区别于视觉的感官新体验独树一帜，非常新颖。

以体验营销闻名的星巴克，对于咖啡的味道与香味要求近乎苛刻。在星巴克上班的员工，不管是谁，不管是什么日子，都不准使用香水，因为在星巴克，空气中飘溢的只能是纯正的咖啡香味，这要远胜过其他的香味。试想，如果星巴克每天发出来的是不一样的香味，或是混杂着其他香水的味道，谁又能远远一闻到就直奔这个"家与公司外的第三生活空间"呢？

新加坡航空公司（简称"新航"）空姐身上的香水，是美国仙爱尔（Scentair）公司特别调制的"热毛巾上的香水味"，成为新航的专利香味，闻香识人。

当嗅觉LOGO发展到现在，已经上升到了企业嗅觉品牌的高度了，无论是喜达屋和万豪、BOSS、SONY、LEXUS等都已经拥有自己特有的"香味标签"，但事实在形成品牌影响力的道路上，包括嗅觉的"气味"研究，还需要迈过几道坎。一方面，包括中国在内的世界上大多数国家的商标法还没有规定允许注册嗅觉商标，这也就意味着即使研究出一种代表自己品牌的嗅觉，也无法获得注册，得到法律保障。其次，相应的法律法规还无法确保嗅觉品牌可以有严格的知识产权保护，尤其对于"味道"这样的品牌来说，如何界定，是一个让人困扰的问题。第三，由于每个消费者的喜好各不相同，研究出的味道，势必会有一部分消费喜欢，另一部分消费者不喜欢。最后，品牌维护所带来的昂贵成本。令人兴奋的是，中国企业在气味的品牌营销上，已经开始迈出了第一步。无论成败，这都是中国品牌发展的一次有益尝试。

全方位立体打造视觉、听觉、嗅觉LOGO，塑造良好的品牌对外形象是现代化企业，特别是酒店业要重点考虑的课题。一个酒店品牌，不仅仅拥有华丽的外表，更重要的是经过历史的沉淀，打造形成自己独有的视觉、听觉、嗅觉LOGO。仿如一坛陈年美酒，让下榻于旗下的每一位客户置身其中时越品越耐人寻味、久久难以忘怀……（资料来源：甘涌. 全方位立体打造酒店品牌LOGO. 甘涌酒店人，2018-01-15.）

（二）服务形象

酒店服务形象是酒店品牌形象的基础。一个品牌不是虚无的，而是能满足消费者物质或心理的需求，这种满足与酒店的服务息息相关。

1. 硬件服务

酒店的硬件服务也即酒店的硬件设施，它包括酒店的建筑外观、规模、各类客房及其内部设施，各类餐厅、会议室、商务中心、康乐中心以及公共场所的设施设备等。酒店硬件设施的规模、内外装潢能够营造出不同的酒店氛围，形成消费者对酒店品牌的直观服务认知。

2. 软件服务

酒店的服务除了硬件之外，软件其实占了大部分比例，不同档次的酒店需要提供与自己档次相符甚至高于自己档次的服务。由于酒店服务是由员工完成的，所以酒店服务是即时发生、不可储存的，也就不存在替换或者重来的可能。因而必须要让员工知道他们的每个行为动作都代表着酒店品牌，要时刻按标准或者超出标准提供服务。让员工做到这点是酒店管理中的重点与难点之一。一次不成功的服务可能让酒店在物理形象上的得分丧失殆尽。

（三）品牌信誉

品牌信誉是指消费者及社会公众对酒店品牌信任度的认知和评价。它是酒店物理形象与服务形象的综合体现，也可以说是品牌形象的最终成绩单。品牌是否成功，是否达到了品牌团队的期望都是由消费者和同行中品牌的品牌信誉决定的。

二、酒店品牌识别系统建设

品牌的创建与运营是个综合工程，要分不同的步骤与阶段进行。

（一）了解市场、确定定位与档次

对于一个酒店品牌来讲，它的所有人或者运营团队在创立品牌之前就应该了解消费市场，并按不同的标准（比如年龄、地域、职务、收入水平等）作市场细分，根据市场细分的结果总结顾客的消费习惯进而描绘出目标顾客的标准像（图10-1），根据目标客户的标准像决定酒店品牌的档次、市场定位和提供哪些服务。

每一个品牌都有其独特内涵和特征，从而吸引与其观念相近的人，构成圈层消费和传播。品牌塑造的核心就是让品牌在消费者心目中占据最有利的位置。使该品牌成为某个品类或某种特性的代表品牌，当消费者产生相关需求时，便会将该品牌作为其首选，也就是说该品牌占据了这个定位。围绕生活方式的主题需求，各个主题型酒店都在不断地分化概念，以找到自己的品牌位置。

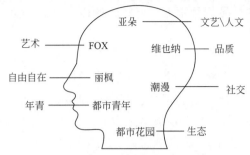

图 10-1 酒店品牌的目标客户细分

（二）建立形象体系和管理体系

品牌的档次与定位还有提供的服务确定了之后才开始一系列的标准系统搭建工作，比如名字、VI 系统（LOGO、标准色、标准字体及使用标准）、建筑物选址要求、投资预算、设备、设施、工具、用具的选择标准，菜品中招牌菜的设计，香氛和背景音乐的选择等。

在软件方面，在宣传方面要确定品牌的宣传方式与渠道，不同的社会人群有不同的社会渠道和信息交换方式，选择目标人群最常用的渠道会让品牌推广工作事半功倍。在运营方面要确定酒店中的工作岗位、标准人数、标准操作程序和相关的管理制度，以保证各个分店运营中的标准一致。

营销示例

FOX 酒店的艺术生活

位于丹麦哥本哈根市中心的 FOX 旅馆，与哥本哈根最美的奥瑞斯特兹公园相对。它原本是一间毫不起眼、类似青年旅馆的 HOTEL。不过随着新 Volkswagen Fox 21 的发布，世界各地的平面设计、城市艺术以及插画艺术家来到哥本哈根，把这里变成了世界上最有激情和创意生活方式的宾馆。61 间客房，21 名艺术家。每个房间都有自己独特的风格，从怪诞滑稽到严谨平面设计；从街头艺术到日本漫画；童话、友好的怪物、幻想的生物，神秘拱顶……不同艺术风格设计，不同卫浴的选择，每一个房间都是一个艺术展厅，都如同一个个人艺术品。

（资料来源：品牌布道．酒店品牌的塑造，需要掌握这些规律．BIIC 品牌布道营，2018-11-08．）

（三）品牌运营

在品牌的标准体系建立完成之后就进入了品牌运营阶段。在这个阶段，总部的市场部门除了需要组织品牌宣传工作之外还要监督单店的品牌宣传情况，有些大集团每年还有专门的品牌管理人员到单店去给管理团队做品牌加强培训，反馈品牌上一年的运营情况，通告品牌标准的更新及关注方向。另外就是密切关注消费者的动态，及时识别市场需求的变化并在品牌定位上相应地作出调整。比较典型的例子是万豪对万丽酒店做的重新包装，把万丽重新定位成生活方式酒店以完善自身的品牌体系。

运营部门则要监督单店要严格按照品牌规范操作，不管是与物理体验相关的部分还是与人员服务相关的部分，不允许有任何的例外，以保证品牌的辨识度。监督是一方面，另一个方面做为管理公司，还要收集下面单店就品牌标准提出的意见与改进，吸收有益的部分每年做一次品牌标准更新。

> **营销案例**

奢侈酒店品牌怎么发展？"千禧一代"客户说了算！

奢华酒店集团的领导者们继续挖掘豪华旅行者所希望的体验，他们意识到，选择合适的市场进入是关键。

四季酒店的总裁兼首席执行官J. Allen Smith表示，千禧一代在定义未来创新和趋势方面发挥着重要作用，因为他们拥有"巨大的消费力"。他说，因为他们更看重体验，"千禧一代"平均每年要花费20多亿美元用于旅游。

不少业内人士一致认为，他们选择在哪里建造酒店或改造现有物业是迎合当今消费者的一个主要因素。

一、迎合新一代，这些地方发展火热

J. Allen Smith说，四季酒店目前在46个国家和地区经营着110家酒店和度假村，此外，在不同的规划和开发阶段还有大约50家酒店，均匀分布在美洲、亚太、欧洲和中东/非洲地区。他预计，到2019年底，四季酒店和度假村将新增10家。

Smith表示，该品牌已经在伦敦、纽约和迪拜等地成功运营并将继续增长，但它也将首次进入新市场，如巴西圣保罗和希腊雅典。

万豪国际旗下W酒店全球品牌主管Anthony Ingham表示，W酒店拥有54处物业，还有约33家正在筹备中，重点是面向"非常年轻、富有的客户"的市场。他说，W酒店借助的音乐、时尚和创意艺术，无论是在美国还是在国际上都取得了不俗的成果。维护一个年轻的、充满活力的生活方式酒店"对我们正在建设和寻找新酒店的地方有很多影响"。

此外，Ingham还说，W酒店遍布美洲、亚太地区以及欧洲，品牌开发商在过去四年里花了大量精力来加强在美洲地区的新店筹建。

至于新市场，Smith表示四季酒店将于2019年3月在雅典开设303间客房的Astir Palace四季酒店，这是该品牌首次进军希腊市场。今年晚些时候，该品牌的另一个新品牌将是圣保罗四季酒店。

他补充称："我们一直在寻找在巴西开放的合适机会，因为这是我们全球客源的一个重要海外市场。"

Rosewood酒店及度假村总裁Radha Arora说，豪华酒店的发展已经发生了变化，这一切都是由于新型旅行者，这些旅行者可以称之为"富裕探险家"，是他们创造了全球"超豪华酒店"的转变。

"这个年龄段的人不那么在意奢华、享受和传统的奢侈，而是寻求更深层次的联系，深刻的真实性和对他们进入的文化的深刻了解。"他说。

Arora表示，Rosewood Hotels & Resorts目前在全球15个国家拥有24家酒店，另有16家新酒店正在筹建中。仅去年一年，Rosewood就在亚洲开设了4家酒店，在接下来的5年里，还有另外6家公司计划开业，并计划在欧洲开设3家酒店。

Arora说，该品牌正在寻找新的、未被发现的目的地，以转移"文化中心"和"酷"。他说，Rosewood在北美游客中一直享有很高的声誉，但该品牌在全球范围内并不很有名。在过去的几年中，Rosewood的策略一直是深思熟虑地扩展其全球足迹。

二、转换还是创造？不同的发展类型

Ingham认为，W酒店目前的酒店是100%新建的，不过转换并非完全不可能。他说："我们已经（看到），进行转换并做出在未来真正适合W的模型是一件具有挑战性的事情。大多数的转换，为了创造结构上的改变，我们需要做一个伟大的W，它不从成本的角度叠加。这是可行的，但这绝对是非常昂贵的。"

Smith说，四季酒店通过新的构建、转换和适应性重用项目的组合来增加其投资组合。他说，在过去的几年里，转换已经成为四季酒店增长战略的关键部分。

三、进入新市场的挑战

Smith说，当进入一个全新的市场时，四季酒店通常会与熟悉该目的地的开发商合作。为了确保品牌团队对其选择的每个市场都充满信心，会进行了大量的研究。

"没有两家四季酒店是一样的，我们也没有固定的模式，"他补充道。但在很多情况下，"我们进入一个新的市场，有助于把这个市场打造成全球旅行者的奢侈品目的地。"

Ingham认为，与其说这是一个挑战，不如说这是一个机遇，尽管这仍需要大量关注品牌推广。（资料来源：May编译. 奢侈酒店品牌怎么发展？千禧一代客户说了算. 迈点，2018-06-25.）

思考与分析

1. 奢侈酒店品牌为什么特别关注千禧一代的客户？
2. 针对"千禧一代"，如何塑造酒店品牌识别系统？

三、酒店品牌推广

酒店品牌推广是指酒店品牌经营者根据自己品牌的优势所在，用恰当的方式持续地与消费者交流，促进消费者理解、认可、信任和体验，产生再次购买的意愿，不断维护对该品牌好感的过程。

（一）大众传媒推广

酒店可以利用某种大众传媒，如电视、广播、报刊等，向酒店品牌的目标消费群体进行品牌推广。不同的传媒传播效果不相同，酒店在进行品牌宣传时，其目标是要找到一种媒体组合，以使传播成本最低，而传播效果最理想。

（二）联合推广

酒店可以参与的各种联合促销活动，主体包括目的地所在国家或地区的酒店业、旅行社业和旅游交通业等。当两个或两个以上的旅游供应商认为合作而不是相互竞争会带来最大利益时，会产生地区之间的联合营销活动。这种情况下会开发跨目的地的包价旅游和熟悉线路旅行项目。

（三）公共关系推广

公共关系指能够促进酒店与社区和一般公众的关系的一切手段，它包括支持慈善活动、艺术表演和教育事业或其他活动、参与当地社区组织以及市民项目和活动等。成功的公共关系活动不仅需要良好的意愿，而且需要通过新闻稿、报纸杂志等媒介向酒店内部与外部公众沟通，传播其业绩、行为和观念等信息。

项目训练

一、基础练习

1．选择题

（1）以下哪句话是不正确的（　　）。

A．特色是酒店品牌建设的导向。

B．质量是酒店品牌建设的根本

C．任何一个酒店品牌都必须有名称，酒店品牌就是酒店的商标

D．酒店服务形象是酒店品牌形象的基础

（2）酒店品牌建设的基础是（　　）。

A．标准　　　　　B．质量　　　　　C．特色　　　　　D．营销

（3）（　　）是酒店物理形象与服务形象的综合体现。

A．酒店服务形象　　　　　　　B．酒店的LOGO

C．酒店的商标　　　　　　　　D．酒店的品牌信誉

2．简答题

（1）简述酒店品牌的作用。

（2）简述酒店品牌建设的要点。

（3）简述酒店品牌识别要素。

（4）如何建立酒店品牌识别系统？

（5）如何进行酒店品牌推广？

3．思考题

（1）没有注册商标的酒店是不是就不能够拥有酒店品牌？

（2）由"星巴克"你能联想到哪些词？你觉得联想到的这些词是星巴克品牌引起的共鸣吗？

二、实践练习

情境：小王在某名牌大学附近经营着一家小型酒店，生意不温不火，勉强维持。为改善经营状况，考虑到大学图书馆自习室经常人满为患，座位供不应求等现象，小王决定将酒店转型为"自习酒店"，同时进行酒店品牌塑造。

要求：请根据情境中的内容，帮助小王建立"自习酒店"品牌识别系统，并提出推广建议。

三、案例

洲际酒店集团（InterContinental Hotels Group）

洲际集团成立于1777年，总部位于英国。是目前全球最大及网络分布最广的专业酒店管理集团，同时也是世界上客房拥有量最大（高达650000间）、跨国经营范围最广，分布在将近100个国家和地区，并且在中国接管酒店最多的超级酒店集团。包括中国内地的25个省、自治区、直辖市。洲际酒店集团旗下酒店涵盖了五星级、四星级及快捷酒店。

旗下主要品牌如下。

1．洲际酒店及度假村（Intercontinental Hotels & Resorts）

集优雅与品位为一体的豪华酒店品牌，从细微之处满足挑剔旅客对酒店的需求。酒店员工为旅客提供24小时的贴身服务。包括"店内礼宾服务"在内的细致周密的服务内容使

得洲际品牌屡获殊荣,其中包括在商务旅行杂志在欧洲评选的"最佳连锁酒店"。

2. 华邑酒店及度假村(Hualuxe Hotels & Resorts)

全球酒店业首个为中国旅客度身打造的高端国际酒店品牌。华邑酒店及度假村品牌的推出建立在洲际酒店集团对中国市场和中国消费者深厚的了解和深刻的认知之上。

3. 皇冠假日酒店(Crowne Plaza Hotels)

这是全球发展最快的高端酒店品牌。该品牌为成功商务活动所提供的互动平台使其成为商务旅客和会议组织者的理想选择。主要服务及设施包括"成功会议"是各类正式及非正式会议的成功保障。

4. 英迪格酒店(Indigo)

这是业界首个连锁精品酒店品牌。英迪格酒店主要针对崇尚设计时尚但又无需繁琐酒店设施的商务及休闲旅客。此外,英迪格酒店还将为旅客提供其他精品酒店所不具备的国际性酒店管理公司的品牌声誉。入住英迪格酒店的旅客将得到双重的享受:精品酒店的独特设计以及国际酒店管理公司的强大支持。

5. 假日酒店及假日度假酒店(Holiday Inn)

全世界最具知名度的酒店品牌之一,向来以为旅客提供亲切友善的服务著称。假日酒店品牌以合理的价格以及物有所值的住店体验使其成为中国最大的中档酒店品牌。旅客在住店的同时,可以享受友善、迅捷、值得信赖的高水准服务。

6. 智选假日酒店(Holiday Inn Express)

全世界发展最快的酒店品牌之一,其轻松、便捷以及选择多样的服务使需要考虑旅行成本的旅客也能在舒适的酒店环境中获得质量稳定的住宿体验。(资料来源:百度文库)

思考与分析

1. 洲际酒店集团是如何进行酒店品牌建设的?
2. 简述洲际酒店集团旗下酒店品牌的品牌识别要素及其市场定位。

参考文献
References

[1] 李雯. 酒店营销部精细化管理与服务规范. 北京：人民邮电出版社，2009.

[2] 员工职业化训练专家组. 酒店员工培训一本通. 北京：中国经济出版社，2007.

[3] 张新峰. 酒店营销. 上海：华东师范大学出版社，2017.

[4] 周欣. 公共关系理论与实务. 北京：科学出版社，2008.

[5] 苏枫. 酒店管理概论. 重庆：重庆大学出版社，2008.

[6] 田雅琳等. 酒店市场营销实务. 北京：人民邮电出版社，2017.

[7] 尹杰. 酒店管理必备全书：现代酒店管理实务指南. 呼和浩特：远方出版社，2008.